le travail social

jeannine verdès-leroux

le travail social

LES ÉDITIONS DE MINUIT

ISBN 2-7073-0207-4

introduction

L'intérêt que les milieux gouvernementaux portent au travail social, l'ampleur des moyens qui ont été mobilisés et leur progression rapide, enfin la constitution en quelques années d'une population considérable de professionnels, en font un phénomène majeur. Jusqu'à une époque récente pourtant, ce développement, présenté comme réponse naturelle à un besoin manifeste lié à l'accélération de l'urbanisation, passe inaperçu ; les interrogations qu'il suscite restent limitées à la sphère professionnelle où il donne lieu à une littérature oscillant entre les rationalisations demi-savantes et le plaidoyer *pro domo*. Mais, depuis peu, le travail social apparaît comme un enjeu dans le champ intellectuel, il est en passe d'acquérir un statut distingué dès lors que certains peuvent l'intégrer dans un réseau de dispositifs dont ils scrutent les agencements. Etant donné que notre démarche est à l'opposé d'une problématique dont *La police des familles* de Jacques Donzelot est l'exemple le plus achevé, nous devons énoncer ce qui, sur le plan méthodologique, nous en sépare *.

Jacques Donzelot n'analyse pas le travail social comme une pratique quotidienne concernant des populations ordinaires, mais comme la naissance d'une forme historique, l'assistanciel, prenant sa place auprès de formes plus anciennes, telles que le judiciaire ; il apparaît alors comme le point de rencontre des trajectoires de grandes entités — l'Etat, la famille — développant, suivant des logiques autonomes, leur propre finalité. De ce point de vue, le travail social ne tire son sens, et son importance, que du fait d'être un moment dans le combat du pouvoir disciplinaire contre les formes « autarciques » et irréductibles de l'indépendance des irréguliers. Cette démarche, qui s'appuie sur l'invocation d'entités personnalisées, ne procède pas seulement d'un choix méthodologique — déve-

* Jacques Donzelot, *La police des familles,* Paris, Editions de Minuit, 1977, collection « Critique ».

lopper l'étude des histoires (de la folie, de la prison, du sexe...) dont l'enchevêtrement remplacerait l'Histoire — mais du parti pris d'ignorer, comme des dimensions « destituées », certaines catégories de l'appréhension du réel et, en premier lieu, la nature de classe des phénomènes sociaux. Ceci conduit l'auteur à concentrer l'attention sur de faux problèmes qui masquent des déterminations socio-économiques élémentaires : se demander, comme il le fait, si le judiciaire ne perd pas sa « crédibilité » lorsque, entrant dans le domaine de la délinquance juvénile, il renonce aux procédures publiques contradictoires et susceptibles d'appel (p. 108), c'est oublier que la « crédibilité » de l'autorité judiciaire aux yeux des « familles pauvres » ne repose pas sur son adéquation à ses fondements juridiques proclamés mais sur les capacités de « violence légale », au sens de Weber, qu'elle peut mobiliser contre ces familles. Le respect de l'axiomatique implicitement attachée à la définition des entités privilégiées aboutit soit à ranger dans la même catégorie des phénomènes hétérogènes, soit à doter la même entité d'attributs contradictoires. Ainsi, en énonçant que la famille risque de « ne plus se distinguer du continuum disciplinaire des appareils sociaux » (p. 205), on présente, comme dans un jeu de bonneteau idéologique, le même sujet sous trois gobelets : la famille bourgeoise comme lieu de l'intériorisation des normes disciplinaires, la famille marginale comme noyau autarcique de résistances à ces normes et donc comme cible du processus disciplinaire, et, enfin, la famille ouvrière, entendue non pas comme une réalité historique et sociale mais comme le projet, commun « à la bourgeoisie bien-pensante et aux armatures syndicales et politiques de la gauche » (p. 160), de transformer cette famille marginale subversive en « arc-boutant » de l'ordre établi. Finalement, la méthode de Donzelot, variante du « procès sans sujet » qu'il rejette pourtant, ne permet pas d'appréhender les agents concrets d'une transformation historique et ses modalités pratiques : dans l'émergence de « l'assistanciel », par exemple, il ne voit qu'une revanche de la famille sur l'Etat ou qu'une promotion de la notion d'enfance. On pourrait démontrer au contraire que l'extension des différents secteurs du travail social (assistance, éducation) correspond, *ex post,* à un projet de contrôle social cohérent, alors même qu'il a été élaboré dans l'incohérence apparente des initiatives privées. Ce projet utilise, entre autres, la famille et l'enfance comme supports, il prend appui sur un corps d'agents dont la spécificité se manifeste, par exemple, dans le fait que les professionnels ont très largement remplacé les bénévoles. La méthode de Donzelot élimine, sinon les intentions explicites qui ont présidé à la mise en place de l'institution, du moins la part d'adhésion personnelle des agents à l'idéologie qu'ils mettent en œuvre; par contre, elle traite comme un choix raisonné, comme le produit d'une libre détermination, des attitudes telles que la marginalité qui ne sont que la conséquence directe et inéluctable de la nécessité.

Cette critique de méthode met en évidence, *a contrario*, ce qui devra être particulièrement examiné, le contenu et les modalités de l'action de contrôle social, les spécificités des agents, et les principes directeurs qui présideront à l'analyse. On recherchera donc une représentation globalement cohérente fournissant à la fois les raisons d'être de l'institution et ses conditions de possibilité en examinant, d'une part, l'action qu'elle produit, la trace qu'elle laisse sur les fractions de la classe ouvrière qui en sont, comme on dit, la cible, et d'autre part, le mode de génération des pratiques d'un groupe défini déployant ses stratégies professionnelles dans ce champ particulier que constitue le travail social. Organisé comme un secteur du marché des biens symboliques, ce champ doit sa spécificité à l'absence quasi complète d'une demande sociale solvable pour les services qu'il offre. Le dynamisme de ce champ, exalté par le milieu, tient à la nature des tâches imparties et du mandat confié, qui ne peuvent être complètement définis ni codifiés et laissent aux professionnels une part d'autonomie et d'initiative pour produire ce qu'on attend d'eux. Ce dynamisme est le fait d'agents concrets et ne trouve pas son origine dans l'intervention explicitement organisatrice de l'instance dirigeante (pouvoirs publics), mais, spontanément, dans les vastes possibilités de reconversion que l'imprécision des objectifs, l'arbitraire des méthodes et l'absence de sanctions offrent à certaines fractions de classe ; sur le plan matériel, elles trouvent un marché du travail peu structuré où, occuper une position c'est largement la créer, et sur le plan symbolique, un secteur de rattrapage où peuvent avoir cours un capital culturel et des dispositions qui n'ont pas pu s'employer dans le secteur dominant.

Pour rendre compte du sens unitaire des pratiques qui sont objectivement accordées aux fonctions globales de l'institution, on demande la raison d'être des conduites aux façons de procéder des agents, c'est-à-dire qu'on utilise la notion d'*habitus,* comme système durable et transposable de schèmes de perception, d'appréhension et d'action. Plus spécifiquement que l'appartenance à une fraction de classe dont il est le produit, ce système de dispositions définit le groupe des agents qui en sont dotés, par exemple la fréquence du militantisme catholique est une caractéristique de l'habitus des assistantes sociales. Cette notion permet de rendre compte de la régularité des réactions communes à différentes catégories de travailleurs sociaux, et de l'accord qui semble exister spontanément entre ces réactions et les intérêts généraux des instances mandatrices. L'habitus rend intelligible l'importance, paradoxale à première vue pour un métier qui privilégie l'être par rapport au savoir, du centre de formation fonctionnant comme instance de confirmation : les dispositions des futurs agents dont la vocation a été contrôlée par une sélection psychologique, s'y verront à la fois renforcées de façon irréversible et explicitement légitimées.

Exercée par une fraction dominée mais objectivement intégrée sur le plan culturel et moral à la classe dominante dont elle reproduit l'arbitraire culturel et moral, et disposant, dans les limites de son mandat, d'une autorité déléguée sur les couches dominées, l'action du travail social conduit à poser la question de la légitimité de l'intervention, question qui, si on l'envisage du point de vue de la population qui en est la cible, amène celle de la *violence symbolique* nécessaire à l'imposition. Malgré les différences manifestes qui séparent le travail social du système d'enseignement, la notion de violence symbolique est également opérante pour interpréter les fonctions globales du travail social, les moments de son évolution et les stratégies professionnelles des agents. Comme dans le cas du système d'enseignement, c'est à partir du rapport de forces entre les classes, des bases matérielles, c'est-à-dire économiques de ce rapport, que le travail social opère une transsubstantiation idéologique, visant à présenter comme naturel et universel l'ordre présent de la domination, donc à prévenir et réduire toute menace de changement. C'est également sur ce rapport de forces, qui définit la valeur des produits concurrents présentés sur ce marché particulier, que chaque groupe professionnel fonde sa stratégie. Cette notion de violence symbolique s'impose d'autant plus que les modalités de l'intervention provoquent localement des réactions de rejet violentes contre un projet d'inculcation et de contrôle qui n'a pas encore réussi à faire oublier complètement l'arbitraire de son imposition. En effet, l'extension du travail social est relativement récente, l'allégeance des agents à la classe dont ils expriment les intérêts matériels et moraux n'a pas toujours été dissimulée, les incompatibilités liées aux différences d'origine entre les travailleurs sociaux et leur « clientèle » n'ont pas toujours été suffisamment médiatisées, bref, à la différence du rapport pédagogique, le travail social ne se trouve pas encore totalement dispensé de produire sa propre justification.

chapitre 1

pouvoir et assistance

genèse et fonctions objectives du service social

En étudiant la formation des représentations successives de la classe ouvrière que produit l'institution de l'assistance sociale, on se propose d'analyser le sens de ce mouvement compris comme réponse donnée, à un moment déterminé, à des changements significatifs des conditions de l'opposition de classes, liés en particulier à la constitution du mouvement syndical et à la place prise à l'échelon international par le socialisme.

1900-1914 — Guerre des classes et rencontre à distance : l'ouvrier relevable.

Il est nécessaire d'examiner les conditions de l'apparition et de la mise en place de l'assistance sociale, tout particulièrement la position sociale de ses initiateurs, de ses soutiens et de ses premiers agents, avant d'analyser les étapes de la constitution de cette formation idéologique ; en soulignant ce rôle essentiel, on ne s'interdit pas d'apprécier l'importance de la couverture technique qu'elle pourra être amenée à utiliser.

Contre-mouvement se proposant d'arracher la classe ouvrière au socialisme en lui démontrant l'inutilité de la Révolution pour améliorer sa condition, l'assistance sociale est conçue, financée et mise en œuvre par des éléments de la fraction de la classe dominante qui avait perdu le pouvoir politique avec l'échec du 16 mai (1877), fraction constituée de grands bourgeois et d'aristocrates, attachés aux traditions autoritaires et à la religion, opposés à la République ou ralliés résignés. Pendant cette première période, l'assistance sociale est essentiellement une affaire de femmes, qu'il s'agisse des épouses d'aristocrates dominant les comités de patronage et attirant par leur nom les dons et les bonnes volontés, ou des déléguées auprès du peuple, célibataires pour la plupart, issues de la bourgeoisie aisée, cultivées dans les limites de la culture jugée convenable pour elles, cherchant à tout prix une alternative à la vie familiale, comme le montre la fréquence de leur engagement antérieur dans les grandes offensives contre le régime, en particulier leur adhésion à la « Ligue de la Patrie française » pendant l'affaire Dreyfus. A l'origine, ces nouvelles œuvres constituent pour elles une forme d'intervention politique, jugée inférieure mais reconnue, plutôt qu'un travail.

Majoritairement catholiques [1], mais indépendants de l'Eglise, qui, dans le même temps, multiplie les initiatives infructueuses en direction du monde ouvrier, les pionniers de l'assistance sociale sont issus d'un milieu restreint ayant un niveau d'intégration suffisant pour aboutir à des pratiques communes au service d'un dessein clairement indiqué, sinon précis : assurer la paix sociale dans le progrès. « Abattre les barrières », parvenir à « la fusion des hommes », à « l'union intime et féconde de toutes les classes », à leur « pénétration mutuelle », c'est le projet, rappelé sans relâche, de ce groupe qui allie à un conservatisme politique profond un réformisme social limité, suffisant cependant à en marquer l'originalité au moment où d'autres fractions de la classe dominante, face à l'essor du mouvement ouvrier, optent en faveur du seul renforcement de la coercition. Que ce réformisme soit avant tout tactique, un sénateur disant voir dans les retraites ouvrières « un nouvel engin de paix sociale, de transformation sociale, de conservation sociale » en témoigne [2] ; qu'il soit aussi fort modéré, l'inquiétude manifestée en diverses occasions dans *L'aide sociale* quant aux conséquences néfastes des assurances sur les ouvriers en est une bonne illustration : les assuran-

---

1. Au dynamisme du groupe catholique répond l'action d'une petite fraction protestante, qui agit de préférence sur un terrain spécialisé, l'enfance « coupable » ou « malheureuse », et surtout qui exprime son projet en termes moraux et non politiques ; là où les catholiques parlent de péril social, les protestants parlent du mal, de la pornographie, de la nécessité du redressement de l'enfant, du relèvement de la femme.

2. P. Baudin, « Progrès social, progrès économique », *L'aide sociale,* 31 janvier 1910.

ces engendrent des « névroses de l'indemnité », l'espoir d'une rente trop élevée pousse à la « sinistrose [3] ».

Interprétée fréquemment comme une des figures de la charité, ou confondue avec l'Assistance publique, l'assistance sociale s'est au contraire définie à partir d'une critique des deux formes existantes d'assistance. A la bienfaisance chrétienne, il est reproché de n'avoir servi à rien : elle a entretenu la pauvreté, l'a reproduite, et elle a été incapable de s'opposer à la lutte des classes et de contribuer à l'apaisement social. Quant à l'Assistance publique, elle n'est pas jugée seulement impuissante, mais nocive parce que fondée sur la reconnaissance des droits sociaux. En donnant à entendre que la notion de droit est aveugle et surtout étriquée, l'assistance sociale masque son grief réel : il est dangereux de prendre en compte des droits, car cela revient à admettre à la fois que les difficultés sociales ne sont pas des phénomènes singuliers et aléatoires (« les desseins de la Providence ») mais la conséquence de processus socio-économiques, et que la correction des inégalités les plus criantes ne relève pas de la bienveillance, mais d'une négociation, fonction d'un rapport de forces. A cette assistance qui ne produirait que des réponses non adaptées, puisque indifférenciées, l'assistance sociale oppose sa propre capacité à fournir une solution *individualisée* aux difficultés de chacun. La critique des résultats de l'Assistance publique et de la charité s'accompagne d'une critique de leurs méthodes jugées responsables de l'échec : l'automatisme ou le systématisme de la première, comme le recours aux seules qualités de cœur dans la seconde, supposent une complète ignorance de la mentalité, de la psychologie des classes populaires. Egalement, l'une et l'autre ne demandant pas aux « assistés » un acte positif d'association, ne peuvent contribuer à leur élévation, à leur promotion, et acceptent de fait qu'ils demeurent ce qu'ils sont. De ce constat, ceux qui se proposent d'éduquer le peuple tirent la nécessité de recevoir une *formation* particulière avant d'agir. Donnée d'abord sous formes de conférences mondaines faites par des académiciens et écrivains à la mode (Jules Lemaître, Ferdinand Brunetière, René Doumic,

3. Cf. par exemple : « Sinistrose », *L'aide sociale,* 31 janvier 1908 ; « Abus et névroses de l'assurance », *ibid.,* 31 janvier 1910.

Georges Goyau, etc.), elle est rapidement organisée dans le cadre d'*écoles,* ayant des exigences vis-à-vis de leur public, tant en ce qui concerne son niveau de culture que le sérieux et l'esprit de son engagement « social [4] ». Former des agents ne consiste pas à leur fournir des connaissances techniques, comme le montrent la disparité et la pauvreté du contenu des enseignements, mais à leur constituer un habitus, c'est-à-dire une grille d'appréhension et de réponse qui préserve la légitimité de leur intervention en prévision des difficultés fonctionnelles et personnelles qui ne peuvent manquer de surgir au cours de l'affrontement de classes.

L'assistance sociale, se constituant, désigne et précise sa cible, la *classe ouvrière urbaine,* qui est alors distinguée de la masse des « assistables ». C'est-à-dire que l'assistance sociale abandonne à l'Assistance publique et à la charité les indigents ou autres « irrelevables » qui constituent un groupe improductif, et pour elle, politiquement sans danger. L'opposition n'est plus entre pauvres et riches, mais entre prolétaires et entrepreneurs, le Travail et le Capital, ainsi qu'on se met à le dire. La classe ouvrière apparaît alors comme le groupe le plus menaçant, non seulement en raison de l'importance mais aussi de la nature du risque de subversion qu'elle fait courir, la révolution se substituant à l'émeute.

L'imminence du « péril social », sans cesse rappelée, ne s'enracine pas seulement dans le souvenir de la Commune, que les promoteurs de l'assistance sociale n'ont pas vécue, mais dans l'actualité la plus quotidienne qui, de la défenestration de Watrin à Decazeville au 1er mai 1906, en passant par l'entrée des socialistes au Parlement, la constitution de la C. G. T., etc., fait peser sur la bourgeoisie la peur du Grand Soir. Au moment où les membres du gouvernement exaltent la « solidarité des classes », solidarité dont Léon Bourgeois fait une philosophie, à laquelle Durkheim, écrivant *De la division du travail social* fournit objectivement des arguments scientifiques, leur exclusion du pouvoir politique autorise ces membres de la classe dominante au réalisme et à la franchise — ils parlent des classes, de leurs luttes, de haine entre elles, de fossé profond, de révolu-

4. 1911 : création de l'*Ecole normale sociale,* catholique ; 1912 : création de l'*Ecole pratique de service social,* protestante.

tion —, mais la pression de la classe ouvrière les amène à censurer ou plutôt à tempérer leurs jugements. Ceux-ci se veulent empreints de compréhension à l'égard d'hommes dont les plaintes et les colères leur paraissent partiellement justifiées : par un certain excès dans la « différenciation sociale ». Cet intérêt indulgent est une façon de critiquer la nouvelle classe politique, d'en souligner les insuffisances, l'égoïsme, et la dureté sans cesse opposée à la plus grande humanité qu'auraient eue naguère les relations entre les puissants et les « pauvres ». Les promoteurs de l'assistance sociale reconnaissent, on l'a dit, qu'il existe des classes opposées et des « différenciations » sociales. Mais le conflit est réduit à une opposition statique entre favorisés et démunis, à laquelle on donne une interprétation psychologique : la classe ouvrière, ignorante et vicieuse, n'est capable ni de s'assurer le bien-être théoriquement accessible à chacun d'après les principes du libéralisme, ni, faute d'armature morale, d'assumer sa condition en adhérant de façon réaliste à l'ordre établi, ni encore de résister aux meneurs qui cherchent à l'égarer. Cette méconnaissance de la nature réelle de l'antagonisme (c'est-à-dire la relation causale entre la richesse des uns et la pauvreté des autres) et du caractère dynamique du conflit (la dialectique des rapports de production) est également inscrite dans les modes d'intervention. Pour s'opposer aux formes collectives des actions de défense (syndicalisme et socialisme, conscience de classe, celle-ci étant reconnue et nommée dans les textes de l'assistance sociale naissante), on préconise une action individuelle entendue comme une assistance éducative, adaptée aux problèmes « personnels », ce qui permet d'en ignorer la régularité statistique et l'origine. Les effets — la misère matérielle et le dénuement moral au regard des normes dominantes — sont pris comme causes relevant d'un traitement social et éducatif approprié. Le rendement de ce principe d'interprétation apparaît dans le résultat atteint — justifier pour la classe dominante l'entreprise de contrôle et d'imposition d'une hégémonie culturelle qui complète sa domination économique — plutôt que dans l'objectif proclamé mais jamais sérieusement recherché : sortir les éléments (individuels) de la classe ouvrière de leur « abaissement » matériel et moral pour les amener au (mythique) niveau convenable que leur assigne l'ordre social. Le projet de l'assistance sociale naissante n'est donc pas d' « aider » des ouvriers ayant des difficultés — ce vocabulaire est moderne — mais *d'éduquer la classe ouvrière,* c'est-à-dire de lui fournir des règles de bon sens et des raisons pratiques de moralité, de rectifier ses préjugés, de lui apprendre la rationalité, de la « discipliner » dans sa tenue, dans sa maison, dans son budget, dans sa tête. Il s'agit d'imposer comme universel un système unique de représentations et de conduites, celui de la classe dominante, en disqualifiant le mode de vie de la classe dominée (c'est-à-dire aussi bien une morale que des pratiques familiales ou domestiques) : pour cela, il s'agit d'imposer la Civilisation fondée sur la Raison et le Progrès, à la place de l'état de nature qui se serait maintenu dans la classe dominée, nature dénaturée qui ne connaît que le laisser-aller, incapable d'accéder par elle-même à l'ordre et à la règle, nature fruste et vicieuse, insensible au Bien et au Beau.

Le programme d'éducation s'éloigne délibérément de l'instruction et se caractérise par un vigoureux projet de « redressement » ; le pessimisme conservateur substitue l'adaptation coercitive à la « libération pédagogique », au sens par exemple de la philosophie des Lumières. A cette rééducation vigoureuse doit s'ajouter un programme de réformes, modéré, lui, consistant à faire en sorte que les épreuves, « inévitables dans le plan général de la Providence », ne soient pas insupportables au point de pousser à la révolte.

Les conditions concrètes des premières pratiques de l'assistance sociale permettent de voir comment s'élabore la représentation des classes populaires et comment cette imagerie éclaire sur les rapports entre les classes, plutôt que sur les conditions d'existence des populations ouvrières, qui ne sont jamais réellement observées ni décrites. Avant de trouver en 1914 la forme institutionnelle la plus efficace, c'est-à-dire celle qui permet d'imposer l'intervention, l'assistance sociale existe sous forme de *résidences* ou *colonies sociales,* copie des *settlements* qui s'étaient développés en Angleterre vers les années 1870 et aux Etats-Unis vingt ans plus tard. On saisit, dans les relations laissées par les pionnières, la démarche de ces agents, qui ne sont pas investis d'une mission officielle, ni protégés par une couverture technique, et qui, « aux avant-postes du

Progrès », essaient les premières formes d'un mode d'intervention appelé à se généraliser.

Pendant une dizaine d'années, des résidences sociales s'ouvrent dans les quartiers populaires de Paris et des banlieues, offrant aux femmes et aux enfants du quartier un ensemble de services : garderies, causeries éducatives (« d'où la politique est bannie »), conseils, « consultations morales », fournitures de travaux à domicile, formation ménagère... Ces activités, si pratique qu'en soit l'apparence, visent à « imprégner » cette population de principes simples : il s'agit, fût-ce à travers un jeu ou une leçon de couture, d'atteindre l' « âme », de la « pétrir » pour la « rendre capable d'agir, de supporter, de souffrir[5] ».

> Aux enfants, on inculque que rien ne peut être possédé sans effort, que toute distraction se mérite, on leur donne une initiation professionnelle, aussi précoce que possible, mettant l'accent sur l'esprit de corps, on les pénètre du respect dû aux parents, base du respect de l'ordre. Aux adultes, on enseigne une morale « fondant l'énergie sur la vertu », apprenant à surmonter par le travail les difficultés de l'existence, conseillant d'être joyeux du devoir rempli : on les conduit à « l'effort moral qui les réhabilite ». En même temps, la seule présence des résidentes, toutes soigneusement choisies, est un exemple de bon goût, de bonnes manières, de moralité, une « suggestion permanente au Beau et au Bien ».
>
> Ce montage, constitué de mots et de fragments de phrases pris dans différents écrits de pionnières, vise à souligner la parfaite interchangeabilité des sources ; pour chaque texte cité, on pourrait à chaque moment produire d'autres textes équivalents.

Très attachées aux hiérarchies et aux valeurs morales religieuses, sûres de la supériorité de leur classe, élevées dans un horizon étroitement borné qui les a préservées des

5. Léonie Chaptal, citée in M. Peltier, *Mademoiselle Chaptal,* Paris, Spes, 1938. Le cas de Léonie Chaptal illustre comment, à un moment donné, cet engagement dans l'assistance sociale a représenté pour des femmes de la classe bourgeoise une possibilité remarquable de carrière. On la retrouve nommée au Conseil supérieur de l'Assistance publique, participant au projet de loi déposé en 1914 sur les dispensaires d'hygiène sociale, représentant le gouvernement français à la S.D.N.

réalités, les « femmes du monde » qui vont au « peuple » font une expérience difficile. Le contact de ces deux univers radicalement séparés et antagonistes pourrait être brutal si les protections dont s'entourent plus ou moins consciemment les « résidentes » n'agissaient comme autant de moyens de domestication des dominés.

Le contact s'établit en effet avec des femmes et des enfants, non avec les ouvriers eux-mêmes. Il est à peu près évident en outre qu'une *sélection* s'opérait : ni les femmes de militants, méfiantes à l'égard de ces nouvelles dames d'œuvre, ni les femmes des fractions les plus écrasées ne devaient se rendre dans les maisons sociales. Plus encore, il s'agit d'une rencontre *entre individus,* et on ne manque pas d'opposer la beauté des sentiments individuels du peuple, amour filial, paternel, maternel, à ses « manifestations collectives où il n'y a rien de lui-même », révolte, désordre, envie et haine [6]. Le *cadre* de la rencontre joue un rôle décisif : il faut certes s'aventurer dans des quartiers misérables, mais, ensuite, la maison meublée, décorée par les soins de la « résidente », la rattachant à ses valeurs, à son monde, la rassure.

> Une pionnière, Apolline de Gourlet, s'attarde sur « l'ordre, la sobriété » de l'aménagement qui sont à eux seuls, une leçon pour les femmes du peuple, comme sont un modèle « le son de voix des personnes cultivées, la douceur de leurs mouvements [7] ». Une autre, évoquant une figure de la « Légende dorée » du service social, rappelle avec quelle grâce elle recevait les familles ouvrières dans sa résidence de Levallois : « Des groupes de petites tables à thé les accueillaient, chaque table joliment parée de nappes et services à thé aux couleurs harmonieusement assorties, car Marie-Jeanne Bassot ne pouvait souffrir la moindre vulgarité, elle voulait de la beauté jusque dans les plus petits détails [8]. »

---

6. L. Dausset, *La maison sociale,* Paris, Fontemoing, 1905, p. 47. Louis Dausset était secrétaire général de la *Ligue de la Patrie française.*

7. A. de Gourlet, « Colonies sociales. La résidence laïque dans les quartiers populaires », *L'Action populaire,* 3e série, n° 37, 1904. Apolline de Gourlet, dont le père était administrateur des musées nationaux au tournant du siècle, a occupé des fonctions importantes dans le service social pendant cinquante ans.

8. E. Dupeyrat, *Le grain de sénevé,* Ecully, Œuvre populaire d'éducation et de rénovation, 1946, p. 52.

Ce cadre qui tranquillise et protège les « résidentes » ne peut qu'impressionner les femmes du peuple, les domestiquer ; il atténue, feutre, police la rencontre, lui ôtant ses aspects les plus choquants et brutaux. Enfin, maîtresse de son temps, de ses activités, riche, bénévole, l'assistante improvisée peut se faire « proche » ainsi qu'on l'y incite, parce que, assurée de retrouver quand elle le veut sa vie mondaine, et mieux, d'y avoir désormais une place singulière, elle est rassurée par l'immensité de la distance qui la sépare des femmes du peuple.

Son statut, dont le *bénévolat* témoigne, explique sa profonde ignorance des classes populaires, et ce n'est pas ce contact sélectif et « mis en scène » qui peut l'instruire. L'intérêt répété pour « le peuple » ne suffit pas à produire des études comparables à ce qu'avaient été celles de Villermé, de Buret, ou les enquêtes de Le Play ; à côté de celles-ci, l'effort de l'abbé Viollet, qui publie à partir de 1906 de petites monographies ouvrières, est dérisoire. L'ensemble des textes écrits avant 1914 ne contient que des clichés : l'ouvrier est simple, il n'y a « rien de factice en lui », « il a sa beauté », mais il est grossier, fruste, souvent alcoolique, faible, grisé — par la faute de l'enseignement obligatoire — d'utopies révolutionnaires et de « grands mots » qu'il ne comprend pas, proie aisée pour les meneurs professionnels du fait de son ignorance. Malgré cette peinture peu encourageante, on dit croire au « relèvement » de l'ouvrier, encore que « l'horreur pour la gêne et le sacrifice » qui le caractériserait rende cette tâche ingrate et de longue haleine[9]. Quant aux femmes, leur ignorance « accentuée », profonde, des tâches du ménage, leur incurie, leur indolence, leur désordre — bien plus que le salaire ouvrier, « strict mais suffisant » —, sont les vraies causes de la misère des familles et de l'alcoolisme des hommes. En dépit de cette vision de la femme, bien plus sombre et sans nuances que celle de l'homme, c'est sur les femmes que vont converger une série d'entreprises éducatives (enseignement ménager, puériculture...), car elles apparaissent, à court terme, plus accessibles, plus malléables que les hommes, dominés par la propagande syndicale

9. Abbé H. Quillet, « L'enseignement ménager », *L'Action populaire*, 3e série, 32, p. 12.

et antireligieuse. Exprimant une véritable hantise de la révolution, ces textes ne présentent pas les classes populaires comme délinquantes et criminelles ; ils « constatent » qu'elles sont inférieures, que l'ordre est juste et qu'il faut le maintenir en ne lui apportant que des corrections « minimes », car « le Bon Dieu veut qu'on respecte les droits acquis [10] ».

1920-1936 — Paix sociale et proximité : l'ouvrier irrelevable.

Si le schéma proposé ici — le développement de l'assistance sociale constitue une réponse adaptée à une nouvelle phase de l'antagonisme de classes caractérisée par l'essor de la classe ouvrière urbaine — est exact, la rupture décisive que constitue la première guerre mondiale doit amener des transformations importantes dans l'orientation de l'assistance sociale : les modifications du rapport de forces se réfléchissent dans le discours produit sur la classe ouvrière ainsi que dans les modes d'intervention. La guerre permet de faire entrer dans les faits l'hégémonie que la classe dominante n'avait pas pu imposer avant 1914. L'autre option, le pacifisme internationaliste, s'étant effondrée, le consensus actif peut s'établir autour de la notion d'union sacrée, c'est-à-dire la reconnaissance de la direction de la bourgeoisie. De cette acceptation témoigne un discours du ministre socialiste Albert Thomas : « Organisons-nous pour réaliser entre le patronat et la classe ouvrière, non pas une paix sociale factice, mais une collaboration sincère et de tous les instants, pour la grandeur de la France, pour l'avenir de sa civilisation et de son génie [11] », auquel fait écho le satisfecit donné par l'éditorialiste du Comité des forges : « On savait gré aussi aux ouvriers d'avoir été patriotes [12]. » La classe ouvrière a

10. C'est ce qu'écrit une assistante dans un carnet de directives rédigé en 1912 à son propre usage. Cité dans M. Perroy, *Madeleine Carsignol, La première élève de l'Ecole normale sociale,* Paris, Spes, 1927.
11. Allocution d'Albert Thomas à l'inauguration de la cantine du personnel de l'usine Citroën, le 12 juillet 1917, *Bulletin des usines de guerre,* 16 juillet 1917.
12. A. François-Poncet, dans *La vie et l'œuvre de Robert Pinot,* Paris, Armand-Colin, 1927, p. 275.

payé physiquement un tribut écrasant. Certaines de ses conquêtes sociales d'avant 1914 ont été remises en cause. « Les lois sociales furent au début pratiquement suspendues. La durée du travail était souvent illimitée. Par contre, dans beaucoup d'industries, y compris l'industrie métallurgique, les salaires furent dès le mois d'août baissés et bloqués. Ils furent pendant toute la guerre au-dessous du niveau de 1914 [13]. » Enfin, après la défaite de 1920 et le glissement à droite du pouvoir politique, ses capacités apparaissent très diminuées. C'est sur le fond de ces circonstances changées que change le « récit social [14] ». On notera comme particulièrement caractéristique de ce changement le fait que, dans les récits du service social, le fantasme du Grand Soir est constamment présent avant 1914, alors que la réalité concrète et menaçante de la révolution bolchevique est passée sous silence. Tant que les classes populaires leur paraissaient fortes, les agents de l'assistance sociale modéraient, plus ou moins efficacement, leur jugement ; désormais, on a moins besoin de précautions, de nuances, d'autocensure, il est moins nécessaire aussi de se préoccuper de réformes sociales. Mais c'est également dans la transformation des pratiques du service social et des interactions entre les classes qu'elles mettent en jeu qu'il faut chercher l'origine des transformations de l'image des classes populaires produite alors.

Jusqu'en 1914, les « résidentes » attendaient que des volontaires de la classe ouvrière viennent se faire éduquer et moraliser dans des lieux qui lui étaient étrangers. En raison de la modification du rapport des forces, l'assistance sociale est entrée définitivement dans sa phase d'essor, d'implantation et de légitimation.

A la rencontre policée d'avant 1914 succède l'affrontement sans ménagements sur le terrain des dominés, l'usine ou la cité ouvrière. En quelques années, le service social d'entreprise, celui des caisses de compensation de la région parisienne, celui des H. B. M. de la ville de Paris, celui de la caisse d'assurances sociales, etc., sont créés et la fonction d'assistante se diversifie : infirmière-visiteuse, surinten-

---

13. B. W. Schaper, *Albert Thomas, trente ans de réformisme social*, Paris, P. U. F., 1960, p. 115.
14. Cf. J. P. Faye, *Théorie du récit*, Paris, Hermann, 1972, p. 20-21

dante d'usine, visiteuse-contrôleuse des assurances sociales, assistante polyvalente familiale. Cette multiplication des lieux d'intervention vise à permettre une emprise généralisée sur la vie quotidienne des classes populaires même si, dans les faits, l'emprise demeure très partielle.

Quelques exemples permettent d'éclairer à la fois les limites de l'encadrement et l'ampleur du projet :
— En 1930, le service social de l'enfance en danger a en charge à Paris, 900 cas [15].
— En 1935, l'Office de protection maternelle et infantile du département de la Seine a assuré la visite de 60 900 femmes enceintes et de 126 000 nourrissons ; près de 30 000 femmes sont venues à ses permanences.
— En 1937, le service social des caisses de compensation de la région parisienne, s'occupe de 56 000 familles [16]. Cette même année, les surintendantes sont au nombre de 215, implantées depuis des années chez Citroën, Peugeot, Michelin, dans les Mines de Carmaux, etc. [17].
— En 1939, le service social des H. B. M. de Paris a effectué plus de 49 600 visites à domicile et dispensé des soins à 48 500 personnes [18].

Parlant de « milieux à conquérir », les textes de l'époque pensent aussi bien aux populations ouvrières qu'aux pouvoirs publics. Vis-à-vis de ceux-ci, le changement est net. Avant la guerre, les pionnières, hostiles à la forme du gouvernement et à la fraction qui l'assume, tiennent à leur totale indépendance. Désormais, la collaboration, devenue inévitable, est rendue plus facile par le tournant à droite du pouvoir politique, qui crée une nouvelle fonction, la surintendante, mais fait entièrement confiance à l'initiative privée pour organiser la formation, recruter le personnel, etc. Dans d'autres cas, il subventionne des organismes et les reconnaît d'utilité publique ; à différentes reprises, il demande à un service d'assurer une tâche qui déborde l'action administrative traditionnelle ; par exemple, lorsque les Etats-Unis modifient en 1924 les conditions d'immigra-

15. Cf. Service social de l'enfance, juin 1931, B. N./8° R Pièce 18985.
16. Cf. S. Cordelier, *Service social féminin,* Paris, Plon, 1938.
17. Cf. comptes rendus des *Assemblées générales de l'Association des surintendantes d'usine.*
18. Y. de Hurtado, « Le service social tel que je l'ai vécu », *Informations sociales,* avril-mai 1966.

tion, le nombre des étrangers bloqués ou refoulés à Marseille s'accroît dans des proportions qui inquiètent le gouvernement ; il demande au service social d'aide aux émigrants, organisation indépendante, d'intervenir pour orienter cette masse d'émigrés et opérer le tri nécessaire.

On a évoqué la position sociale des premiers soutiens du mouvement ; on soulignera ici les changements survenus dans la composition du groupe de patronage. Dans son développement sous des formes spécialisées, l'assistance sociale trouve reconnaissance et commandite auprès du gouvernement et des milieux politiques, et auprès de certaines fractions du patronat. En retour, le discours des assistantes dépasse l'expression de la solidarité de classe pour développer, par exemple, un éloge sans réserve du groupe dont il se reconnaît l' « allié naturel », le patronat des Peugeot et des Michelin.

> « Je tiens à remercier publiquement de son appui moral et financier notre administrateur-directeur et maire, M. Robert Peugeot, qui n'hésite pas chaque jour devant de réels sacrifices matériels. »
>
> « Vous dire l'effort de Thaon serait vous exposer, non pas la mission de la surintendante, mais la mission du patronat, de ce patronat français qu'illustrent des chefs comme les Michelin (...). Le secret de l'activité de la surintendante réside uniquement dans les aspirations généreuses, la claire compréhension de son devoir social, humain, de M. Lederlin [19]. »

Le même déplacement affecte le choix des autorités morales que reconnaissent les assistantes sociales. A cette phase, c'est l'autorité médicale qui s'impose pour élaborer la doctrine, conforter les agents et justifier les nouveaux modes d'intervention. On peut retenir comme particulièrement signifiant le changement de références, imposé par certaines fractions du corps médical plutôt que recherché par les assistantes sociales ; il indique à la fois une reconnaissance de leur rôle d'agent de la domination (dont le médecin est un symbole) et sanctionne, en le prenant comme enjeu, l'importance du mouvement. Vis-à-vis des populations ouvrières, un jugement sévère est prononcé :

19. Interventions à l'*Assemblée générale de l'Association des surintendantes,* 1927.

c'est en termes souvent brutaux — on parle de « recul » et d' « effroi », d' « écœurement » — que les assistantes des années 1920 évoquent la rencontre, selon des modalités nouvelles, avec les populations ouvrières ; désormais, les surintendantes d'usine affrontent non plus des individus mais une collectivité sur son lieu de production, et les visiteuses sortent de leur propre univers pour pénétrer dans l'intérieur ouvrier.

La surveillance à l'usine : les surintendantes. — Le service social d'entreprise constitue le terrain d'affrontement le plus direct ; il est aussi l'émetteur des critiques les plus vives et même violentes, et il est celui qui a parlé le plus, a laissé le plus de documents.

> L'importance de la documentation découle du mode de développement particulier de cette spécialisation qui s'organise autour d'une *école,* d'une *profession* et d'une *association* professionnelle, lieu de confrontation et d'élaboration collective [20]. On voit se développer dans cette branche, la seule qui soit alors totalement rémunérée, les schémas habituels d'institutionnalisation d'une profession et de professionnalisation, mais avec cette particularité que la délégation d'autorité est d'autant plus délicate à obtenir que la justification technique est plus mince. Tout se passe comme s'il fallait, à cette phase, convaincre de la rentabilité du mandat ; pour s'imposer sur le marché, obtenir au plan matériel comme dans le registre symbolique, les moyens nécessaires, le groupe intermédiaire devra multiplier les déclarations d'allégeance.

Le service d'entreprise est né en 1917 de la rencontre et de l'ajustement de deux ordres de préoccupations : celles du gouvernement, accroître le rendement des ouvrières de l'armement, et celles d'un groupe de femmes spécialistes de l'action sociale, s'inquiétant des conséquences « morales » des déplacements de la main-d'œuvre féminine.

20. Les documents sont essentiellement : les comptes rendus imprimés depuis 1920 de l'Assemblée générale annuelle de l'Association, qui comprennent des relations d'expérience de surintendantes en poste, des « rapports » de chefs d'entreprise et des allocutions de représentants des pouvoirs publics ; les bulletins de liaison publiés, de manière discontinue, par l'Association ; des travaux d'élèves, en particulier des mémoires de stages d'ouvrière.

Dans les industries touchant à l'armement, les femmes représentaient, en 1917, près du quart de l'effectif, contre moins de 5 % avant 1914. Le général Appert dira après la guerre que le problème était de parvenir à augmenter la production de munitions « dans des proportions formidables, tout en ménageant la main-d'œuvre masculine [21] ». Ce souci est majeur pour le ministre de l'armement, Albert Thomas, quand il envoie une délégation de syndicalistes auprès des *ladies superintendant* qui assuraient en Grande-Bretagne l'adaptation et l'encadrement de la main-d'œuvre féminine ; on remarquera que cet intérêt est contemporain des premières grèves de femmes en juillet 1916, dans les usines de guerre. Cette délégation trouve à son retour l'appui d'un groupe de cinq femmes, ayant toutes un riche passé d'action sociale [22] qui, plus que des conséquences de la pénibilité du travail pour les ouvrières, sont préoccupées par ce qui leur apparaît un « désastre moral », « l'extrême liberté d'allure » des femmes sorties de leur foyer [23], le mal « se répandant sourdement parmi ces agglomérations de créatures non surveillées [24] ». Ce « désastre moral », une des fondatrices l'explicite : « Faut-il rappeler les risques auxquels ces pauvres créatures se trouvaient exposées dans certains immenses centres industriels, où elles logeaient dans des baraquements en voisinage quelquefois immédiat avec les Africains et les Chinois [25] ? » Quinze ans plus tard, c'est encore au nom du péril moral, et non pas d'une amélioration de la condition des ouvrières, que la secrétaire générale de l'Association justifie le rôle des surintendantes : « Notre œuvre à son début a jailli, certes, de nos cœurs étreints par les souffrances matérielles de nos sœurs les ouvrières

21. *Assemblée générale de l'Association des surintendantes d'usine*, février 1925, compte rendu imprimé. Le général Appert dirigeait la Pyrotechnie de Bourges pendant la guerre.

22. Cécile Brunschvicg, présidente de la section Travail du Conseil national des femmes françaises ; Nicole de Montmort et Marie Diémer, fondatrices de l'Association des infirmières-visiteuses (Marie Diémer sera une des pionnières des Guides de France, la branche féminine des scouts) ; Mme Viollet, présidente-fondatrice de l'Association pour l'aide aux mères de famille ; Marie Routier, directrice de l'Assistance par le travail.

23. *Bulletin de l'Association des surintendantes de France*, n° 1, avril 1920, imprimé.

24. *Rapport sur l'organisation des cantonnements où logent les ouvrières de l'Ecole centrale de pyrotechnie à Bourges*, août 1917, 13 pages dactylographiées.

25. *Bulletin...*, n° 1, avril 1920.

des usines de guerre, mais plus encore de nos esprits effrayés par l'immense ébranlement que leur exode de la vie traditionnelle et abritée du foyer vers le travail extérieur allait apporter à leur vie morale (...). Notre œuvre fut donc une œuvre plus morale que matérielle [26]. »

Les surintendantes furent introduites d'abord dans les établissements de l'Artillerie ; la longue circulaire qui officialise avec retard cette fonction passe sous silence ses raisons d'être réelles, c'est-à-dire les exigences de la production d'armement en temps de guerre. La nouvelle profession, décrite comme devant veiller au « bien-être physique et moral » des ouvrières, se voit attribuer une série de tâches : participation à l'embauche, « conseil et assistance » aux ouvrières, transmission des réclamations du personnel à propos de l'hygiène et de sa situation « physique et morale », contrôle de l'hygiène des ateliers, surveillance des œuvres annexes, des cantonnements et des habitations ouvrières. La circulaire restait vague quant aux aptitudes requises pour exercer cette fonction, parlant seulement de la nécessité d'être « préparé techniquement et pratiquement [27] ».

L'Ecole technique des surintendantes d'usine fut créée le 1er mai 1917 sous le patronage des ministres Albert Thomas et Léon Bourgeois, par les cinq femmes déjà nommées. Hébergée à sa création par la duchesse d'Uzès (dont il faut rappeler qu'elle avait été trésorière du mouvement boulangiste), elle commence à fonctionner avec des crédits américains et des dons d'industriels, dont un responsable du Comité des forges, Robert Pinot, avait pris l'initiative. De nombreux textes soulignent la sévérité de la sélection à l'entrée : pour les trois premières sessions, 80 demandes sur 600 ont été retenues, ce que, dans un rapport à la section Travail du Conseil national des femmes françaises (publié dans l'*Action féminine,* en 1918), Cécile Brunschvicg justifie par la nécessité d'avoir « un personnel capable et de haute valeur morale ». Outre « une excellente culture générale,

26. *Assemblée générale de l'Association des surintendantes,* 1935, compte rendu imprimé.

27. « Dispositions générales régissant les surintendantes et les intendantes d'usines en service dans les établissements de l'artillerie » (20 octobre 1918), *Bulletin des usines de guerre,* 31, 25 novembre 1918.

au moins égale à celle du baccalauréat », l'Ecole — comme toutes les autres écoles de service social — exigeait de ses élèves « deux lettres de références morales ». On parle de la nécessité de présenter « toutes les garanties d'honorabilité, de dévouement établi et d'expérience » (Assemblée générale de l'Association, 1934). On ne trouve rien de plus objectif qui permettrait de préciser les critères de recrutement.

L'origine des élèves est bourgeoise et fortunée ; jusqu'en 1939, il n'existe d'ailleurs aucune sorte de bourse d'étude. Le rapport moral présenté à l'Assemblée générale de l'Association en 1935 fournit l'origine sociale de la promotion : 7 filles d'industriels, 1 fille d'universitaire, 1 fille de médecin, 1 fille d'ingénieur, 1 fille de fonctionnaire, 1 fille de commerçant, 1 fille de pasteur.

Il n'a pas été possible de retrouver le contenu des cours des premières sessions qui portaient sur les sujets suivants : moralité à l'usine et lutte contre le malthusianisme, vie ouvrière, hygiène de l'industrie et législation du travail, hygiène générale et législation des assurances sociales, comptabilité. Le cours sur la « moralité à l'usine » avait été confié à la présidente de la section « Unité de la morale et répression de la traite des femmes » du Conseil national des femmes françaises, le cours « Vie ouvrière » à l'abbé Viollet, très actif pendant plusieurs décennies dans l'assistance sociale, en particulier dans le mouvement familial.

L'absence de connaissances techniques, l'ethnocentrisme de classe et le poids de leur propre éducation expliquent que des promotions entières de surintendantes aient transmué en tâche de *surveillance morale,* la tâche de surveillance technique qui leur était demandée. *Mutatis mutandis,* l'école technique des surintendantes d'usine, comme le séminaire ou l'école militaire, ne sera pour la surintendante que le lieu où elle se verra confirmer la mission à laquelle elle se sentait appelée : éduquer avec la sévérité nécessaire cette classe « affaissée ».

L'ensemble des discours produits par les surintendantes n'informe pas sur les conditions de vie de la population ouvrière de l'époque, il se borne à répéter les préjugés les plus communs sur le laisser-aller, l'amoralité, le vice, le goût de la jouissance de la classe ouvrière. Mais il est intéressant comme cas particulièrement lisible de l'action exercée sur cette classe, la disqualification (symboliquement) violente de son mode de vie et de son existence autonome, son *invalidation*. Si la population ouvrière apparaissait menaçante à la phase précédente, c'est en raison de son organisation, dont les formes établies (par exemple bourses du travail, parti ouvrier) s'appuyaient sur une prise de conscience de sa position de classe. C'est cette conscience de classe en formation qui est attaquée de l'intérieur, à la racine, lorsqu'on s'en prend au mode de vie séparé de la classe ouvrière et au « sens commun » (entendu au sens de Gramsci [28]) qui l'organise et l'exprime, en niant qu'il puisse y avoir une autre conception du monde que celui de la classe dominante [29]. En raison d'une homologie manifeste des modes d'intervention, l'analogie coloniale qui pourrait illustrer toute l'étude est ici particulièrement pertinente. En effet, dans la période d'exploration, on voulait bien, dans l'esprit du *Voyage de Cook,* identifier les éléments d'une structure sociale séparée, fût-ce pour la qualifier de fruste et d'inférieure. Plus tard, dans une phase que l'on peut comparer à celle de l'administration coloniale directe, il devient essentiel de nier l'existence de toute organisation dans un groupe jugé anomique et « déchu ».

Pour rendre compte de la redondance du langage dès qu'il s'agit de la sexualité, de la vigueur et de la fréquence des condamnations morales qui s'observent dans les rapports, écrits ou oraux, des surintendantes, on peut se référer d'abord à l'éducation qu'elles avaient elles-mêmes reçue, éducation basée sur l'infantilisation, une répression sexuelle ouverte de tous les instants et l'apprentissage obstiné et méthodique de la négation de soi en tant que femme. « La femme doit se gêner, s'oublier, souffrir, se donner, se dévouer, se sacrifier [30]. » « Réfléchir, pour la femme, c'est l'amener à connaître ses droits, résumés en un seul : faire son devoir [31]. »

---

28. Cf. *Il materialismo storico e la filosofia di B. Croce,* trad. fr. in *Œuvres choisies,* Paris, Editions sociáles, 1959, p. 18, 122.

29. En insistant ici sur l'ampleur de l'entreprise qui veut discréditer et transformer les comportements et les modes de vie des populations ouvrières, on ne méconnaît pas la capacité de *résistance* et de *défense* qu'elles mettent en œuvre avec des modalités variées.

30. *L'enseignement ménager,* revue mensuelle, mars 1909 (rapport de Mme de Diesbach au congrès diocésain de Paris).

31. Mme de Diesbach, *Enseignement ménager,* Paris, Téqui, 2ᵉ éd., 1914, p. 26.

> Les ouvrages écrits sur l'éducation des filles juste avant et juste après la guerre de 1914 consacrent une place de choix aux châtiments et à la surveillance, celle-ci étant estimée « aussi active que la correction pour élever les enfants », « elle écarte le mauvais exemple, le mauvais conseil, le livre dangereux, la personne vicieuse », « elle empêche le désordre, (...) la contamination, la paresse, la désorganisation générale [32] ». Elle ne dispense pas de recourir à un large spectre de corrections (de « répressions ») sur les modalités desquelles ces ouvrages dissertent avec minutie [33] : fouet, indispensable à la petite enfance, soufflet convenant à l'âge de l'insolence (8 à 10 ans), privations de promenades, de toilette, de nourriture, pensums, punitions tout à fait « rationnelles », humiliations (mettre à genoux pour « humilier l'orgueil »), cachot et chaîne, moyen extrême et cependant nécessaire, « sain », pour les enfants dont « on ne peut rien tirer ». La correction, expiation et réparation, atteint son véritable objet si les élèves « en viennent à se punir elles-mêmes, ou à venir chercher leur punition (...) ; c'est bien ce qu'il faut leur apprendre pour qu'elles restent vertueuses plus tard [34] », la vertu n'étant pas seulement la chasteté ou la fidélité conjugale, mais tout un ensemble de « qualités » exigées de la femme : abnégation, amour du devoir, modestie, obéissance à un règlement de vie, adhésion à la loi de l'effort nécessaire, etc.

Réprimées, surveillées, corrigées, élevées dans la crainte du péché, l'exaltation de la souffrance et du sacrifice, la condamnation des plaisirs, les jeunes bourgeoises ne peuvent et ne savent rien faire d'autre que réprimer, surveiller, etc. Elles parlent des « gamineries » des ouvrières et qualifient leur fatigue d' « énervement d'enfant ». L'infantilisation se marque encore par la menace, très fréquente, de sanctions : gronder, réprimander, faire des remontrances, « donner le martinet » (une telle expression, figurée certes, dit cependant bien la volonté de « corriger » et l'assurance qu'elles ont de leur bon droit à le faire).

La hantise de la sexualité et de sa nécessaire répression

32. C. Tézenas de Montcel, *L'institutrice et l'éducatrice dans les écoles libres,* Paris, Vitte, 1924, p. 175-176, 178.
33. Marquise de Pindray d'Ambelle, *De l'éducation des filles,* Paris, Desclée de Brouwer et Cie, 1911.
34. C. Tézenas de Montcel, *op. cit.,* p. 67.

s'exprime dans le caractère répétitif de certains termes. De 1917 à 1935, deux chaînes parcourent le discours des surintendantes : contaminer, pernicieux, malsain, déchéance, tare, vice, débauche, dégénérescence, obscénité, grossièreté, laisser-aller ; et bonne tenue, décence, propreté morale, hygiène morale, discipline morale, surveillance morale, régénération morale, relèvement moral, redressement moral, perfectionnement moral, réhabilitation morale.

> De ce discours moralisateur monotone, le rapport, déjà mentionné, sur l'organisation des cantonnements à Bourges pendant la guerre est un bon exemple. Il présente un caractère policier, désignant à de multiples reprises par leur nom et leur matricule des femmes accusées de « fautes ». Les faits jugés dignes d'être consignés sont des querelles, des insultes, des « attouchements et attitudes obscènes de femmes demi-nues », des scènes d'ivresse, des femmes qui « découchent », et des actes répréhensibles dont la réalité semble d'autant plus certaine qu'on ne peut les voir : « L'enseignement de la débauche », « enveloppé de mystères », « dans l'ombre des dortoirs, sans tapage ni éclat ». Modifiant ses horaires de ronde, afin de donner aux ouvrières « la crainte d'être prise en faute », la surintendante se reconnaît sur elles un droit d'inquisition sans limites : ainsi, un jour de congé, elle observe des ouvrières occupées à laver leur lingerie, c'est-à-dire un acte intime, et tire de son indiscrétion des conclusions sur la moralité des ouvrières : « Les dessous, chargés de rubans aux couleurs criardes, de dentelles, affirmaient, mieux que tous les dires, le vice qui n'a même plus la pudeur de se cacher. Le soir venu, elles s'en allèrent vers la ville » (p. 8).

Les premières surintendantes notent le caractère « meurtrier » du travail, sa durée, le « froid glacial » dans les cantonnements ou le repas unique de celles qui ont trop de charges, mais elles se préoccupent avant tout de lutter contre « le goût du plaisir » et le relâchement moral de ces ouvrières « déshabituées de l'effort ». Dans l'opposition, partout présente dans le langage des surintendantes, entre les membres de la classe « inférieure », grossiers, et ceux de la classe « supérieure », élevés, s'exprime toute la vision du monde bourgeoise, où bourgeoisie et peuple sont opposés comme l'âme — généreuse, créatrice, universelle — au corps, infirme, réduit à ses besoins, à son animalité, vision renforcée par l'éducation catholique qui rabaisse l'enveloppe charnelle pour exalter l'esprit. Au mépris de leurs propres constatations, les surintendantes trouvent la vérité des classes populaires dans les stéréotypes (goût de jouir, laisser-aller, etc.) que leur milieu familial et social leur a fournis et que l'école n'a fait que renforcer.

Les mémoires d'élèves de l'*Ecole normale sociale* confirment que l'image négative préexiste à la rencontre. Une quarantaine de mémoires, soit la totalité des mémoires conservés par l'Ecole pour la période de 1932-1938, ont été dépouillés. Quelques-uns sont particulièrement significatifs par leur sujet : « Rôle de la surintendante dans la prospérité de l'entreprise » (1932), « Le service social en face de l'affaissement moral qui touche ceux qu'il atteint » (1936), « Le rôle de l'influence dans le travail social » (1936). Dans ces mémoires, on parle de « l'affaissement moral des classes populaires », on y critique l'ouvrier ne pensant qu'à son confort, se laissant aller à la facilité, à la jouissance, incapable d'épargner. Les futures assistantes se proposent de réveiller sa conscience, de le pousser sans relâche au travail, à la vie de famille, mais elles savent par avance qu'il leur faudra beaucoup de persévérance, car l'ouvrier est « souvent grossier et dominé par ses mauvais penchants ».

Ultérieurement, ces stéréotypes négatifs vont être authentifiés par leurs discours, puisqu'elles sont censées parler en connaissance de cause. Ce relâchement des contraintes logiques qui règlent ordinairement le discours, en même temps que le caractère obsessionnel des énoncés (la répétition des condamnations morales de la sexualité), sont caractéristiques de la structure contradictoire d'un mode de pensée qui se retrouve dans l'antisémitisme, par exemple : ordonner le mépris d'un groupe autour d'un ensemble inconciliable d'attributs supposés.

La violence du moralisme et des jugements négatifs qui prédominent doit aussi quelque chose aux conditions particulières dans lesquelles les premières surintendantes ont travaillé ; dans le secteur de l'armement, elles ne sont pas seulement en contact avec le travail ouvrier, mais avec la totalité de la vie des ouvrières, placées elles-mêmes dans une situation anormale : les implantations des arsenaux obligeaient à des migrations qui entraînaient un mode de vie collectif, l'enfermement de toutes les activités dans une institution totalitaire, le cantonnement, avec toutes ses conséquences. Mais l'extension de la fonction à la main-d'œuvre masculine, après guerre, ne s'accompagne pas d'une transformation significative de la façon dont les assistantes conçoivent leur tâche, ni des jugements qu'elles portent. Quant la jeune surintendante « part au peuple », elle en a une image négative, mais abstraite. Or elle se retrouve, enfermée dans son éducation, ses goûts, son langage, face à des femmes et à des hommes à l'aise, à leur façon, dans leur milieu, avec leur langage, leurs goûts, etc. La vulgarité qu'elle avait toujours prêtée à « ces gens-là » prend une réalité scandaleuse ; même si le dégoût peut s'accompagner d'une certaine envie, il n'en demeure pas moins que son habitus de classe, les certitudes inscrites jusque dans son corps la poussent à se révolter.

> Commençant son stage d'ouvrière, une élève — qui plus tard dirigera l'Ecole des surintendantes — écrit : « J'ai l'impression d'être trop propre, d'être ridicule parce que pas fardée (...). J'aimerais paraître débrouillarde, parler avec désinvolture, rire fort comme les autres. » Mais, très vite, elle retrouve sa supériorité, ses « ressources intérieures », que les autres n'ont pas, ses besoins plus nombreux et plus élevés que les leurs, et elle dit sa fatigue d'entendre « des conversations presque toujours extrêmement grossières » entre les hommes et les femmes, des chansons de rue « grossières [35] ».

Année après année, l'Association présente la surintendante, dans les publicités de l'Ecole par exemple, comme « l'alliée morale et sociale du patron », réalité que chacune confirme, l'une se disant soucieuse de « répondre aux attentes du patronat » (1926), une autre s'en déclarant « porte-parole discret » (1931).

S'exprimant sur les ouvriers dans un moment où la classe dominante est rassurée, les surintendantes le font d'autant plus franchement que dans leurs assemblées générales ne viennent que des industriels et des représentants

---

35. Ecole technique des surintendantes, mémoire de stage (manuscrit), Jane Sivadon, 1931.

des pouvoirs publics. Pour le groupe des surintendantes cherchant à obtenir sa légitimation professionnelle — c'est-à-dire l'accès au marché du travail qui se double dans ce cas de la reconnaissance d'une mission de « tuteur moral » —, les assemblées générales annuelles jouent, objectivement, un rôle d'instance de négociation avec le patronat et le gouvernement. C'est là qu'elles se font valoir et justifient la rentabilité de leurs activités ; c'est là également qu'au-delà des éloges adressés à « une phalange de femmes d'élite » se précisent les contours du mandat qui leur est délégué [36].

> Dans une brochure adressée en 1933 « aux chefs d'entreprise », quelques employeurs qui, très tôt, ont embauché des surintendantes recommandent à leurs confrères de faire de même : « C'est ce rôle magnifique qui vous est dévolu, Mesdames, faire naître la confiance réciproque. Grâce à l'esprit de collaboration, le rendement industriel est chaque jour plus élevé », dit l'un, enthousiaste. Plus platement, un autre écrit : « Il a été constaté une amélioration dans la qualité du personnel au point de vue santé et moralité et par conséquent dans le travail. » Sobre, M. Michelin confie : « Le service social est un service qui paie [37]. »

Pour le patronat, le but est le maintien d'un « bon esprit » chez les ouvriers. Le bon ouvrier n'est pas seulement celui qui travaille beaucoup, il doit être « sincère, pur, dévoué », acceptant « librement et joyeusement sa discipline et son traitement [38] ». La surintendante l'éclairera sur les difficultés et le travail intense du patron, les risques qu'il prend, et sur la « bienveillance » qu'il porte à son personnel. Pour Robert Peugeot, qui rappelle sa nécessaire et entière soumission au patron, elle est chargée de maintenir un climat « confiant », de « tendre la main de la part

---

36. Conformément à l'analyse de P. Bourdieu et J.-C. Passeron dans *La reproduction,* Paris, Editions de Minuit, 1970, la notion de délégation n'implique ici aucune idée de contrat codifié ni même de convention explicite entre une classe ou une fraction de classe et des agents mandatés.

37. *Aux chefs d'entreprise de France, Economie et progrès,* La surintendante, 1933, 16 pages imprimées.

38. *Assemblée générale de l'Association des surintendantes,* février 1934.

du chef d'entreprise, qui ne peut pas tout faire lui-même[39] ». Bref, il lui revient d'être créatrice de paix, d'harmonie, de lutter contre les principes faux et les malentendus, de travailler à la collaboration des classes, comme il lui a été explicitement prescrit au cours de la formation. Elle essaie de changer les mentalités et sa valeur se mesure, fort simplement et exactement, à l'absence de revendications et de grèves dans l'usine.

> « Les ouvriers de toute une industrie essayaient de déclencher une grève générale ; une seule usine très importante résiste aux meneurs. Ses ouvriers en masse refusèrent de marcher et le mouvement avorta. Cette usine était celle qui employait Mlle V. comme surintendante : c'était pour cette jeune fille un triomphe qui se passe de commentaires[40]. » Jusque dans les notices nécrologiques, l'éloge, c'est d'avoir été semeuse de patience, de paix, de résignation, d'avoir su modérer les revendications : « Nous devons donner [aux ouvriers] l'exemple de la vie simple, nous pourrons alors leur recommander la patience, calmer leurs revendications, exercer une influence salutaire[41]. » Ces paroles d'une surintendante sont rapportées pour dire à celles qui ne l'ont pas connue ce qu'était sa qualité

Le gouvernement délègue dans les assemblées de l'Association un représentant qui vient exprimer son « admiration » et sa « gratitude » pour le travail accompli : en écartant les mauvais ouvriers, en signalant les « prétendus accidents », les « maladies simulées », en empêchant le sabotage, le gaspillage, les malfaçons, les surintendantes ont permis d'augmenter la production ouvrière. La « concorde, la bonne harmonie, la bonne grâce » que louait en 1930, un représentant de la Chambre de commerce de Paris, à défaut de régner dans la société, règnent dans les assemblées des surintendantes. Non seulement les surintendantes remplissent toutes une fonction identique, mais leur unité est assurée par le fait qu'elles répondent à une demande de la fraction « sociale » de la grande industrie, c'est-à-dire celle qui a mis sur pied et financé ses

39. *Assemblée générale de l'Association des surintendantes,* mars 1935.
40. *Le Figaro,* 31 août 1931.
41. *Bulletin* (dactylographié) de l'Association, 5 août 1922.

propres institutions d'encadrement. Son unité permet au service social d'entreprise d'instaurer un lieu officiel de rencontres, qui à son tour raffermit l'unité, favorisant le début d'une construction collective. Même si les différents groupes, surintendantes, industriels, hommes au pouvoir, émettent des discours ayant chacun une spécificité (définie par une tonalité, l'accentuation de certains thèmes selon la position occupée...), ceux-ci sont des traductions différentes de préoccupations communes, des fragments complémentaires de l'idéologie dominante, telle qu'elle se traduit dans la production d'une représentation de la classe ouvrière.

La surveillance au foyer : les visiteuses. — Dans les mêmes années, une autre branche du service social se développe : si elle n'a pas le degré d'intégration du groupe des surintendantes, du fait de la diversité des institutions auxquelles ses membres se rattachent (caisse de compensation, caisse des assurances sociales, office de protection maternelle et infantile, H. B. M. de Paris, etc.), elle a, par ses méthodes et son orientation médicale, une relative spécificité. Les visiteuses participaient à la lutte contre la tuberculose et la mortalité infantile et, d'une manière générale, « au dépistage des maladies et des tares », « tissant un réseau de protection sanitaire et sociale effectif [42] ». Comme dans le cas des surintendantes, un noyau de grandes animatrices d'action sociale utilise les institutions nouvellement mises en place et le couvert des fonctions relativement spécialisées qu'elles offrent pour établir un dispositif d'investigation et d'intervention [43]. La justification professionnelle permet de glisser d'un contrôle technique défini (santé d'un

42. Y. de Hurtado, « Le service social tel que je l'ai vécu », *art. cit.* Il est remarquable que dans ce texte, écrit en 1966, Ysabel de Hurtado, retraçant ses initiatives des années 1920-1930, retrouve le langage fortement dépréciatif de l'époque.

43. Ces nouvelles créations de services s'appuient sur la législation sociale : 1916, loi organisant les dispensaires d'hygiène sociale. 1919, loi sur les sanatoriums, 1923, allocations aux familles nombreuses nécessiteuses, 1928, institution des assurances sociales, 1932, loi sur les allocations familiales désormais obligatoires. A noter aussi : 1920, création d'un *ministère de l'hygiène, de l'assistance et de la prévoyance sociale* (ces questions étaient traitées auparavant par une direction du ministère de l'Intérieur) ; 1922 : création du diplôme d'Etat d'infirmière-visiteuse, alors que celui d'assistante sociale ne sera créé que dix ans plus tard.

enfant, usage d'une prestation...) à l'établissement d'un contrôle élargi à la sphère la plus privée de la vie des classes dominées. La comparaison avec les surintendantes fait apparaître des différences au sein du processus d'implantation, dans la mesure où le courant des visiteuses établit une jonction avec le groupe des médecins hygiénistes, qui a un actif important de résultats concrets et un poids politique appréciable. Cette rencontre est déterminante pour l'évolution de cette forme spécialisée de l'assistance. La position subalterne et les limites de la délégation se trouvent précisées d'emblée, puisqu'il ne s'agit pas pour cette catégorie d'agents de promouvoir une fonction nouvelle mais d'entrer dans des cadres déjà définis. On mesure l'importance de la sujétion reconnue, acceptée, célébrée même par les assistantes, au poids du groupe qui les contrôle et à la spécificité de l'autorité médicale. Les visiteuses cherchent d'ailleurs à bénéficier d'une partie de cette autorité. La tutelle médicale définit les références intellectuelles, le cadre de la formation et les modes d'opération : enquêtes menées sur le mode d'une enquête d'hygiène, interventions analysées en termes de diagnostic, puis de traitement. Cette tutelle est sensible dans les formulations, l'emploi du vocabulaire scientifique permettant, par un déplacement de registre, d'introduire des notions d'hygiène sociale et de pathologie sociale ; à l'époque précédente, on parlait de classe « ignorante et vicieuse » (dans le sens, faible, dont on parle d'un cheval vicieux, c'est-à-dire ombrageux et rétif), on insiste désormais sur les notions de tares et de maladies mentales. A travers les métaphores est imposée une vision du monde social : comme la santé, état précaire, le corps social est constamment menacé d'infections, de contagions, d'épidémies. Enfin, elle renforce, en lui donnant une coloration particulière, une des caractéristiques de l'habitus des agents, l'autoritarisme du mode d'intervention : peut-on en effet hésiter à « désinfecter » ou à « débrider une plaie », fût-ce dans le champ social ? Cette prééminence du corps médical explique le mutisme des visiteuses, les médecins parlant à leur place, leur traçant leurs tâches. Mais, si elles-mêmes n'écrivent guère, c'est à propos d'une tâche essentielle, *l'enquête,* que se réalise tout un travail à ambition théorique, cherchant à faire reconnaître la scientificité du travail social. De cette tentative faite par des médecins et des universitaires, l'avancée la plus marquante fut l'enseignement de *Prévoyance et assistance sociales,* assuré au Collège de France par Edouard Fuster, de 1917 à 1935.

> Edouard Fuster, juriste de formation, avait été attaché au Comité central des Houillères de France, de 1893 à 1910 ; il fut ensuite chargé pendant six ans d'un cours d'*Assurances sociales* au Collège de France, cours financé par le président honoraire du conseil d'administration d'une compagnie d'assurance à primes fixes contre les accidents, la Prévoyance. En 1917, on lui créa une chaire qu'il occupa jusqu'à sa mort. De cet enseignement, il ne reste que les résumés publiés dans l'*Annuaire* du Collège de France. Chaque année, on retrouve deux préoccupations étroitement unies : l'étude de la famille ouvrière, en particulier du budget ouvrier, et l'analyse des modes de protection sociale dans les divers pays d'Europe ; Fuster cherche toujours à définir, par rapport à toutes les institutions d'assistance, le domaine spécifique du service social, complément « individualisé et individualisateur » de la protection légale [44].

Mieux encore que la surintendante, qui ne connaît que l'homme au travail, la visiteuse, pénétrant dans les foyers, est susceptible de fournir un *classement* des familles ouvrières. L'enquête sociale ne produit qu'une connaissance toute *pratique :* une opération de repérage et d'étiquetage, visant à la maîtrise de cette population. Elle permet de faire le partage entre les « relevables » et les « irrelevables », les irrelevables étant ceux qu'on ne peut espérer intégrer de façon stable dans la production, et qui constituent, « pour l'ensemble de la nation, une tare tout ensemble et un danger : les producteurs se doivent contenter d'une main-d'œuvre médiocre, l'ordre public se trouve menacé, le niveau de la moralité abaissé [45] ».

---

44. A l'assemblée des professeurs du Collège de France réunie pour décider de sa succession (séance du 3 novembre 1935), Alexandre Moret intervient, sans succès, en faveur du maintien de la chaire : « Les œuvres d'assistance, le service social, les *Social Forces,* comme on dit en Amérique, méritent dans notre pays aide et direction. C'est de préférence au Collège de France que peuvent se trouver cette conduite désintéressée, cette observation froide des faits sociaux (...). » La chaire fut transformée en chaire de psychologie de l'enfant pour Henri Wallon.

45. H. Deroy, *Les œuvres du Moulin-Vert,* Paris, Jouve, 1927, p. 7.

> Les irrelevables sont tous, à un degré quelconque, « victimes du vice », le leur et celui de leurs parents : on trouve les « imprévoyants », les « faibles de volonté », les « débiles intellectuels » ou les « anormaux psychiques », les « déchets sociaux », ou les individus « anti et asociaux », les « dégénérés moraux ». Pour ceux-là, il n'y a rien à faire, ils font partie de ces « tarés [qui] seront malheureusement abandonnés à leur triste sort, parce que nous n'avons pas encore de centre de redressement social [46] ». Les cas relevables, ce sont les familles nombreuses, les victimes du désordre ménager (d'autant plus relevables, ceux-là, qu'ils n'ont besoin que d'une « direction morale » qui ne coûte rien) et les « déclassés ».

L'appareil dont s'entoure l'enquête sociale est symptomatique de la violence qui y est exercée. Avant de poser au dominé, dans des conditions très inégalitaires, des questions d'ordre tout à fait privé, acquérant ainsi des informations qui se transformeront en autant d'indices, l'enquêteur doit procéder à des investigations préalables qui le confirmeront, vis-à-vis d'un « cas social », dans son bon droit.

> Il faut contacter d'abord diverses institutions, les voisins, les œuvres, l'employeur, puis interroger la famille elle-même et observer tout ce qu'on voit mais aussi ce qui est caché. La décoration du logement doit être analysée soigneusement ; non seulement elle renseigne sur les goûts et les capacités ménagères de la mère, mais elle indique le *niveau* moral de la famille : « Toute famille qui tient à ses meubles est une famille attachée aux mœurs et aux traditions [47]. » Il faut être attentif à la propreté, à l'ordre, à l'hygiène, aux méthodes éducatives, mais la partie la plus importante, et la plus délicate, consiste dans l' « interrogatoire » sur la moralité.

Les longs questionnaires-modèles élaborés par le docteur Armand-Delille pour permettre l'établissement de *diagnostics sociaux* comportent toujours, qu'il s'agisse de *traiter* une « fille-mère », un alcoolique ou un enfant arriéré, de

---

46. Dr R.-H. Hazemann, *Le service social municipal,* Paris, Edition du mouvement sanitaire, 1919, p. 82.
47. Abbé J. Viollet, *Petit guide du travailleur social,* Paris, Confédération générale des familles, 1931, p. 54.

nombreuses questions sur la moralité résumée tout entière dans une sexualité réservée et ordonnée. Ces questionnaires, en interrogeant par exemple sur l'éventuelle gourmandise enfantine de la « fille-mère » ou le degré d'obéissance de l'enfant devenu suborneur, disent clairement que tout se tient, que l'ordre social exige le refoulement de tous les plaisirs, une soumission de tous les instants et dans les plus petites choses. « Qui vole un œuf vole un bœuf » : la petite fille gourmande, désobéissante, peu soigneuse, sera une femme « déchue », « fille-mère » ou prostituée... L'enfant hors mariage, faute, déchéance, malheur, amène à s'interroger sur le nombre de lieux de plaisir de la ville natale de la mère, la proportion des naissances illégitimes qu'on y trouve, la pratique religieuse de la famille, la propreté et la coquetterie dont faisait preuve la future pécheresse, l'opinion de son institutrice...

Le langage de la *réintégration,* de la *réadaptation* remplace alors largement celui de l'éducation de l'époque antérieure. Les ouvriers étaient vus comme des gens grossiers à affiner, à rééduquer ; on les perçoit désormais comme des asociaux, qu'il faut socialiser et adapter à la société établie dont le caractère naturel, donc naturellement bon et nécessairement inégalitaire, est sans cesse affirmé. « Nul règlement et nul chèque ne donnera, dans le ventre maternel, même poids d'esprit ou de sottise [48] » ; « la nature, qui a horreur du nivellement et de l'uniformité, ne peuple pas une forêt d'arbres identiques [49] », de même « l'échelle sociale comprendra toujours de nombreux degrés ». Il revient à la bourgeoisie, « force de la France », et à « ses femmes d'élite » de tenter de civiliser les classes populaires [50], dont les mœurs « primitives » demandent une action énergique : ainsi, au cours de la visite à domicile, la visiteuse intervenant dans tous les domaines, tenue de la maison et du budget, paiement du loyer, propreté du corps, autorité de la mère sur les enfants, décoration des murs..., se fera, s'il le faut, ouvrir le lit ou l'armoire à linge.

---

48. M. Delbrêl, *Ampleur et dépendance du service social,* Paris, Bloud et Gay, 1937, p. 16.
49. S. Cordelier, *Service social féminin, op. cit.,* p. 24.
50. C. Lhotte, E. Dupeyrat, *Dix ans avec eux,* Paris, Mignard, 1939, p. 174 (plus distant que celui des antipodes, le peuple des banlieues ne peut plus être nommé).

La période d'implantation des formes diversifiées d'assistance sociale, se déroulant dans des conditions particulièrement favorables à la classe dominante, a donné lieu à la formation chez les agents d'une représentation sans nuances des données de l'antagonisme de classes et à une conscience particulièrement assurée de la légitimité de leur action, la mise en place de la « tutelle sociale » étant perçue comme une évidente nécessité sans lien avec l'état du rapport de forces qui l'autorisait. Parallèlement, le fait que nombre d'entre elles agissaient en bénévoles — c'est-à-dire ne trouvaient pas immédiatement leur gratification sur le marché du travail — leur permettait de garder dans leurs comportements et leurs commentaires une distance et des références qui leur auraient été interdites en tant qu'agents d'exécution. C'est cet état d'esprit qui explique l'ampleur du choc que produit le Front populaire, beaucoup plus que les nouveautés qu'il introduit.

Le Front populaire. — La fin de la classe ouvrière et l'apparition des « problèmes sociaux ».

Dans les années du Front populaire, il n'y a aucun changement dans les pratiques du service social, ni aucune création. Mais, si la période 1918-1939 est homogène de ce point de vue, le Front populaire, en inversant, pour un temps court, le rapport entre les classes, et en modifiant plus durablement les représentations collectives, produit un renouvellement de ce qui se dit sur les classes populaires. L'assistance sociale forge là, irréversiblement, un des éléments importants de son idéologie spécifique : la notion de *neutralité,* qui la place au-dessus des classes, au service de l'Homme. Cette justification a d'abord une nécessité interne (supporter le choc) et trouve par la suite un rendement élevé. La force qu'ils sont amenés à reconnaître aux dominés contraint à nouveau les dominants à modérer leur discours mais, à la différence du début du siècle, il s'agit cette fois, non d'une simple atténuation, mais d'un travestissement ; l'opinion s'exprime de manière indirecte à travers un langage s'efforçant de convaincre de son objectivité. A l'assemblée générale de l'Association des surintendantes, en février 1937, on ne trouve plus de développements sur les

« tares » des ouvriers, plus de menaces de sanctions, rien non plus, ou très peu, sur les grèves. Mais les surintendantes n'en laissent pas moins percer la vérité de leur rapport à la classe ouvrière quand leur assemblée manifeste son « émotion » devant la loi des 40 heures, qui va « favoriser l'alcoolisme ouvrier ». C'est très précisément lors du Front populaire que l'alcoolisme évoqué jusqu'alors sur le mode de la déploration comme un vice individuel commence à être traité comme un problème social, mis à l'ordre du jour dans les assemblées : manière évidente de réduire la portée du mouvement qui se déroule, de refuser aux grèves un caractère « sérieux » et conscient. Selon les schèmes de perception anciens, les manifestations populaires et les grèves sont perçues comme des déferlements de laisser-aller qui « ne sont pas, on s'en doute, propices à la vertu, même la plus élémentaire [51] » ; la joie populaire est vue plus ou moins comme « orgie ».

L'accueil que les assistantes sociales font à la mise en place des délégués d'ateliers par les accords Matignon confirme cette analyse du sens réel du discours sur l'alcoolisme. En effet, elles avancent des objections « techniques », qui leur permettent de minimiser la portée de ces mesures et surtout de justifier l'opposition à leur application. Au-delà des doléances sur l'ignorance des ouvriers, l'opposition prend la forme classique du conflit de compétences. Les délégués « nous portent un très grand tort, car ils agissent sur des terrains qui devraient nous être réservés : hygiène des ateliers, amélioration des conditions de travail [52] ». Ce conflit qui parcourt l'histoire du service social d'entreprise, assistantes affrontées aux délégués, aux comités d'entreprise, aux syndicats, traduit le refus d'admettre l'ouvrier comme individu majeur.

Parallèlement se développe une entreprise de neutralisation des mesures sociales ; on en réduit la portée en les projetant dans le domaine anodin des loisirs de patronage et de l'éducation par le sport, on déplace leur sens en les interprétant dans le langage apaisant, spiritualisé et vide d'un humanisme sans support.

51. Y. Bougé, *La dame en bleu,* Paris, Mignard, 1939, p. 50.
52. « Débuts d'une surintendante dans un centre de province inter-entreprises », Rapport, 1938.

> Les surintendantes reprennent leur projet éducatif dans un champ élargi : comment rendre les loisirs enrichissants ? comment empêcher l'abus de liberté ? comment « promouvoir » l'ouvrier ? comment « aider son âme à se grandir » ? On propose des conférences du samedi, de beaux spectacles, le chant (car l'homme « qui chante ne pense pas à mal », 1938), le sport, « instrument magnifique de compréhension » entre jeunes de classes sociales différentes (Léo Lagrange, à l'assemblée générale de 1937), des bibliothèques éducatives, car « il faut donner le goût du meilleur qui rend l'effort joyeux » (1938).

Alors qu'elles ont plus que jamais éprouvé leurs solidarités, les surintendantes ont aussi ressenti qu'il était coûteux de les proclamer : dans certaines usines, on a vu le service social pris « violemment à parti par le personnel [53] ». Aussi vont-elles déclarer désormais qu'elles « vivent en dehors et au-dessus de toutes querelles, dans la sereine région où ne pénètrent pas les passions partisanes et d'où rien ne peut les faire descendre [54] ». Elles condamnent avec véhémence la politique et s'excluent, en paroles, du champ politique. « Tout ce qui a trait au soulagement de la souffrance humaine » doit être préservé de la politique : « un service social est en ceci rigoureusement comparable à un service médical, il n'y a pas de nuance politique dans le diagnostic d'une infection quelconque [55] ».

La pression des dominés a donc entraîné une censure double : ne plus dire en clair ce que l'on pense de la classe ouvrière, ne plus dire d'où l'on parle. L'exaltation de l'Homme remplace alors l'exaltation de l'Ordre dans un discours se disant « au-dessus », ailleurs, se réclamant de l'amour, ne voulant trouver en chacun que l'Homme partout identique et objet de la même sollicitude. « Esprit de dévouement libre et total (...) qui sert tous ceux qui ont besoin de lui, indigents ou riches, dirigeants ou dirigés,

---

53. Mme Vialatte, *Le service social à l'usine, leçons de quelques années d'expérience,* Conférence à la Maison de la Chimie, novembre 1936, 38 p. ronéo.

54. Rapport moral, *Assemblée générale de l'Association des surintendantes,* 1937.

55. Rapport moral, *Assemblée générale de l'Association des surintendantes,* 1938.

les respectant d'un même respect, les aimant d'un même amour [56]. »

A cette volonté d'escamoter la référence aux classes sociales en se réfugiant dans l'humanisme, Edouard Fuster apporte une caution « scientifique ». Il annonce la fin du prolétariat ou plutôt son humanisation, c'est-à-dire son assimilation au bourgeois enfin réalisée. Il universalise son expérience particulière, limitée, de membre du conseil paritaire de l'Office départemental de placement de la Seine, où il a l'occasion de voir quelques ouvriers, triés, intimidés et endimanchés, pour conclure à la fin des différences, à la fin des classes : « Je vous défierais presque de savoir qui est patron ou ouvrier, tant le langage de tous est correct, tant la courtoisie y est réciproque, tant on s'y efforce de régler l'objet pratique assigné aux entretiens, sans se perdre dans les doctrines et les revendications de classe. Identiques d'aspect, de vêtement, chaque jour plus identiques de ton et de langage... [57]. » Grâce à la guerre, dit-il, qui a engendré une nouvelle génération de capitaines d'industrie et des ouvriers « très évolués », la réconciliation des classes est possible et la surintendante doit servir de « liant ».

Ce discours un peu prématuré n'a pas un écho immédiat ; à ce moment-là, les surintendantes tiennent les ouvriers pour des barbares dont l'éducation semble quasi impossible. Quelques années plus tard, le rapport de force s'étant modifié, les assistantes sauront tirer parti de cette notion de fin de la classe ouvrière. La diffusion du nouveau discours a été facilitée par l'élargissement du recrutement des assistantes sociales à d'autres catégories sociales. En toute bonne conscience, ignorant déjà l'origine de leur fonction, les nouvelles venues ont permis une équivoque durable et efficace : confondant leurs « motivations personnelles » avec le sens de l'action du service social, elles lui ont donné un masque nouveau, celui de *l'aide*.

Cette courte période a donc été décisive. A l'issue d'une phase d'implantation, en réponse à des difficultés qu'il ne pouvait ni prévoir ni expliquer, le groupe élabore alors des notions susceptibles d'un rendement élevé : proclamations

56. Rapport moral, *Assemblée générale de l'Association des surintendantes,* 1939.
57. *Assemblée générale de l'Association des surintendantes,* 1931.

de neutralité et d'apolitisme, dissimulation des positions de classe sous une argumentation fonctionnelle, référence à l'humanisme et annonce de la fin des classes. Ces notions objectivent la fonction remplie en présentant des dispositions de classe comme des qualités professionnelles, elles obscurcissent — et d'abord pour les agents — la relation avec l'instance délégatrice : elles contribuent à faire accepter l'entreprise de domination culturelle.

Le régime de Vichy — Les péchés de la classe ouvrière.

Dans la période de Vichy, la classe ouvrière est reconnue comme force politique, puisqu'elle est désignée comme la responsable des malheurs du pays en raison de son « affaissement moral », sa perte du sens de l'effort, son impatience à jouir, ses pratiques malthusiennes et ses « tares ».

Le renversement du rapport de forces permet un retour à la brutalité des jugements et à la transparence des alliances. La coïncidence entre les dispositions législatives prises sans retard par le régime de Vichy et les mesures réclamées par les assistantes sociales depuis les années 1930 montre quelles relations d'allégeance liaient ce groupe « au service de l'Homme » à la fraction bien définie et cohérente de la classe dominante qui prend la direction du pays. Toutes les idées maîtresses du service social, valeur éminemment morale et rédemptrice du travail, célébration de la famille, « chose sublime » — surtout si elle est nombreuse —, collaboration des classes, sont les piliers de l'idéologie officielle ; ce que résume le docteur Pierre Armand-Delille déclarant qu'il revient au service social de « faire comprendre le sens, la valeur et la noblesse de la nouvelle devise de l'Etat français : Travail-Famille-Patrie [58] ». La défaite n'est pas appréhendée dans ses causes politiques ni dans ses conséquences matérielles (en particulier, celles qui concernent le service social, déplacements de populations, pénurie...), mais d'abord sur le plan moral, comme une « chance », une possibilité d'opérer le redres-

58. Dr P. Armand-Delille, *Traité de service social,* t. II, Paris, Delagrave, 1942. Annexe : *La multiplication des services sociaux et leur coordination,* communication à l'Académie des sciences morales et politiques, décembre 1940.

sement nécessaire, une occasion de rédemption. « La nation entière souffre et chacun de nous en elle. Et bénie soit cette souffrance. Elle est notre meilleur gage de guérison [59]. »

S'il avait des forces suffisantes, le service social, porté par la législation nouvelle, ne trouverait pas de limites à sa tâche éducative et à sa passion correctrice. Tout ce que condamnaient les assistantes sociales et pour lequel elles ne cessaient de demander et de concevoir des solutions, la licence des mœurs, le malthusianisme, le divorce, le travail de la mère, la présence de « trop nombreux étrangers » (de qui on n'exige pas « un certificat de bonne vie et mœurs »), l'alcoolisme, la lutte des classes, c'est ce à quoi, prioritairement, Vichy va porter remède.

> Répression plus sévère de l'adultère, répression accrue de l'avortement, réforme de l'allocation à la naissance pénalisant l'enfant unique, loi d'avril 1941 réformant le divorce, loi d'octobre 1940 sur le travail des femmes (complétée par la loi d'août 1941 sur le programme des écoles primaires de filles, et celle de mars 1942 sur l'enseignement ménager obligatoire), mesures d'août 1940 sur l'alcoolisme, etc., jusqu'à l'organisation de la paix sociale par la Charte du travail, il n'est pas une seule de ces mesures qui ne se trouve proposée et discutée dans les écrits de l'assistance sociale entre les deux guerres.

Le service social en tant que corps fut alors pleinement à l'aise [60] et il n'a pas eu à se censurer, il a pu exprimer ses obsessions sans détours et jusqu'à l'extrême [61]. Le langage de la vocation, de l'auto-exaltation a pu aussi s'épanouir sans limites.

59. M. Delbrêl, *Aux travailleuses sociales,* Paris, Bloud et Gay, 1942, p. 13.

60. Ce que voit très bien en 1947 la directrice de l'Ecole des surintendantes, déclarant que le service social fut « sauvé par celles-ci [les camarades tuées et déportées] lorsqu'il courait de gros risques par ailleurs », *Assemblée générale de l'Association des surintendantes,* février 1947.

61. Par exemple, dans une conférence faite à l'Institut catholique sur le service social, en mars 1944, on peut s'alarmer du métissage qui « menace la race » et désigner des races « indésirables », « inférieures », « avariées ». *Le service social dans les colonies françaises d'Afrique noire,* Paris, Spes, 1947, p. 11.

> Les assistantes se décrivent comme la nouvelle version de la femme forte de l'Ecriture ; ainsi que le suggère Hyacinthe Dubreuil [62] et le dit la secrétaire de l'Association des surintendantes (qui exerce la fonction de « chargée de mission au ministère de l'intérieur pour l'organisation sociale de la police d'Etat »), elles incarnent une des figures de la mère, la mère sévère, « pour qui l'amour s'exprime par les sacrifices [63] ».

Noyées en fait dans les tâches matérielles urgentes, les assistantes continuent de penser et d'écrire en termes d'éducation et de tutelle morale ; elles voient toujours la classe ouvrière comme devant être moralisée, confessée, grondée. On évoque à nouveau les rondes de nuit nécessaires au maintien de la moralité ouvrière ; on décrit les ouvriers venant avouer leurs « fautes », les réprimandes que la surintendante leur adresse à la demande de la maîtrise et « au nom de l'industriel », etc. [64].

L'ordre nouveau permet un retour aux valeurs éternelles, mais la pérennité de cet ordre total n'est assurée que par une vigilance de tous les instants. Aucun élément n'est secondaire et, malgré l'horreur des temps, le docteur Armand-Delille poursuit son discours sur la nécessité de développer chez les ouvriers le sens du Beau [65]. Dans cet Ordre, l'assistante sociale a légitimement sa place — « trame discrète, indispensable de la société », « arcboutant », fondée à intervenir partout « au nom du bien qu'elle apporte [66] ». Elle apprendra aux ouvriers « à tirer parti de ce qu'ils ont, à vivre dans le bonheur, et aussi dans l'espoir des améliorations ». Son rôle est fondamental : « elle leur fait prendre patience [67] ».

62. H. Dubreuil, *A l'image de la mère, Essai sur la mission de l'assistante sociale,* Paris, Edition sociale française, 1942.
63. *Assemblée générale de l'Association des surintendantes,* février 1944, rapport moral.
64. Cf. M.-L. Legoux, *La surintendante d'usine,* Rennes, Imprimerie centrale, 1942 (thèse de droit).
65. Dr P. Armand-Delille, *Traité de service social, op. cit.,* et *Guide de l'assistante sociale,* Paris, Legrand et Bertrand, 1943.
66. E. Baudouin, *Service social ou assistance?* Paris, Bloud et Gay, 1942, p. 97.
67. M.-L. Legoux, *op. cit.,* p. 112.

Après la Libération — L'euphémisation généralisée.

Le fait majeur est que le service social, reconnu officiellement et utilisé par le régime de Vichy est après la Libération organisé et rendu obligatoire dans de nouveaux secteurs, en même temps que la profession se voit reconnaître un monopole d'exercice. Le mode d'intégration à la classe dominante est alors précisé — reconnues, les assistantes sociales n'ont plus à se faire valoir ni à négocier leur position —, tandis que, parallèlement, la profession peut revendiquer une très relative autonomie, puisque désormais c'est le même langage qui est parlé dans la société et le groupe délégué. Cette situation, qui entraîne le maintien des agents à l'œuvre depuis 1940, est clairement perçue dans la classe ouvrière, dont « l'hostilité déclarée » au service social est attestée au premier congrès de l'Association nationale des assistantes de service social (A. N. A. S. [68]).

L'extension et la professionnalisation du service social s'accompagnent d'un élargissement de l'origine sociale des agents. Ce mouvement, amorcé avant la guerre, se renforce par étapes, notamment au début des années 1960, où il est à rapporter à des modifications dans la fraction de la population qui accède aux études après le baccalauréat, et au début des années 1970, où il s'explique en partie par des changements dans le financement des études. Cet élargissement est l'occasion d'une diversification des positions politiques, des références et des affiliations. Ces modifications jouent dans l'évolution de la représentation que la profession se forme d'elle-même, c'est-à-dire de la structure des éléments d'auto-justification qui lui permettent d'entretenir l'indispensable méconnaissance des conditions de son exercice. Après les tentatives de dévoilement de ces conditions à l'occasion de mai 1968, cette méconnaissance se reconstruit très concrètement autour d'une série de constatations objectives qui persuadent l'assistante sociale qu'elle n'est au service ni d'une classe ni d'un pouvoir : mal payé, son travail n'est pas considéré, des postes sont vacants et les moyens sont insuffisants. Accusée de soumission aux auto-

68. Premier congrès de l'A. N. A. S., Lyon, 1946, *Service social et structures nouvelles.*

rités, elle sait bien que, dans l'aide, comme le médecin ou l'avocat, elle a le libre choix de ses moyens. Ces conditions se traduisent par la mise en œuvre dans la pratique et dans le discours de nouveaux modes : le service social participe activement à l'euphémisation généralisée des oppositions de classe, il masque sous un nominalisme ostentatoirement objectif les réalités socio-économiques qu'il affronte, il réduit ces réalités vécues par le « client » à des difficultés d'ordre relationnel, affectif, dont l'origine est à chercher prioritairement dans son histoire familiale. Ces modes, bien sûr, ne sont pas propres au service social, ils tirent au contraire leur efficacité de leur circulation simultanée dans des sphères très différentes.

> Le service social ne va plus reconnaître que des « partenaires sociaux », des stratégies de « confrontation », une communauté avec des « tensions » — mais pas de conflits —, il gomme le terme classe ouvrière lui-même au profit d'expressions comme « les moins nantis » ou les « peu favorisés socio-culturellement », renforçant encore cet effet d'euphémisation par l'insertion de ces expressions dans des chaînes qui amalgament « handicapés, malchanceux, groupes dépendants, personnes âgées ».

L'accord du langage du service social avec le discours dominant s'effectue au cours de congrès, journées, sessions, où, sous le couvert d'exposés techniques, s'opère la réduction de la classe ouvrière, qui n'apparaît plus comme un acteur de l'Histoire mais comme objet de préoccupation, qui n'a plus qu'à se prêter, passivement, à des interventions bien intentionnées.

> On étudie par exemple « la réadaptation fonctionnelle et professionnelle des blessés et des malades », « la crise d'adaptation chez le nouvel embauché », ou « l'équilibre de l'homme au travail [69] ». Ces problèmes appellent un langage froid, aux vertus aseptiques : le problème concret et brûlant du salaire est dissocié de l'idée de lutte revendicative à partir du moment où on parle de « l'évolution de la structure de rémunération » (1968).

---

69. A. N. A. S., Journée d'études des assistantes sociales du travail, sessions de 1955, 1956 et 1961, documents ronéotypés.

La *psychologisation,* à l'œuvre depuis une vingtaine d'années, permet de réintroduire les jugements moraux et les images qui hantaient l'inconscient des dominants sous un travestissement moderne et scientifique qui leur prête des fondements inattaquables. Au service social, la psychologie et la « science psychanalytique » fournissent une technique, le *case-work,* particulièrement efficace pour transformer le jugement en fait scientifique, les déterminismes économiques en particularités de comportements [70].

Que le groupe dominé ne soit jamais directement désigné et ne soit plus évoqué que par effets de lapsus ou d'associatiations d'idées — délinquants, débiles, inadaptés, renvoient en fait à une population banale d'O. S. et de manœuvres — ne s'explique pas d'abord pour des raisons internes mais essentiellement parce que l'hégémonie culturelle est arrivée à un stade où il est à la fois possible et efficace de nier les différences génériques pour ne reconnaître que des défauts d'assimilation ou d'intégration relevant d'une réadaptation « personnalisée ». On avait souligné la clarté des déterminants de classe chez les agents de l'époque pionnière et le caractère résolu de leur discours : il s'agissait de rééduquer le peuple, de le détourner du socialisme, d'empêcher la révolution. En servant, ces bourgeoises avaient conscience de se servir elles-mêmes. A l'époque contemporaine, au contraire, la cécité des agents et le brouillage de leur discours est à la fois un résultat de leur position et une nécessité de la pratique. D'ailleurs, quand les agents du service social diffusent, en leur donnant une traduction concrète, certains éléments du discours élaboré par les intellectuels — par exemple, quand ils tirent argument des théorisations lacaniennes —, les uns comme les autres peuvent se prétendre, en toute bonne conscience, étrangers à la politique. L'*aide* comme philosophie enseignée dans la formation, comme « sens » de la profession, comme motivation intime (« le besoin d'aider » dans une relation d'authentique « face à face ») s'impose comme une évidence, au-delà de l'interrogation sur les positions relatives de l'assistante et de l'assisté.

70. Sur le *case-work,* ou aide psychosociale individualisée, cf. chapitre II, paragraphe 3. « Technique et spiritualité dans l'affrontement de classes. »

« Individualisée et individualisante », cette aide n'est que la « compensation naturelle » des inégalités inhérentes à tout développement social. « C'est le mouvement même de la vie qui interdit la vision d'un monde égalitaire [71]. »

Une série de déplacements verbaux permet de présenter d'anciennes notions — celles qui donnaient sa clarté tranquille à la philosophie morale des fondatrices — sous des formes plus modernes : l'humanisme vient utilement, opposé au matérialisme, au collectivisme, à la « massification », prendre le relais du catholicisme. Une des particularités de cet humanisme, qu'on qualifierait à bon droit de *freudo-libéral,* est son caractère abstrait, aussi abstrait que la liberté limitée à la sphère du droit auquel il se réfère. Cet humanisme ne connaît qu'un homme singulier en même temps qu'universel, il ignore toute détermination matérielle. L'extrême pénibilité, par exemple, des conditions concrètes du travail ouvrier n'empêche pas les assistantes — qui les ont sous les yeux — de disserter sur le besoin d'activité comme joie et accomplissement. La permanence de ce vieux couplet est à rapprocher de la faveur de moins en moins ambiguë que rencontrent les thèses du dernier Freud sur la sublimation réussie. Cet humanisme exalte la personnalité réduite à ses invariants ou, si l'on veut, aux « aliénations génériques » que décrit la psychanalyse. Dans l'histoire personnelle, essentiellement déterminée, en accord avec les schémas psychanalytiques, par les interactions familiales au cours de la prime enfance, les réalités socio-économiques, perçues comme une série d'événements aléatoires — on parle des « aléas de la vie », de « ceux que la vie a blessés » — jouent un rôle contingent de révélateur pour objectiver les particularités d'un profil psychologique. Au-delà de la critique qui viserait à la changer, cette conception de la vie est irréfutable : s'en prendre à la vie serait aussi absurde que de s'en prendre à la nature et la sagesse est de s'y adapter. C'est la fonction du service social, assurer l'adaptation à l'ordre établi, compléter la coercition économique par une pression morale visant à faire intérioriser l'absence d'alternative et, au-delà de la résignation, l'adhésion à l'ordre de la domi-

71. Congrès de l'A. N. A. S., 1959.

nation ; « j'emploierais le mot adaptation, adaptation de la personne à la société, de la personne à son travail [72] ». Dans cette logique unidimensionnelle, les effets ne renvoient pas aux causes, mais aux perceptions, et c'est sur les représentations qu'il faut agir : « Certes, une aide matérielle peut sensiblement améliorer la situation, mais l'action efficace est celle qui modifie profondément les modes relationnels des individus, leur attitude face à la vie [73]. »

La « crise » actuelle du service social, entendue comme la situation de crise dans laquelle se trouve une minorité importante des agents qui refuse explicitement une fonction adaptative, est d'abord significative du brouillage qui avait été opéré. Renversant la démarche des pionnières qui donnaient une apparence professionnelle (la formation par les écoles) à une démarche de classe (« relever le peuple », prévenir la révolution), cette minorité en est venue à soupçonner que, au-delà de son caractère technique et universel, l'aide pourrait bien avoir un rôle politique. La critique de l'action du service social est essentiellement menée par deux courants qui se déclarent solidaires de leur « clientèle » (ouvrière). Le premier propose d'opérer directement et explicitement sur le plan politique : réagir contre le système existant en rejetant la « neutralité » qui le soutient et en prenant position contre lui.

> Ce courant, très faible parmi les assistantes sociales, mais beaucoup plus important dans d'autres professions sociales, se trouve bien représenté par la revue *Champ social,* née dans le courant 1973. L'analyse de la crise est centrée sur l'idée d'une contradiction entre deux demandes : l'une, bonne (« aider tous ceux qui en ont besoin »), l'autre, mauvaise (« contrôler tous ceux qu'on aide, les faire collaborer au plus vite à la création du profit et de la plus-value ») et sur la conscience que ces *demandes contradictoires* sont *indissociables*.

---

72. Surintendante dans une entreprise chimique, région parisienne, entretien de septembre 1974.

73. P. Bolotte, préfet de la Seine-Saint-Denis. Avant-propos à : *Problèmes d'adaptation des familles et perspectives dynamiques d'aide et de prévention* (1966-1971). Coordination des services sociaux de Bagnolet, 1972, p. 11.

Le second veut faire redéfinir ses tâches par la profession elle-même, c'est-à-dire entend retrouver dans l'autonomie la « vraie » nature du service social, sa positivité, au-delà du dévoiement entraîné par la sujétion à une classe ou à un gouvernement.

> Ce second courant, bien exprimé par les assistantes syndiquées à la C. G. T., mais sans aucun doute plus large, ne considère pas que la contradiction soit inhérente à la fonction ; les « mauvaises » demandes sont ici attribuées au pouvoir politique. Les assistantes C. G. T. se donnent précisément pour but de n'assurer que des « bonnes » demandes, en désignant aux travailleurs sociaux, à la population et à ses élus, les demandes « mauvaises », c'est-à-dire celles qui transforment les assistantes « en agents de renseignements et d'enquêtes pour les administrations centrales ou répressives ». Par exemple, la sous-commission des assistants sociaux C. G. T. du Val-de-Marne redéfinit les « fonctions fondamentales des services sociaux : faire connaître leurs droits aux familles et aux travailleurs ; faire connaître les possibilités d'aide pour les handicapés momentanés, occasionnels, ou de longue durée ; transmission des renseignements pour obtenir ces droits ou ces aides aux organismes intéressés ; prévention des maladies et traumatismes ; protection maternelle et infantile ; adaptation des conditions de vie et de logement aux individus ; étude des causes individuelles et collectives pour la prévention, le dépistage et l'orientation pour des traitements, propositions d'équipements » (Document ronéotypé de janvier 1976).

L'audience du premier courant ne s'étend pas : en effet, on ne conçoit pas comment la profession tout entière et les institutions qui la soutiennent pourraient délibérément œuvrer à leur propre négation. Par son réalisme, par les perspectives actives et le soutien qu'il offre aux agents qui éprouvent actuellement la difficulté de leur pratique, le second courant semble susceptible de se développer. Le problème qu'il pose aux institutions est celui de la mise en œuvre, en réponse, de formes nouvelles ou supérieures de dissimulation. Cependant, la logique de cette démarche réformiste conduit, en donnant à entendre qu'il existe une « mauvaise » et donc une « bonne » forme d'aide, à suspendre les interrogations fondamentales touchant aux fonctions objectives du service social.

On a retracé le développement du service social à partir des métamorphoses subies par le discours tenu sur la classe ouvrière. Les différentes *phases* de cette évolution — expérimentation avant 1914, période probatoire après 1920, élaboration des défenses sous le Front populaire, institutionnalisation après 1945 —, comme les différents *modes* du discours social — mission éducative, réadaptation correctrice, dissimulation humaniste, psychologisation — montrent, au-delà des ajustements tactiques (le retrait sous le Front populaire, l'avancée sous Vichy), un mouvement irréversible, manifeste dans le changement d'une perspective d'extériorité (« on va au peuple ») à une perspective d'intériorité : on réadapte individuellement des éléments « handicapés ».

On constate le poids et la permanence de l'idéologie libérale, dont l'expression spontanée souligne l'origine de classe : reconnaître comme un ordre naturel certains mécanismes économiques et sociaux auxquels chacun doit individuellement se plier, c'est en fait s'opposer radicalement au socialisme comme prise de conscience collective des conditions de la lutte des classes. Ce n'est pas dans un débat d'idées que le service social joue son rôle mais très concrètement, en fournissant aux dominés, à l'occasion de chaque prestation, le sens que cette mesure prend dans la conception du monde dominante.

Un élément important de la démarche suivie ici est l'explicitation du fait qu'un des produits majeurs de l'activité des agents du service social est l'élaboration continue, parallèlement à l'évolution du rapport des forces qu'elle contribue en retour à modifier, d'une représentation des dominés. Celle-ci permet à la fois d'affermir, comme une attestation, les certitudes idéologiques des dominants et de réduire les résistances des dominés en sapant, par une entreprise d'invalidation, la conscience de classe sur laquelle se fondent ses différentes formes de résistance.

chapitre 2

l'équipement idéologique des assistances sociales

habitus et technique professionnelle comme idéologie objectivée

On a retracé les étapes de la formation du service social comme la constitution d'un corps d'agents spécialisés, destinés, dans un premier temps, à conjurer les menaces que faisait peser le mouvement d'organisation naissant de la classe ouvrière et, dans un second, à rendre impossible toute mise en cause directe de l'ordre établi en étendant la domination à toutes les sphères de la vie des dominés. Les formes de cette opération idéologique s'ajustent à chaque moment à l'évolution du rapport des forces, ajustement qui se traduit dans les pratiques des agents, dans leurs représentations des dominés et dans la désignation de nouvelles cibles en réponse au repérage de nouvelles menaces.

Fondée sur une histoire sociale, cette analyse peut être contrôlée par l'examen des caractéristiques actuelles des agents. En retour, elle permettra d'expliciter la signification que prennent certains traits distinctifs, secondaires à première vue, par exemple la pratique du militantisme catholique, qu'on retrouve dans les différentes professions sociales. Sans prétendre établir des relations univoques, on se propose donc de relier les caractéristiques génériques des agents à la nature des opérations qu'ils effectuent. On verra comment le rôle de chargé de mission idéologique de la classe dominante explique à la fois l'appartenance à certaines fractions de classe, les conditions du recrutement — où l'accent est mis sur les motivations et les qualités personnelles plutôt que sur un niveau et des aptitudes objectives — et celles de la formation, axée sur l' « épanouissement » — le façonnement — de la personnalité plutôt que sur l'acquisition de connaissances. Ce rôle s'accorde à l'adhésion personnelle des agents à la vision du monde dominante, naturalisée et spiritualisée sous la forme d'un certain humanisme chrétien. On montrera, en analysant leurs relations personnelles aux valeurs culturelles et morales hégémoniques, comment leur appartenance à la classe dominante, mais dans une position subalterne et déléguée, se traduit par des relations ambiguës à l'égard des formes symboliques de la domination qu'il s'agit plutôt de faire reconnaître et respecter que de faire partager ou « vulgariser ». On montrera enfin comment l'absence de couverture technique pour affronter le style de vie propre des dominés a conduit à l'élaboration de savoirs et de pratiques spécialisés qui prennent leur sens dans les possibilités d'occultation des faits et de supériorité symbolique qu'ils offrent aux agents.

Caractéristiques des professionnelles et adaptation fonctionnelle.

Si les caractéristiques objectives des différents groupes professionnels (et les traits qui les distinguent entre eux) correspondent globalement à la fonction idéologique à remplir (et à ses différenciations), elles doivent également être rapportées aux stratégies propres aux fractions de classes dans lesquelles ces professionnels se recrutent majoritairement. En d'autres termes, les caractéristiques des groupes prennent simultanément leurs significations sur le registre des rapports de domination dont ils sont les instruments et sur le registre des stratégies de reconversion propres à leurs groupes [1]. En explicitant ces significations, on fait apparaître comment et pourquoi ces groupes délégués remplissent effectivement leur mandat : c'est en se servant qu'ils servent.

On a vu comment, à l'origine, ce sont des filles de la bourgeoisie qui avaient mis en place le service social ; l'apparition, autour des années 1935, dans les ouvrages

1. P. Bourdieu, L. Boltanski, M. de Saint-Martin, « Les stratégies de reconversion », *Informations sur les sciences sociales,* 12 (5), 1973, p. 61-113.

écrits par des assistantes, de considérations sur la présentation, le vêtement, le « chic », suggère qu'arrivèrent dans la profession de nouvelles catégories à qui, parce qu'elles étaient moins élevées dans la hiérarchie sociale, il fallait donner des directives, qui étaient inutiles tant qu'on était resté entre soi. De fait, l'origine sociale tend à s'abaisser, mais les professionnelles en exercice restent largement issues des classes supérieures et moyennes. Plus encore, elles ne se sont recrutées que très rarement dans la classe ouvrière (7,3 %) qui constitue massivement leur clientèle ; et, pour n'être pas des « bourgeoises », les filles de commerçant, par exemple, sont tout aussi mal armées pour appréhender l'ethos populaire.

Origine sociale [2]

C. S. P. des pères	Professionnelles en exercice	Echantillon au tiers de l'ensemble des étudiants de 3e année, promotion 1970
Agriculteurs	10,6	13,8
Ouvriers agricoles	0,2	
Ouvriers	7,3	13,8
Employés	15,7	15,5
Cadres moyens	8,3	13,1
Commerçants-artisans	17,5	14,3
Cadres supérieurs	22,1	18,1
Professions libérales	14,3	8,8
Non réponse	4	2,6

En outre, lorsqu'elles se marient — cela ne concerne que 48 % des professionnelles —, elles s'allient davantage aux professions supérieures à la leur.

2. Ces données comme toutes les données statistiques concernant les assistantes, sont extraites de : N. Courtecuisse, L. Brams, *Les assistantes de service social,* 1970, I. N. S. E. R. M., extrait des tableaux 11 et 73.

Profession actuelle du conjoint des assistantes sociales [3].

Agriculteurs	1,8 %
Ouvriers agricoles	0,2
Ouvriers	3
Employés	15
Cadres moyens	23
Commerçants-artisans	8
Cadres supérieurs	34
Professions libérales	12
Non précisé	3

Si les déterminants sociaux, explicites à l'origine, se sont estompés dans les représentations des assistantes sociales, leur appartenance de classe et les connivences qu'elle implique rendent possible l'exercice d'un mandat d'encadrement et de normalisation. Par les rationalisations qu'elle autorise, cette profession offre, aux fractions de classe conduites à « préférer » des avantages symboliques à des gratifications immédiates, un débouché que son « utilité sociale » permet de placer au-dessus de sa position effective de cadre moyen.

La profession est féminine à 99 % ; quelles que soient les exigences de la sélection, la constitution d'un monopole de fait définit pour les filles un secteur préservé, en dehors de la concurrence qui régit le marché du travail des cadres moyens. La spécificité des valeurs et des pratiques des assistantes tient, pour *une part,* à cette caractéristique : le « goût » de servir, le sérieux, la « modestie » sont inculqués aux filles comme autant d'attributs de la féminité et la domination qu'elles subissent (avec des formes diverses selon les classes, mais de manière généralisée) les conduit à reproduire naturellement ce rapport, à transmettre les valeurs éthiques les plus traditionalistes. Cette profession est constituée majoritairement de célibataires (52 %) ; ce taux très élevé la distingue des autres professions de cadres moyens dont elle fait partie, et où ne se trouvent que 34 % de célibataires. La situation évolue, en liaison notamment avec les modifications de l'origine sociale, le célibat étant plus fréquent chez les filles de cadres supérieurs que chez celles d'employés

3. *Ibid.,* extrait du tableau 7.

(57 % et 41 %). Comme l'origine sociale et le sexe, cette caractéristique du groupe professionnel est importante : elle est un des fondements du mode d'exercice de la profession comme réponse à une vocation et de l'idéologie professionnelle qui lui est associée.

Enfin, les assistantes se recrutent dans les milieux particuliers : elles ne sont pas simplement catholiques (90 % d'entre elles ont été élevées dans le catholicisme), le militantisme dans des mouvements confessionnels y prend une importance exceptionnelle. Environ la moitié de la profession a appartenu à des mouvements de jeunesse confessionnels. Une enquête menée en 1970 auprès d'un échantillon d'étudiants de troisième année a constaté que 58 % d'entre eux militaient ou avaient milité dans un mouvement de jeunesse ; 66 % de ceux-ci militaient dans un mouvement de type confessionnel : autrement dit, 38,3 % de l'effectif des étudiants militaient dans un mouvement confessionnel. Par rapport aux générations antérieures, parmi lesquelles le militantisme dans le secteur confessionnel représentait plus de 80 % du militantisme, il y a recul, mais N. Courtecuisse et L. Brams ont raison de commenter : « Si l'on admet qu'au cours de ces dernières années les mouvements de jeunesse de type confessionnel ont perdu leur importance, cette régression marquerait non seulement une constante mais une augmentation. » Ce taux exceptionnel de militantisme confessionnel ne constitue pas seulement une caractéristique objective très marquée de cette population, mais, sur le plan subjectif, un élément déterminant dont l'importance dans la naissance d'une vocation est perçue par les assistantes sociales.

> « On a décidé de partir à Taizé ; je suis arrivée là en plein boum, c'était la préparation du concile des jeunes. C'est à partir de là que j'ai pu découvrir tout un autre horizon, j'étais vraiment bouleversée par ce truc-là. Le concile des jeunes, le but, c'était d'essayer de se rapprocher des classes prolétaires par le biais de la religion ; on parlait en termes de lutte des classes, d'exploitation de l'homme par l'homme, mais tout en conservant le contexte religieux, en disant que pour l'amour de Dieu... (...) Alors, je suis tombée dans un groupe où c'était à tendances supergauchistes, j'étais paumée mais ça m'a énormément remuée, et il y avait

une fille qui était assistante sociale ; c'est à partir de là que j'ai décidé de faire assistante sociale. Je ne sais pas encore si c'est à base religieuse ou politique, j'ai plutôt tendance à nier que c'est religieux, même si je suis encore catho et si je crois en Dieu » (Etudiante en première année, école privée, Paris, entretien de mars 1976).

La formation ainsi reçue prédispose à l'appréhension moralisatrice et psychologisante des problèmes et à l'oubli des solutions matérielles qui, on le verra par l'examen des patronages intellectuels que les assistantes sociales recherchent et des techniques qu'elles se donnent, sont au principe de leur pratique sociale. Ce sont enfin les valeurs du militantisme catholique qui donnent son lyrisme particulier à l'exaltation du service d'autrui comme sens de la profession.

En accord avec la nature des interventions que devront exercer les agents, la profession, par la mise en œuvre d'une sélection psychologique, s'assure que les aspirants présentent bien les « aptitudes naturelles » indispensables à l'exercice d'un métier à peu près totalement dépourvu de couverture technique. Plus précisément, la spécificité du mode de sélection réside explicitement dans le fait qu'il s'agit moins de choisir les meilleurs que d'écarter les personnalités qui mettraient la profession en danger. Alors qu'avant guerre, pour entrer dans une école de service social, les candidates devaient fournir des garanties, sous forme de deux lettres de « références morales » émanant de personnalités dont les attributs étaient parfois précisés (par exemple, être une personnalité catholique dans le cas de l'Ecole normale sociale), actuellement, même lorsque subsistent des épreuves classiques (comme une explication de texte), l'essentiel est constitué par la sélection psychologique, qui va du simple entretien à la mise en œuvre d'une combinaison, plus ou moins complexe, d'épreuves.

Ecole pratique de service social (1974). « Les élèves qui ont été admises aux épreuves écrites sont reçues en entretien par deux cadres pédagogiques de l'école. L'entretien a pour but de connaître la candidate, sa personnalité, son intérêt pour la profession, ses engagements dans des activités sociales bénévoles ou non, les motifs de son orientation. »

Ecole technique des surintendantes d'usines et de services sociaux (1974). « Les élèves ont eu en main des photos représentant des groupes qui faisaient des actions diverses et ils ont eu à parler sur ce qu'ils voyaient ; c'est très divers, ça va du descriptif à l'interprétatif ; ensuite, ils ont eu un travail de groupe ; un groupe de six avec une psychologue, ils se sont cherché un sujet de travail et puis la psychologue a donc vu comment fonctionnait le groupe et, à la fin, chacun devait faire un court résumé sur ce qu'il avait tiré de ce travail de groupe ; il n'y a pas eu d'entretiens personnels avec la psychologue, mais c'est la seule année où on ne l'a pas fait, et c'était vraiment regrettable. Mais tous les candidats ont été vus individuellement par des collègues qui sont monitrices dans chacune des promotions, et qui ont toutes une formation psychologique, enfin *case-work, group-work,* et qui savent manier l'entretien à un certain niveau. Ensuite le jury réunit toutes les personnes et on examine le cas de tous les candidats. L'année prochaine, on refera l'entretien particulier avec les psychologues, mais on essaiera de faire quelques épreuves qui élimineront tout de suite les gros cas à éliminer. »

Ecole départementale de service social (1974). « Des erreurs, nous en faisons certainement, et elles-mêmes viennent avec des fantasmes, surtout dans la conjoncture actuelle, c'est un secteur où il y a pas de débouchés, nous avons beaucoup de jeunes qui viennent sans bien savoir ce que c'est. (...) La sélection, ça pose beaucoup de questions. (...) Il y a un secteur de tests psychotechniques, qui est faite par une orienteuse qui a une bonne habitude universitaire, qui a travaillé beaucoup à l'Education nationale et qui a travaillé avec nous depuis longtemps, qui connaît bien la profession, ça c'est très essentiel. Puis un entretien individuel avec une assistante formée à l'entretien et un travail de groupe que nous avons élaboré, avec l'aide d'un groupe d'orienteurs. Ce sont des petits groupes, six-sept, où il y a deux assistantes ; cette année, nous avons fait une encadrante de l'école et une monitrice de stage, puisque les deux ont la connaissance du besoin professionnel par une approche un peu différente. Il y en a une qui est responsable de la marche du travail de groupe et l'autre qui observe, c'est très important d'être deux. Si bien qu'individuellement elles peuvent les situer dans le groupe (...), dans la mesure où on travaille de plus en plus en groupe, il y a peut-être des étudiants qui pourraient être par la suite des travailleurs sociaux mais qui sont bloqués terriblement par le travail en groupe, donc elles butent et il y en a certaines que nous n'avons pas pu garder. Donc, il faut que les étudiants se préparent à des échanges, à se situer. Alors, c'est les trois volets de la sélection. »

Ces pratiques assurent d'abord la cohésion d'un groupe professionnel particulièrement vulnérable, et préviennent les risques d'abandon individuel, associés aux conditions spécifiques de l'intervention. Par ailleurs, il est évident que, si l'instance mandatrice doit s'assurer de l'orthodoxie des agents, cette conformité ne peut pas se vérifier sur le mode explicite et fixé de l'examen, mais sur le mode, implicite, global et totalisant, du contrôle de personnalité. Le mode de sélection, choisi par les écoles, alors qu'il n'est pas requis par les textes officiels — à la différence de la plupart des autres professions sociales —, consolide l'idée de vocation ou tout au moins de métier à part ; il valorise des dons, une compétence « naturelle », un charisme, faisant passer au second plan le niveau intellectuel et culturel. Considérées comme secondaires, les connaissances ne sont néanmoins pas méprisées ; c'est sans doute parce qu'il s'agit ici de femmes, que toute leur éducation détourne d'investissements intellectuels ambitieux, qu'on ne retrouve pas l'ambivalence qui caractérise le rapport à la culture des éducateurs et des animateurs et qui traduit avant tout une histoire scolaire malheureuse et l'échec de leurs aspirations « culturelles ». Plus modestes parce que s'étant ajustées à ce qui était possible pour elles, se situant sur un terrain professionnel qui ne se définit pas par son rapport à la culture, les assistantes ont à celle-ci un rapport plus « objectif », c'est-à-dire moins lié à leur histoire individuelle.

C'est bien parce qu'elles ont été dès l'enfance habituées à la « modestie » que des assistantes peuvent supporter d'entendre une étonnante allocution du directeur général de la population au Congrès de l'A. N. A. S. en 1953 : « Sans doute ne sont-elles pas des spécialistes de l'étude des sociétés, pas davantage des enquêtes d'opinion publique. Heureusement ! Elles ne s'embarrassent pas de tout cet appareil scientifique. Pour ma part, je ne saurais assez les féliciter, et les remercier aussi, de leur naturel et de leur absence de prétentions. S'il est vrai, d'une façon générale, que les hommes ont horreur des femmes prétentieuses, l'administration apprécie tout particulièrement, chez les assistantes sociales, le don et le goût de rester à leur place. (...) Nous ne manquons certes pas en France de réformateurs et de faiseurs de systèmes, mais, grâce à Dieu, les assistantes sociales n'en sont pas. »

Comme on le montrera ultérieurement en analysant leur rapport à certains groupes intellectuels, il y a à la fois chez les assistantes sociales éloignement, dépendance et respect vis-à-vis de la culture cultivée. Si elle s'explique d'abord par des raisons corporatistes banales (pouvoir entrer dans le cadre A de la fonction publique), la demande, très forte ces dernières années, d'une intégration des études à l'Université au moment même où celle-ci est très largement dévalorisée semble indiquer que l'Université reste parée de prestige. Cette attitude doit être nuancée selon les générations, c'est-à-dire, dans une large mesure, selon l'origine sociale précise. Si les générations anciennes, plus riches en capital culturel hérité, ressentaient de l'admiration à l'égard des intellectuels célèbres, elles éprouvaient en même temps un sentiment de familiarité, reconnaissant dans ce discours une culture qu'elles n'avaient acquise que par osmose, au sein du milieu familial. Très éclairant est sur ce point un entretien avec une assistante née en 1920 qui, singulière par l'importance de son capital scolaire (début d'études de pharmacie, licence de droit, diplôme de conseillère du travail), mais représentative sur d'autres plans, traduit avec une grande clarté les certitudes d'une génération — au nom de laquelle elle entend explicitement parler — qui, ayant des choix (« puisque, dans mon milieu, je pouvais faire des études toute la vie »), savait ce qu'elle choisissait et agissait en toute légitimité.

« Nous nous sentions beaucoup plus comprises de ces grands maîtres à penser que des autres techniciens qui naissaient : il est bien certain que le dialogue avec un Rostand, un Leroi-Gourhan — je me souviens avoir fait seule la visite à Leroi-Gourhan et la visite à Leprince-Ringuet (...), il est bien certain que ces entretiens pour leur demander de participer à un congrès et l'explication de ce que nous attendions d'eux, c'était nous projeter dans des idées maîtresses, directrices, de vie et de pensée, beaucoup plus que dans des techniques ; on se sentait à l'aise avec eux quand on abordait ces problèmes. »

« Je crois que nous étions beaucoup plus... cultivées que nos jeunes générations. J'espère que vous me comprenez à travers les mots. Alors, quand on faisait nos congrès, nous cherchions à ce que ces congrès sortent un peu la masse des assistantes du ronron et de la routine habituelle ; l'équipe de préparation cherchait une idée qui puisse être une idée choc, une idée force, qui fasse réfléchir (...). Et il y avait le second aspect, c'était l'aspect extérieur à la profession, il fallait situer le niveau de la profession et on le situait dans ce domaine des idées, de la réflexion. »

« Quand il s'agit de sortir des techniciens, nos collègues qui font les congrès savent très bien chercher un sociologue, un démographe, mais quand il s'agit d'atteindre des niveaux au-delà, elles n'en sont pas capables. »

Le « nous étions beaucoup plus cultivées » renvoie à un capital culturel hérité : les entretiens menés auprès de quelques professionnelles de cette catégorie abondent en références pleines d'aisance à de grands avocats, de grands médecins, des personnalités gouvernementales, ce qui n'est plus le cas avec les générations récentes. Il s'agissait bien dans le passé d'un capital culturel et non scolaire : 15 % seulement des professionnelles de plus de 60 ans ont le baccalauréat, 21 % dans la tranche d'âge de 55 à 59 ans. Mais toutes pouvaient, sans douter d'elles-mêmes, remplir leur rôle « éducatif », possédant, de naissance, les valeurs éthiques, esthétiques, etc., légitimes [4]. Il semble que la génération suivante, même lorsqu'elle est issue des catégories supérieures, appartient à des familles dont la position est trop souvent récente pour fournir à ses filles un

4. Le baccalauréat n'est devenu obligatoire qu'à partir de 1971. La C. G. T. a été favorable à cette obligation, contrairement à la C. F. D. T., qui pensait que le recrutement serait ainsi limité, moins démocratique. En fait, l'absence d'obligation à l'entrée profitait plutôt aux filles des catégories supérieures, lesquelles, n'ayant pas réussi ailleurs, aboutissaient à cette profession qui, pour d'autres catégories sociales, était une promotion. La possession du baccalauréat est un peu plus fréquente chez les filles de cadres moyens et d'ouvriers (41 et 39 %) que chez celles dont le père exerce une profession libérale (31 %).

héritage qui se passe de légitimation scolaire. En effet, si près d'un quart des assistantes ont un père cadre supérieur, le pourcentage des grands-pères ayant ce même statut est faible (grand-père paternel : 7 %, grand-père maternel : 8 %).

L'admiration complice cède alors la place à une admiration respectueuse, médusée et distante pour la culture et les intellectuels.

> « M. L. [il s'agit d'un universitaire] a fait le tour de table, on a été soufflé, la première fois. Avec ce que les assistantes disaient de façon extrêmement peu organisée, il mettait immédiatement le doigt sur ce qui nous paraissait être le problème essentiel, mais à travers le fatras. (...) Au bout de deux ans, on a dit, il faut qu'on change parce qu'on est trop en admiration [5]. »
>
> Ou encore telle assistante d'entreprise, s'étonnant qu'un agrégé de philosophie, qui s'était acquis une grande notoriété dans le service social, « perde du temps » avec elles ; une autre formulant le souhait qu'un chercheur en sociologie par qui elle avait été « très accrochée » dans un congrès accepte de faire travailler un groupe d'assistantes qui cherche « une guidance, des outils d'analyse [6] ».

En le rapportant aux représentations que les assistantes sociales se forment de leur action, c'est-à-dire à la mission civilisatrice dont elles s'estiment investies, on peut rendre compte de leur attachement particulier aux valeurs de la culture désintéressée plutôt que, par exemple, aux idéaux de rationalité scientifique et technique qui sont ceux d'autres groupes alliés à la classe dominante. Si, suivant l'analyse de Pierre Bourdieu et Alain Darbel [7], le système culturel se ramène à une distribution inégale des moyens d'accès aux biens symboliques redoublant la distribution des biens matériels et si, en imposant comme naturel et inné l'arbitraire qu'elle représente, la culture parvient à légitimer les différences économiques qu'elle reproduit,

5. Assistante d'entreprise, province, entretien de juillet 1974.
6. Assistante d'entreprise, province, entretien de juillet 1974 et assistante d'entreprise, banlieue parisienne, entretien de septembre 1974.
7. Cf. P. Bourdieu et A. Darbel, *L'amour de l'art,* Paris, Editions de Minuit, 1969, p. 161-167.

l'adhésion respectueusement entretenue à ce qui constitue le noyau idéal et l'ultime justification de la philosophie morale dominante est implicitement un témoignage d'allégeance à la classe dominante et renforce l'autorité nécessaire à l'exercice du mandat. L'inégalité devant la consommation d'objet culturels formellement accessibles à tous illustre, de façon exemplaire, le postulat libéral suivant lequel les moyens de faire fortune sont accessibles à tous. Les marques de distinction que fournit la possession d'un capital culturel permet à des dominants/dominés de rendre manifeste, sans l'expliciter, leur appartenance de classe. Mais, surtout, en déplaçant sur le terrain de la culture les rapports entre les classes, réduits à une opposition entre civilisés et barbares, on fait apparaître comme inscrits dans la nature des choses les positions de classe et les modes actuels de domination.

Assistance idéologique et célébration de la profession.

Par fonction, le travail social doit adapter en permanence son discours et ses méthodes au mouvement d'idées qui agite la classe dominante et à l'évolution des « problèmes sociaux ». Cette adaptation, qui implique la célébration des nouveaux thèmes idéologiques et la diffusion des nouvelles méthodes de contrôle et d'imposition, permet en même temps au groupe professionnel de confirmer sa propre position et de repréciser les conditions de son mandat. Il est intéressant, étant donné son rôle historique et sa position, d'analyser les moyens que le service social a trouvés pour réaliser cet ajustement, non pas sur le mode explicite de la directive, mais sur celui de l'échange au cours duquel chaque partie se trouve gratifiée.

L'Association nationale des assistantes de service social tient un congrès annuel qui a réuni de 600 à 2 000 praticiennes selon les années, sur des thèmes généraux tels que : « Service social et culture humaine » (1947), « Facteurs actuels de l'évolution du service social » (1961), « Planification et service social » (1966), « Croissance économique et progrès social » (1971). Ces congrès sont publiés et diffusés.

Constituée en 1945, l'A. N. A. S., qui aurait voulu avoir les prérogatives d'un ordre, est à peu près parvenue à imposer à la profession la discipline et les règles éthiques consignées dans un *Code de déontologie* (1950). C'est une association professionnelle de masse : au moment de sa constitution, elle est largement implantée, regroupant 5 000 adhérentes sur moins de 8 000 assistantes en exercice. Après une brève phase de croissance, elle a vu sa représentativité diminuer considérablement : les adhérentes sont actuellement un peu moins nombreuses qu'en 1946, alors qu'il y a 25 000 assistantes en exercice. Elle garde pourtant une importance certaine à l'intérieur de la profession : une assistante non adhérente se tourne généralement vers elle, quelles que soient ses opinions personnelles, en cas de difficultés, de conflit avec un employeur ou avec la justice, de licenciement, sa caution représentant un soutien non négligeable du fait de sa reconnaissance officieuse par le gouvernement [8]. Elle est le seul interlocuteur pour tout ce qui touche à la profession et elle est consultée au nom des assistantes sociales sur des problèmes où elles sont censées avoir des raisons particulières d'intervenir (la contraception et l'avortement, par exemple).

Les congrès de l'A. N. A. S. mobilisent de nombreux universitaires chargés de titres et des responsabilités (agrégés de médecine et de droit), ainsi que des personnalités notables d'autres secteurs. Or la profession d'assistante sociale est peu considérée : c'est une profession féminine, ayant un statut social moyen, mal payée, dépendante, marquée par son origine bénévole, donc n'évoquant aucune idée de compétence, de savoir. Que signifie cette mobilisation, du point de vue de l'A. N. A. S. et du point de vue des conférenciers ? Du point de vue d'une organisation d'assistantes sociales, le profit paraît évident : en se montrant capable de déranger des membres « éminents » de l'Institut ou de la haute administration, la profession se rehausse, reçoit un peu de leur prestige. Ce profit « intellectuel » n'est pourtant que secondaire. Le véritable sens de ce choix est à chercher ailleurs. Malgré le recrutement, malgré les caractères du processus d'éducation, la mise au

8. Un bon exemple : le secours cherché par J. d'Escrivan après son licenciement par la Croix-Rouge, à qui elle intentait un procès. Cf. *Esprit*, avril-mai 1972, p. 593-597 et *Le travail social contre qui ?* Paris, Solin, 1974, p. 23-41.

travail comporte des « risques » : à la fois la découverte du « client », de la réalité quotidienne de l'aide (les « pauvres » ne sont pas toujours reconnaissants, ils peuvent être agressifs, dire leur peur du service social, etc.) et la découverte des politiques et des contraintes des institutions. Il faut donc que l'action d'inculcation continue pour que les assistantes ne mettent pas en question la *légitimité* de leur intervention, de leurs méthodes, de leurs valeurs. C'est cette légitimité que chaque congrès doit réaffirmer, consolider ou rétablir au besoin : cette fonction n'est jamais mieux remplie que lorsqu'elle est assumée par des autorités extérieures au service social. Cette réaffirmation est le plus souvent explicite : de nombreux participants font l'éloge des assistantes, de leur « beau » métier, de leur fonction éducative, les comparent à d'autres professions prestigieuses (le médecin et même le physicien nucléaire), exaltent leur passion de servir. Si de telles attitudes sont particulièrement efficaces, et particulièrement appréciées des auditrices, celles-ci savent aussi puiser courage et confiance, et le disent, dans la seule présence — ressentie comme reconnaissance et approbation — d'un conférencier connu ou titré. Aussi, la question du « succès » de tel ou tel orateur, comme le dit une ancienne présidente, est-elle dépourvue de sens : le succès réside pour l'A. N. A. S. dans le fait que tel universitaire éminent soit là et, en retour, l'A. N. A. S. lui assure nécessairement un succès, même si, comme dit cette présidente, « elles ne comprennent pas tout ». L'efficacité de l'intervention est indépendante de la compréhension de son contenu informatif. En outre, l'opposition entre la diversité apparente des personnes (de leur discipline, de leur statut, de leurs opinions) et la convergence des discours produits confère à ces discours un caractère de neutralité apolitique.

Si donc le profit est clair du côté des assistantes sociales, il peut paraître moins évident du côté de ces orateurs. On peut même, naïvement, se demander pourquoi ces personnalités, si « occupées », vont « perdre du temps » devant ce public-là, peu prestigieux, alors qu'elles sont « par ailleurs » connues, reconnues, puissantes... D'une part, il est des positions qui se construisent en dehors du milieu dont précisément on va se réclamer, le capital acquis à l'extérieur étant ensuite réimporté dans le champ professionnel. D'autre part, si les assistantes ont un médiocre statut, le service qu'elles assurent a, lui, une importance reconnue. Ces notables ne sont donc pas égarés et, en s'adressant à ces intermédiaires, ils garantissent à leur discours un rendement considérable. Certains sont conscients qu'il s'agit d'un front de luttes, et ils viennent renforcer le moral des combattantes : c'est ce que fait le président du conseil national de l'ordre des médecins, par exemple.

La lecture de ces congrès fait apparaître des constantes et aussi des ruptures : le congrès de 1946 est exceptionnel, on verra en quoi. De 1947 à 1967, il y a homogénéité dans le contenu comme dans la forme. Tous les congrès se déroulent de la même manière : des récits d'expériences présentés par des assistantes, des conférences magistrales, trois le plus souvent, et une allocution officielle d'un représentant du ministère de la santé, quand ce n'est pas le ministre lui-même. Un autre type de congrès commence en 1969.

Le congrès de 1946 ne ressemble pas à ceux qui le suivront, ce qui s'explique aisément par le contexte politique général. D'abord, les invités ne sont pas des individualités mais des représentants d'organisations ou d'organismes [9]. Et surtout, des assistantes disent en clair ce qui, très rapidement, va être tu, nié, puis proprement renversé : la méfiance et l'hostilité des milieux ruraux et ouvriers à l'égard du service social. On avoue qu'il arrive que des assistantes se fassent mettre à la porte — fait que personne ne veut plus reconnaître. On soulève des problèmes aujourd'hui encore interdits ou subversifs : l'origine bourgeoise des assistantes et leur méconnaissance des réalités de la vie en milieu ouvrier. Leur non-syndicalisation est déplorée, comme pouvant faire penser à la « classe ouvrière » que l'assistante sociale se désolidarise d'elle : « Le Peuple vous dit : ce qui n'est pas avec moi est contre moi. » L'ensemble de ce discours est chrétien et ouvriériste,

9. Un des intervenants parle au nom du *Mouvement populaire des familles,* mouvement issu de la Ligue ouvrière chrétienne, correspondant adulte de la J. O. C. Un autre est Joseph Folliet, secrétaire des *Semaines sociales de France,* qui se définissent elles-mêmes comme un organisme permanent d'enseignement social supérieur, « contrôlé, garanti, sanctionné par les autorités catholiques », « Le cinquantenaire des Semaines sociales », *Chronique sociale de France,* mai-juin 1954.

marqué de culpabilité à l'égard de la classe ouvrière qu'on découvre, qu'on mythifie quelque peu, dont on dit attendre beaucoup, qu'on redoute aussi.

Dès 1947, le rite qui demeurera jusqu'en 1967 est mis en place. Presque chaque congrès est salué par un membre du gouvernement ou son représentant : le ministre de la santé à quatre reprises et son représentant ou celui du Premier ministre dans treize cas. Il faut y ajouter des allocutions de préfet, une allocution du gouverneur général de l'Algérie, soit en dix-neuf congrès, vingt-deux discours officiels [10]. Soixante-dix-sept conférenciers prennent la parole ; quarante-cinq d'entre eux figurent, ou ont figuré, dans le *Who's who in France* [11]. Neuf des universitaires sont membres de l'Institut, trente-huit des personnes invitées ont la Légion d'honneur et, parmi elles, vingt-cinq sont officier, commandeur, grand officier.

En s'en tenant au *titre officiellement annoncé,* on aboutit à une première classification des conférenciers :

Champ universitaire :	
Faculté des lettres et sciences humaines	4
Agrégés et chercheurs	8
Collège de France	2
Facultés de droit	
Professeurs de droit	10
Professeurs d'économie	4
Collège B	4
Champ médical :	
Professeurs de faculté	6
Médecins	7
Autres	2
Ecrivains	2
Champ administratif :	
Administration centrale	7
Conseil d'Etat	7
Champ économique	2

10. Y assistent aussi très souvent des élus — députés, sénateurs, présidents du conseil général, maires —, des représentants de différents ministères, des notables universitaires locaux (essentiellement des doyens de faculté).

11. Sur les critères de la sélection effectuée par le *Who's who,* cf. O. Lewandowski, « Différenciation et mécanismes d'intégration de la classe dirigeante », *Revue française de sociologie,* 15, (1), 1974, p. 46-49.

Champ politique :	
Plan	1
Conseil économique	4
Elus	2
Champ religieux	3 (*)

Cette classification montre à *quel titre* l'A. N. A. S. invite ses conférenciers, ou plus exactement, quel est le titre qui lui semble devoir être mis en avant, compte tenu de l'image qu'elle cherche à donner d'elle. L'A. N. A. S. répète bien haut son apolitisme, insiste sur la qualité d'universitaire. La compétence qu'elle veut imposer n'est pas de ces compétences techniques, limitées, mais une compétence universelle, la culture : aux professeurs agrégés de médecine et de droit s'ajoutent les philosophes et les hommes de lettres. Si l'on trouve aussi des membres de l'administration centrale, des conseillers d'Etat, c'est que l'administration — si on la croit, et l'A. N. A. S. la croit — est le lieu de l'intérêt général, du non-politique. De même, des membres du Conseil économique et du Plan apparaissent comme des techniciens, des experts du « social », qui est pour les assistantes dans le même rapport avec le politique que le Bien avec le Mal. Il faut noter aussi l'absence de la sociologie, dont on aurait pu supposer qu'elle a son mot à dire au service social (un seul sociologue : Georges Friedmann).

Cette image que l'A. N. A. S. veut donner d'elle-même n'informe pas sur la surface sociale des personnalités invitées [12]. La plupart détiennent des positions multiples et relativement dispersées : par exemple, tel professeur au Collège de France est également directeur d'un laboratoire à l'Ecole polytechnique, occupe des fonctions de direction au Commissariat à l'énergie atomique, au Centre européen de recherches nucléaires. Des universitaires cumulent leur fonction avec des activités au Plan, au Conseil économique, à l'O. N. U., au comité des programmes de l'O. R. T. F., au Haut-comité médical de la Sécurité sociale, etc.

* Deux ne sont pas classés : absence d'information, et difficulté dans le cas d'un président de l'U. N. E. F.

12. L. Boltanski, « L'espace positionnel. Multiplicité des positions institutionnelles et habitus de classe », *Revue française de sociologie*, 14, (1), 1973, p. 3-26.

Du fait qu'il ne rend pas compte de la surface sociale des intervenants, le tableau ci-dessus dissimule certains critères du choix. L'image de la compétence neutre et désintéressée que veut donner l'A. N. A. S. résiste mal dès qu'on regarde non plus les titres, les caractéristiques objectives des positions, mais le domaine des compétences : personne n'attend de Louis Leprince-Ringuet un exposé de physique nucléaire. Pourquoi donc est-il là ? Ainsi qu'il le dit lui-même — mais pas au congrès de l'A. N. A. S. —, il n'est pas simplement un homme de science mais un « homme de foi », un moraliste chrétien qui parle sur les grands problèmes que « pose notre fin de siècle ». L'examen de sa biographie montre en effet que ses activités se regroupent en deux pôles : la physique nucléaire et l'univers de la foi [13]. On voit que le nombre des porte-parole religieux ne se réduit pas à trois, comme le laisserait croire l'examen des titres. La référence religieuse semble n'avoir été donnée que lorsqu'il était impossible de faire autrement, et il est remarquable que l'on ait attribué à Mgr Bruno de Solages, recteur de l'université catholique de Toulouse, le titre de membre du Conseil supérieur de l'éducation nationale (qui n'est pas indiqué dans le cas des universitaires laïcs dotés de la même fonction), comme si Mgr de Solages était invité à ce titre. Il apparaît ainsi que seize des conférenciers (dont trois protestants) ont une activité ou une fonction religieuses. C'est le cas de Louis Leprince-Ringuet, membre de l'Académie pontificale des sciences, président de 1949 à 1966, de l'Union catholique des scientifiques français ; de Jacques de Bourbon-Busset présenté comme écrivain, qui a été vice-président, à partir de 1958, puis président à partir de 1961 du *Secours catholique* [14]. Tous peuvent trans-

13. Cf. sa propre analyse dans la 4e partie de *Science et bonheur des hommes,* Paris, Flammarion, 1973.

14. Annoncé comme écrivain, J. de Bourbon-Busset tient à cette qualité : « Evidemment, si c'est un écrivain qui fait cette dernière conférence, c'est qu'on lui a permis, sinon il ne serait pas là, de s'évader un peu vers les nuées » (Intervention au 21e congrès de l'A. N. A. S., 1966, sur le thème : « Une planification au service de l'homme — la prospective »). Que le tableau précédemment donné ne rende pas compte de la réalité, ce cas l'illustre bien : car cet écrivain, président du Secours catholique, a été président de la Croix-Rouge, est un diplomate qui a été pendant quatre ans directeur du cabinet d'un ministre des affaires étrangères, ministre plénipotentiaire retraité quand il parle au congrès de l'A. N. A. S., élu local. C'est dire que son statut n'est pas défini par son appartenance au champ littéraire.

mettre et inculquer d'autant plus de choses qu'ils taisent le lieu d'où ils parlent. On comprend aussi pourquoi Gilbert Tournier, directeur de la Compagnie nationale du Rhône, qui se définit comme écrivain catholique, adhérant à l'Association des écrivains catholiques, a été choisi pour parler de « Culture et technique ». Dans tous ces cas, la morale catholique passe d'autant mieux qu'elle est dissimulée et par-là universalisée : le président du *Secours catholique* ne se réfère pas à la religion dans son intervention sur la prospective.

Pour se convaincre complètement que les conférenciers ne sont pas appelés en vertu de la compétence que garantit leur titre officiel, il suffit de mettre en relation l'intitulé de l'exposé et le conférencier. Ainsi, s'il s'agissait seulement de faire une mise au point sur l'hospitalisation à domicile, serait-il nécessaire d'inviter le professeur Vernejoul, alors président du Conseil national de l'ordre des médecins, qui n'est sans doute pas mieux informé sur ce sujet que beaucoup de médecins obscurs ? Il est vrai que toute son autorité n'est pas de trop lorsque, comme il le fait au début de son exposé, il s'agit d'encourager les assistantes, de raffermir leurs énergies, invitant directement celles qui travaillent en entreprise à un rôle de contrôle, ce qui aurait dû, étant donné leur code de déontologie, susciter leur indignation et leurs protestations[15].

Il est un certain nombre de personnalités dont la présence va de soi : ce sont des spécialistes de la production d'idéologie, Jean Fourastié, Jean Lacroix, Louis Leprince-Ringuet, Alfred Sauvy, Jean Rostand, Vercors. Ces deux derniers ne rompent pas l'idéologie diffusée aux congrès de l'A. N. A. S. du fait qu'ils se réclament d'une opinion de gauche. Tous s'accordent pour tenir un discours humaniste, c'est-à-dire un discours sur une condition humaine abstraite, qui exclut tout risque de voir surgir des problèmes dangereux : les conditions concrètes de l'existence des hommes,

---

15. « Pénétrée de l'importance de son devoir d'Etat, elle s'opposera aux graves conséquences d'un absentéisme abusif. Que de fois, par son intervention discrète, elle saura faire comprendre à un travailleur que le moment est venu de reprendre son travail et rendre ainsi plus facile au médecin le refus d'un certificat, que seule une bienveillance excessive pourrait justifier. » Intervention au 15e congrès de l'A. N. A. S., 1960.

les classes sociales, etc. Bien sûr, Vercors cite Eluard, alors que d'autres préfèrent invoquer Teilhard de Chardin ou Maritain ; mais quand, à la question : « De quoi est faite notre condition d'homme ? », il répond : « D'ignorance congénitale », et exalte aussitôt le refus de cette ignorance comme le privilège de l'homme, il tient là un lieu commun commode, suffisamment vide pour faire l'unanimité [16]. Sa présence constitue à elle seule un profit sérieux pour l'A. N. A. S. : elle en manifeste la neutralité et l'apolitisme par une logique semblable à celle qui fait que, dans certains entretiens, les attaques contre le parti communiste sont censées fournir la preuve du refus de faire de la politique.

On comprendra mieux le sens de la participation à ces manifestations si l'on sait qu'un repérage rapide permet de dénombrer vingt personnalités ayant une activité sociale (appartenance à un organisme d'aide, officiel ou privé) : s'occuper des « pauvres », des « cas sociaux », des « inadaptés » continue d'être une marque de haut niveau social, que certains annoncent comme s'il s'agissait de l'appartenance à une société savante ou à une commission interministérielle.

Après cette période homogène de vingt ans, des changements sont apparus avec le congrès de 1968. Mai 1968 ne semble pas avoir été vécu intensément par la profession, alors qu'il l'a été dans les écoles. Les assistantes sociales, avec les autres travailleurs sociaux, ont seulement tenté de mettre à profit le climat général pour demander une revalorisation de leurs fonctions « au bénéfice du corps social tout entier », et cela en raison du « rôle irremplaçable » qu'elles remplissent comme agents du progrès social (motion du 27 mai 1968). Il a toutefois été impossible à l'A. N. A. S. de maintenir le rite annuel pour novembre : pas de congrès donc, mais des assises nationales, centrées non sur la profession et son éventuelle mise en question, mais sur l'organisation professionnelle critiquée tant en ce qui concerne sa politique intérieure que sa politique générale.

A partir du congrès de 1969, quelque chose a changé : il n'y a plus de consensus. Certes, le discours traditionnel des assistantes demeure dominant : on continue à vanter la

16. Intervention de Vercors : « La personne, valeurs et besoins », 22e congrès de l'A. N. A. S., 1967.

profession comme libératrice (1969), à se dire le « lieu de parole des sans-parole » (1971), à refuser l'existence de classes, la réalité des barrières et des marges (1972), à nier le malaise de la profession. Pourtant une brèche est faite : la question de l'existence du service social comme facteur d'exclusion est posée (1972) ; on reparle, pour la première fois depuis 1946, mais en termes beaucoup moins vigoureux, de la contestation du service social par les usagers (1973) ; se référant à Freud [17], Marcuse, Cooper — ce qui est une innovation de taille —, un participant caractérise l'action présente comme faisant violence et invite à rechercher les conditions d'une pratique non violente [18]. Toutefois, le discours ancien reste massif.

Du côté des invités, le changement est également net. Une ancienne présidente regrettait : « Il n'y a plus de grands congrès », et, en effet, il n'y a plus de grands hommes... Aux grands universitaires ont succédé des chercheurs et des techniciens. Plus d'hommes connus ou très titrés. Un indice : très peu sont répertoriés dans le *Who's who* — sept seulement sur trente-quatre.

Autre changement : les disciplines représentées. La médecine et le droit disparaissent presque totalement. La sociologie s'implante avec l'introduction (qui a eu du « succès ») des analyses de Michel Crozier [19]. Les représentants de l'industrie privée, cantonnés jusque-là dans les journées d'études du service social du travail [20] — qu'ils

---

17. Freud n'avait été évoqué qu'une fois dans les vingt années précédentes : au congrès de 1950 par René Le Senne, lui reprochant d'avoir « gâché une belle découverte » par trop d'érotisme et aussi trop de romantisme.

18. Dans cette profession féminine à 99 %, ces interventions sont toutes faites par des hommes.

19. Au congrès de 1973, *Le service social entre la demande et les institutions,* des chercheurs du Groupe de sociologie des organisations (direction : M. Crozier) n'ont pas fait simplement un exposé ; ils ont « animé » le congrès et lorsque, pour la première fois, l'A. N. A. S. a décidé d'organiser des sessions de formation, c'est à eux qu'elle s'est adressée.

20. Alors que le décret de novembre 1945, instituant les comités d'entreprise, établit les liens entre eux et les services sociaux, dont la *double dépendance* au chef d'entreprise et au comité est partout affirmée, l'A. N. A. S. a invité au cours des dix-neuf sessions des services sociaux du travail qu'elle a organisés, de 1953 à 1973, trente-deux chefs d'entreprise ou personnes les représentant, cinq représentants de la C. G. T., six représentants de la C. F. T. C. et de la C. F. D. T., cinq représentants de F. O.

dominaient d'ailleurs, apparaissent. Enfin, depuis 1971, il n'y a pas eu de représentant du gouvernement.

Les trente-quatre conférenciers se répartissent ainsi :

Champ universitaire :		
Facultés des lettres	3	professeurs
et sciences humaines	1	maître-assistant
Agrégés, chercheurs	10	
Faculté de droit	2	professeurs
	1	maître-assistant
Champ médical	4	
Champ de diffusion culturelle	3	
Champ administratif	2	
Champ économique	3	
Champ politique	5	
Champ religieux	0	

La profession est en « crise » et un ensemble de facteurs y contribuent. D'abord, c'est la prolifération d'autres professions sociales et, en particulier, l'essor des éducateurs, profession masculine, mieux rémunérée et qui aspire à un élargissement de son rôle sur le terrain même du service social. C'est aussi l'extension de la clientèle : elle rend techniquement impraticable le traitement individuel de cas et surtout elle ébranle les rationalisations fondées sur l'existence de malchances singulières (« ceux que la vie a blessés ») et non sur la reconnaissance de mécanismes sociaux. C'est également la mise en question, surtout externe mais aussi interne, du rôle réel du service social. Face à cela, la profession, abandonnant dans une certaine mesure son exaltation du rôle de la personne (« ineffable ») dans le travail, tente de se définir par une technique et par sa capacité de synthèse, face aux autres professions sociales jugées sectorielles. La technique doit permettre — est en train de permettre — le passage de méthodes autoritaires d'imposition à des méthodes plus subtiles : la « participation » du client, obtenue grâce au recours à une psychologie dynamique sommaire, succède aux méthodes autoritaires ou brutales utilisées pendant longtemps sans remords et sans déguisement. Ces changements de la profession se traduisent bien dans ces congrès : autrefois, les assistantes sociales, pleines de bonne conscience, se définissant par le cœur et le dévouement, écoutaient avec humilité les leçons des grands maîtres. Elles ont maintenant des troubles de conscience et cherchent la revalorisation de la profession et l'épanouissement de la personne dans le dialogue avec des chercheurs et des techniciens du social.

Il apparaît donc que, jusqu'en 1968, l'A. N. A. S., association « neutre [21] », cherchait prioritairement ses maîtres et ses valeurs du côté du catholicisme établi. Une analyse des interventions le confirmerait largement, encore que les références explicites à la religion soient rares [22]. Le discours peut être reconnu comme catholique à sa tonalité : l'effet spécifique de cette *rhétorique de l'effusion* est produit entre autres choses par le recours à un vocabulaire caractérisé par la haute fréquence de termes comme paix, joie, amour, etc., ou l'emploi de termes comme ressourcement, etc.

> L'introduction de l'exposé d'un professeur de droit sur le « rôle des corps intermédiaires » en est un remarquable exemple [23]. Après avoir souligné le caractère choisi et l'importance du public, il déclare : « Je voudrais enfin souligner ma *joie* de parler des corps intermédiaires à vous qui êtes les intermédiaires du sourire, les intermédiaires de *l'entraide,* les intermédiaires de l'*amour*. (...) Vous êtes les intermédiaires de l'*amour* maternel et fraternel que la société essaie de restituer aux hommes (...). Ce message de *paix,* ce message de *joie,* que vous apportez, dont vous êtes les intermédiaires pour tous ceux à qui vous vous adressez, il faut en souligner la valeur tout spécialement aujourd'hui 11 novembre. C'est aujourd'hui l'anniversaire profondément douloureux, en même temps que profondément réconfortant, du rétablissement de la *paix* après une épreuve effroyable entre des peuples qui n'auraient jamais dû se combattre, mais qui sont parvenus à ne pas se comprendre parce que certains hommes ont agi dans la méconnaissance fondamentale de l'*amour :* je crois que c'est cette *paix* que vous contribuez à rétablir (...). Vous êtes en effet appelées à répandre la *paix* ou à rétablir la *paix sociale* (...). Cette *paix sociale* que vous contribuez

---

21. Il existe d'ailleurs une association catholique et une association protestante.
22. Saint Paul, saint Vincent de Paul et Jean XXIII sont les références les plus marquées à la religion.
23. Intervention de J. Cadart au 18e congrès de l'A. N. A. S., 1963.

à répandre dans les corps intermédiaires, c'est la condition de la *paix* intérieure des nations, et par conséquent de la *paix* internationale. Voilà les raisons de ma *joie* de vous parler. »

Autre indice, les auteurs cités, tant par les assistantes sociales que par les conférenciers. L'énumération exhaustive serait fastidieuse ; il est intéressant par contre de chercher à caractériser différents types de références rituelles (ce qui implique que l'on écarte toutes les références directement fonctionnelles). On trouve des citations qui sont des *lieux communs,* ce caractère étant bien manifesté par le fait qu'elles peuvent être attribuées à des auteurs différents. Ainsi, « la culture, c'est ce qui reste quand on a tout oublié » est énoncée comme une pensée de Goethe ou une phrase de Herriot. Dans ce registre, on a par exemple : « Il y a trente millions de sujets en France, sans compter les sujets de mécontentement » (Rochefort), ou « Ne me dites pas que c'est un problème difficile, car, si ce n'était pas difficile, ce ne serait pas un problème » (Foch). De telles phrases appartiennent à une sorte de *culture élémentaire* à laquelle se rattachent aussi les références scolaires : à peu près réduites à Boileau et Descartes chez les assistantes sociales, elles sont plus nombreuses chez les conférenciers (Pascal, Descartes, Montaigne, Rousseau...) et enrichies du patrimoine gréco-latin (Socrate, Platon, Aristote, Diogène, Térence...). Il y a les véritables références à un *auteur,* dont l'éthique représente un modèle. Saint-Exupéry occupe ici le premier rang (loin devant Alexis Carrel) ; souvent cité, il fait aussi l'objet de citations longues. Par exemple : « Mais une foule en vrac, s'il est une seule conscience où déjà elle se noue, n'est plus en vrac. Les pierres du chantier ne sont en vrac qu'en apparence, s'il est, perdu dans le chantier, un homme, serait-il seul, qui pense cathédrale. » « Quiconque porte dans le cœur une cathédrale à bâtir est déjà vainqueur. La victoire est fruit de l'amour. L'amour reconnaît seul le visage à pétrir. L'amour seul gouverne avec lui. L'intelligence ne vaut qu'au service de l'amour. » Le succès de Saint-Exupéry ne tient pas seulement à sa morale du devoir, du service, de l'ordre, mais à son style : métaphore, effusion... Le recours au registre de la parabole, plutôt qu'à celui du discours rationnel, provoque, grâce à la grammaire malmenée, la confusion chez l'auditeur. Pareillement, les militaires parlant le langage de l'ordre ne manquent pas, mais Lyautey ou Foch assurent leur succès grâce à leur appartenance religieuse notoire et aux connotations religieuses de leur langage.

Enfin, un type de citation bien particulier intervient comme ponctuation, temps fort, de ce langage de l'effusion ; elle enferme toujours une fausse opposition résolue immédiatement dans la réconciliation. Un bon exemple est fourni par cette phrase de Mgr de Solages : « ... En servant les autres, vous vous servez vous-mêmes, parce que donner c'est s'enrichir et s'oublier c'est se grandir », ou cette autre, de Henri Théry, délégué général des secrétariats sociaux : « Proximité de l'autre intégralement maintenu dans la distance, similitude dans la différence, communion dans la distinction, [la fraternité] fonde tout à la fois la communauté et l'autonomie de la personne. » La valeur informative de tels énoncés, qui peuvent être strictement renversés, est nulle. Ce procédé dont la forme paradigmatique est le sujet de sermon, fécondité de la virginité, et qui est fréquemment utilisé dans l'entretien spirituel, se prête à une manipulation rhétorique propre à produire une sorte de brouillard sémantique. Il n'est pas étonnant qu'il se retrouve dans une sphère bien déterminée du catholicisme. Les auteurs cités par les assistantes sociales (Péguy, Jean Guitton, Joseph Folliet) ou par les orateurs (Maritain, Mounier, Teilhard de Chardin, Simone Weil, Gabriel Marcel) appartiennent tous, avec des nuances, à un catholicisme unanimiste et irénique, substituant à la référence à Dieu et au dogme un appel permanent à un Amour rédempteur et libérateur — en opposition à un catholicisme de la rupture et de l'angoisse, que pourraient représenter Léon Bloy ou Bernanos, jamais cités.

Ce catholicisme unanimiste exprime la foi dans l'homme et son corollaire, la foi dans le progrès de la civilisation. Les auteurs cités sont alors les futurologues Gaston Berger, Bertrand de Jouvenel et les chantres de la croissance Louis Armand, Jean Fourastié. Quant aux penseurs sociaux et sociologues cités, avant 1968, c'étaient essentiellement Le Play, Tocqueville et Chombart de Lauwe. 1968 a constitué aussi une rupture dans le domaine des citations : l'appel aux moralistes se fait discret, l'effusion devient rare et les citations, moins fréquentes, sont plus « cultivées » (Baudelaire, qui apparaît alors, était peu concevable dans la phase antérieure). Enfin, Chombart de Lauwe, sociologue de la phase morale, fait place à un autre sociologue dans la phase technicienne : Michel Crozier.

On a noté que beaucoup d'orateurs, de citations et de références renvoient à un secteur défini, majoritaire et établi du catholicisme, à l'exclusion de courants plus marginaux, intégriste ou « de gauche ». Ce courant majoritaire est parfaitement capable de dialoguer avec l'autorité administrative, laïque en principe, à cause des multiples solidarités d'intérêts, d'opinions et de personnes qui les lient. Cette forme d'idéologie catholique, ou cette forme catholique de l'idéologie dominante, doit son pouvoir d'imposer des valeurs d'ordre en manipulant les agents de l'imposition, les assistantes sociales, à son caractère apparemment universel. Dieu n'est pas nommé, on ne se réfère pas au dogme, mais à la loi naturelle et presque au sens commun. Ce sont des valeurs morales « indiscutables » qui sont célébrées et non des valeurs religieuses, et cependant on se persuaderait aisément que la forme vraiment morale de ces valeurs est la forme religieuse. En d'autres termes, la référence latente au catholicisme est une forme particulièrement efficace d'imposition de cette idéologie de la classe dominante qui présente « son intérêt comme l'intérêt commun de la société » et donne à ses idées « la forme de l'universalité et les représente comme étant les seules raisonnables, les seules universellement valables ». En ce sens, l'origine et l'inspiration chrétiennes des assistantes sociales telles qu'elles se révèlent dans leur expression en tant que corps, l'A. N. A. S., témoigne de leur origine de classe et du caractère de classe de leur pratique.

Technique et spiritualité dans l'affrontement des classes : le « case-work » comme philosophie pratique.

Les deux traits qu'on vient d'analyser, à savoir l'appartenance de classe et les liens d'allégeance entretenus vis-à-vis de la classe dominante, laissent les assistantes sociales particulièrement démunies lorsqu'il s'agit d'affronter concrètement certaines fractions de la classe ouvrière, dont le style de vie leur est totalement étranger. Ce handicap est d'autant plus lourd qu'il ne peut plus être surmonté en faisant appel aux formes traditionnelles ouvertes de l'autorité. Il était donc indispensable que la profession se dote de moyens d'intervention spécialisés, ce qui a été fait, à partir des années 1950, grâce à l'introduction d'une méthode de service social, élaborée aux Etats-Unis, le *case-work,* ou aide psychosociale individualisée. On ne se propose pas d'en étudier les nuances et les évolutions, d'autant que, dans sa forme idéale, sophistiquée, il n'est pas pratiqué ; on veut seulement éclairer la signification de son introduction réussie, à un moment donné, et montrer les services réels qu'il rend et au profit de qui. Bref, on veut analyser comment la profession a pu, grâce au *case-work,* s'adapter aux attentes des pouvoirs publics et aux transformations des rapports de domination, tout en travaillant à améliorer sa propre image et son statut.

A ses débuts, le *case-work* se voulait beaucoup plus que la méthode d'entretien qu'il est devenu ; ses promoteurs américains en font une philosophie accordée aux concepts éthiques et politiques de la démocratie : respect de la personne et de son autonomie, conviction que l'homme est capable de progrès et que chacun détient les moyens de sa promotion sociale, etc. Cet aspect, rarement explicité dans les variantes françaises, est en fait capital : l'homme et la société qui vont de soi dans le *case-work* sont ceux de la version la plus optimiste du libéralisme.

Comme méthode d'entretien, le *case-work* est régi par quelques principes, mené grâce à un savoir de « psychologie des profondeurs », lui-même acquis selon des modalités qui n'ont rien à voir avec un apprentissage scolaire, mais qui s'inspirent du modèle proposé par le « contrôle analytique ». Enfin, ce qui le différencie de l'aide individuelle traditionnelle, c'est la reconnaissance de la valeur du dialogue lui-même comme « instrument d'aide [24] ». Une telle affirmation implique une nouvelle conception de l'aide et des besoins de la « clientèle » : la nouvelle pratique s'appuie en effet sur la conviction que l'évolution de la société tend à faire disparaître les inégalités socio-économiques. « La distance insurmontable entre les classes

24. M. Cassirer, Dr M. David, « A propos de la formation des superviseurs en *case-work* », *Informations sociales,* 18e année, nº 6, juin 1964, p. 141-151.

sociales qui caractérisa les siècles passés, avec la grande pauvreté des humbles, les salaires inférieurs compensés par des aumônes, sont heureusement dépassés (...). Dans le *case-work,* on voit au-delà des besoins extérieurs et exprimés. On s'attache aussi bien à ce que le client *n'est pas* qu'à ce qu'*il n'a pas*[25]. » La société pourvoyant aux besoins matériels, fournissant des possibilités accrues de bien-être, « le service social, déchargé de cette tâche, peut se consacrer à ceux qui pour des raisons subjectives ne peuvent s'adapter », qui sont « incapables de profiter de ce que la société leur offre[26] ». On verra comment le recours à la « science » psychanalytique légitime cette orientation.

Selon les principes sur lesquels se fonde le *case-work,* le « client » a besoin :

a — d'être traité comme une *personne,*
b — d'*exprimer* ses sentiments, aussi bien négatifs que positifs,
c — d'être *respecté,* quelles que soient sa dépendance, ses faiblesses, ses fautes ou ses échecs,
d — de rencontrer une compréhension sympathisante (...),
e — de n'être ni *jugé,* ni condamné (...),
f — d'établir ses propres choix et de *décider lui-même* de sa propre vie[27] ».

Ces principes peuvent passer pour des évidences ; cependant, rapportés à la philosophie spontanée qui informait les anciennes pratiques, ils marquent une rupture. En effet, les rationalisations que s'étaient donnés les agents, traduction directe de leurs préjugés de classe, ne tenaient pas compte des représentations nouvelles, associées à l'évolution des rapports de domination. On verra d'ailleurs que cette rupture au niveau des théorisations n'a pas entraîné de changements significatifs dans les pratiques, reproduites sur de nouveaux fondements qui en dissimulent mieux l'arbitraire.

---

25. Mlle Deboffe, Introduction à : « Réflexion sur le *case-work* », *Pages documentaires,* n° 3, février-mars 1954, p. 141-2.
26. Dr E. Sailer, « Les principes du *case-work* et son rôle », *Informations sociales,* 7ᵉ année, n° 12, juin 1953, p. 707-712.
27. F. P. Biesteck, s. j., *Pour une assistance sociale individualisée, la relation de case-work,* Paris, Le Seuil, 1971 (divers articles en avaient été publiés dans *Service social dans le monde* au cours des années 50).

Perçu non plus comme un « pauvre » ou une personne ayant avant tout des difficultés socio-économiques, mais comme une personne en qui quelque chose ne va pas, le « client » doit être traité. Aider un individu, c'est le rendre capable, par un certain traitement, de s'ajuster au monde. A la notion d'intégration, on préfère celle d' « ajustement » ; le choix et la mise en œuvre du « traitement » visant à cet « ajustement » nécessitent que l'assistante respecte des étapes : collecter les « faits » et les « données » ; les analyser ; faire un diagnostic, élaborer un plan d'action ; puis l'appliquer. La première phase est en fait décisive et engage le « traitement ». L'individu s'exprime, l'assistante l'*écoute*. Elle entend ce que le client dit, mais aussi « ce que le client ne dit pas [28] » ; « Le client dit quelque chose mais il a voulu dire autre chose que ce que l'on peut comprendre par les mots prononcés [29]. » L'assistante observe, interprète sa tenue, son expression, son comportement par rapport à elle, ses troubles sensoriels, etc.

> « Il a un visage anxieux au début de l'entretien et le ton de sa voix est irrité et il paraît presque mécontent de se trouver là. »
>
> Commentaire : « Bien sûr, toute l'attitude de la personne ajoute à la compréhension, donne sa forme à ce qu'on entend. »
>
> « Il voudrait savoir ce que nous pouvons faire, nous, service social. »
>
> Commentaire : « Et même si le ton est déjà un peu agressif et désagréable, c'est le moment de ne pas oublier que l'agressivité est le symptôme de forces, utilisées de façon désordonnée, mais meilleures que le repliement sur soi-même [30]. »

---

28. M.-A. Rupp, *Le travail social individualisé,* Toulouse, Privat, 1970, p. 84.

29. Mlle Thomassen, « Principes et techniques du *case-work* », *Pages documentaires,* n° 3, février-mars 1954.

30. C. de Béchillon, « L'entretien en service social, exposé présenté à l'U. N. C. A. F. à l'occasion d'une session d'étude », *Informations sociales,* 20e année, n° 45, avril-mai 1966, p. 68. Dans ce texte, une assistante a rédigé les éléments concrets d'un cas et son interprétation première, la rédaction étant « un moyen de comprendre son client, et de se connaître elle-même devant lui » (p. 67) : Catherine de Béchillon intervient pour appuyer en note tel essai d'interprétation ou préciser ce qui n'aurait pas été vu et surtout « entendu ».

S'appuyant sur le déchiffrement du comportement et du ton, l'assistante, qui a le sentiment de n'être qu'« écoute », s'assure la maîtrise de l'entretien, intervenant sans cesse pour le « recentrer ».

> « Je dis qu'il paraît assez découragé (...). Il s'enhardit alors et me raconte... »
>
> « Je dis qu'en effet un tel comportement est difficile à supporter (...). Je peux voir qu'il en souffre (...), il dit que c'est bien cela... »
>
> « Il a demandé à travailler à l'atelier. Je dis que cela paraît avoir été pour lui un gros sacrifice. M. O., en s'agitant, me dit : "Un très gros sacrifice [31]"... »

Elle est à même alors d'aider la vraie demande à naître, car la demande présentée au départ n'est qu'un symptôme, une couverture, voire un écran, soit que le « client » n'ose formuler sa vraie demande, soit, plus généralement que des résistances l'empêchent de la reconnaître ou, l'ayant reconnue, de la verbaliser. C'est en référence à la « science psychanalytique » que les assistantes sociales peuvent affirmer que les demandes matérielles ne sont que la façon pour un individu de signaler un besoin, une demande d'autre chose, vraie et plus profonde ; cette rhétorique sur le besoin, la demande et le désir a été remarquablement renforcée ces dernières années par la vulgarisation de certains aspects des théories lacaniennes.

M. O. « éprouve son besoin d'aide comme un besoin de logement », écrit une assistante parlant d'un ouvrier qui cherche un appartement, le sien étant devenu très insuffisant après la naissance d'un second enfant (un vestibule servant de cuisine, une chambre pour quatre personnes [32]).

Dans le passé, la certitude de détenir les vraies valeurs suffisait à justifier les interventions autoritaires auprès d'individus considérés *a priori* comme mineurs (peuple = enfant). Ce même jugement subsiste aujourd'hui, mais rationalisé : les « clients », du seul fait qu'ils adressent une demande à des services créés pour eux et payés pour leur répondre, sont infériorisés, une demande n'étant jamais admise comme fondée sur un droit, mais comme expression d'un manque.

31. *Ibid.,* p. 69, p. 70, p. 71.
32. *Ibid.,* p. 68.

> « Toute personne, et plus un homme encore qu'une femme, qui a besoin d'aide, qui ne peut plus être autonome, qui est redescendue au stade du petit enfant qui a besoin qu'on le tienne par la main, se met à douter de lui-même, parce qu'il est pénible, humiliant et pour beaucoup angoissant de devenir dépendant des autres... [33] »

Fondée sur une version spiritualisée de la « science psychanalytique », le *case-work* fournit à l'assistante sociale l'autorité nécessaire pour imposer son intervention au « client », qui ne proteste ni contre l'absence de réponse concrète à sa demande (formellement légitime) ni contre les manipulations que cette demande entraîne, c'est-à-dire pour lui faire méconnaître sa vérité objective de violence, telle qu'elle se révèle au détour du commentaire où le demandeur est expressément relégué dans la position humiliante d'un incapable, honteux de son incapacité [34].

Comme traduction pratique de la philosophie libérale à laquelle adhérent les agents et qu'ils propagent, les postulats implicites du *case-work* — à savoir que, la sphère de la nécessité étant dépassée, les besoins primordiaux ne sont plus des manques objectifs appelant une réponse matérielle mais des difficultés ou des incapacités subjectives, des « troubles relationnels », relevant du dialogue — ne fournissent pas seulement une rationalisation et une légitimation de l'intervention, ils permettent aux agents de se placer définitivement vis-à-vis du « client » dans une inexpugnable position de supériorité. On comprend bien ce que le recours à la psychanalyse peut fournir à une pratique qui privilégie désormais le repérage de tout ce qui se situe au-delà des difficultés matérielles du « client », la relation qu'il entretient à sa condition (économique, professionnelle, familiale) se trouvant autonomisée par rapport à cette condition concrète et devenant l'objet même de l'intervention. On voit dès maintenant l'efficacité du *case-work :* elle ne tient pas à un savoir ou à un savoir-faire objectifs dont l'agent serait détenteur face à un « client » démuni, mais dans le fait que celui-ci est objectivement dépossédé de notions

33. *Ibid.,* p. 71, note 13.
34. P. Bourdieu et J.-C. Passeron, *La reproduction, op. cit.,* p. 40.

communes, c'est-à-dire appartenant au sens commun de son groupe ou de sa classe, sur les relations parentales, la sexualité, etc., qui sont transposées systématiquement dans un registre dont l'agent est seul à détenir la maîtrise pratique.

Il faut maintenant quitter les descriptions d'un *case-work* idéal et entrer dans la pratique effective : on voit comment, s'annonçant comme rupture et innovation, le *case-work* ne fait souvent que formaliser ce qui existait à l'état de dispositions chez les agents. Les leçons de morale que prodiguaient les assistantes dans le passé, et qui exprimaient leur position de bourgeoises catholiques, sont à la fois fondées et transfigurées par la nouvelle psychologie. Si les principes de base du *case-work* énoncent l'établissement de nouveaux rapports assistante/assisté, l'exégèse qui en est faite pour guider leur mise en application réintroduit les anciennes attitudes. Ainsi, au principe qui dit que le client a besoin de ne pas être jugé est associée l'idée qu'une évaluation n'est pas un jugement, et que, s'il ne faut pas juger la personne, on a le devoir de juger son comportement et ses actes. On trouve donc tout naturellement sous la plume de *case-workers* : « adaptation satisfaisante et acceptable, quoique puérile » (...), « devenir capable d'épouser sa maîtresse » (...), « réaction désorganisée » (...), « caractère inapproprié des réactions [35] ». « Accepter le client tel qu'il est », ce n'est pas accepter ses « déviations », ses erreurs, c'est simplement les reconnaître comme faits réels. Car le *case-worker* ne doit jamais se mettre en marge de la loi civile et morale : « Par profession, il est nécessairement l'allié du bien social, légal et moral [36]. » Il aide l'individu dans le cadre des lois et valeurs fondamentales de la société ; en particulier, sont intangibles le travail et la famille. « Il est incapable d'accepter sa maîtresse dans son rôle de mère en raison de ses graves conflits œdipiens. »

---

35. E. Cockerill, L.-J. Lehrman, P. Sacks, I. Stamm, « Une conception de la structure du *case-work*. » *Informations sociales,* 7e année, n° 12, juin 1953, p. 733-748.

36. F. P. Biesteck, *op. cit.,* p. 102. Cf. aussi abbé M. Oraison, « A propos de l'acceptation du client », *Pages documentaires,* n° 3, février-mars 1953. Il y est développé longuement qu'il faut juger la valeur des actes, jamais les personnes, car « il n'y a que Dieu qui comprenne ». « Il ne s'agit pas d'accepter les erreurs du client, mais d'accepter qu'il se trompe quand il ne peut pas faire autrement. »

« Grâce au traitement, il devient capable finalement d'épouser sa maîtresse et d'accepter son rôle de mari et de père [37]. » Au langage moral de la réparation a succédé un diagnostic scientifique sur le traitement d'une névrose ; un tel discours fournit à la morale traditionnelle un utile bain de jouvence, en étant à même de traduire ses valeurs en termes savants. Si toute la littérature sur le *case-work* dont les revues professionnelles étaient pleines a pu être si bien reçue par les agents, c'est qu'elle ne faisait souvent qu'épouser, redoubler et fonder leurs attitudes.

Le *case-work* a eu en France deux relais. Le premier, laïc, l'Union nationale des caisses d'allocations familiales (U. N. C. A. F.), insiste peu sur la spécificité de l'apport freudien dans la mise en avant d'une dimension psychologique de l'histoire individuelle — au détriment de sa dimension sociale — et dans la valorisation du climat affectif de la prime enfance du « client » dans l'interprétation de ses « problèmes ». Le langage fait peu appel à un vocabulaire spécialisé.

> La production de cette version du *case-work* est un quasi-monopole de professionnelles (femmes) qui ont en commun d'être en position de supériorité par rapport à leurs collègues, du fait qu'elles occupent un poste dans des instances internationales, ou qu'elles ont été formées au service social aux Etats-Unis, ou tout au moins ont « un peu trempé dans les écoles américaines ». Le sceau supplémentaire de scientificité est fourni par le Dr Myriam David, psychiatre de l'enfant, rentrant elle aussi des Etats-Unis, et qui fera une sorte de carrière, sans précédent ni postérité, dans le service social. « Myriam David est venue faire un groupe à l'A. N. A. S., c'est le point de départ de toute sa carrière auprès du service social, qui fut longue et d'une richesse incomparable [38]. »

37. E. Cockerill et al., *art. cit.,* cas IV, appendice C.

38. Selon une conseillère technique d'une D. A. S. S. de la région parisienne, entretien de septembre 1974. Passé la phase du démarrage, ce poids des Etats-Unis continue à être très sensible. Par exemple, l'enseignante de *case-work* à l'Ecole technique des surintendantes d'usine, de 1959-60 à 1962-63, vient de l'université de Tulane (Nouvelle-Orléans), son successeur est une assistante sociale qui a obtenu un *Master* à Pittsburgh. L'enseignement de *group-work,* qui commence en 1962, est assuré par une assistante ayant obtenu un *Master* à Boston, etc.

Le second relais, catholique, l'Union catholique des services sociaux (U. C. S. S.), qui a la réputation d'être « très psychanalytique », s'ouvre rapidement au vocabulaire de la psychanalyse et en intègre de manière concrète certaines notions. Conscients, malgré quelques réserves, de la « parenté » entre la pensée chrétienne et la psychanalyse, des psychothérapeutes catholiques avaient organisé, dès 1949, une confrontation explicite afin de « promouvoir une attitude chrétienne en psychothérapie [39] ». La rencontre de la psychanalyse et du catholicisme doit être analysée à un niveau profond.

On peut en effet faire l'hypothèse d'une homologie de fonction : l'inculcation par un corps séparé — prêtres, psychanalystes — disposant d'un monopole doctrinal, d'une conception totalisante, c'est-à-dire qui porte en elle une potentialité explicative universelle. De cette homologie découle celle des modes d'inculcation : les modes de contrôle mis en œuvre par le superviseur et le groupe s'apparentent à ceux qu'utilisent certains cercles d'action catholique ou à des pratiques de communautés religieuses. Plus profondément, l'« alchimie idéologique [40] » que, comme la religion, opère la psychanalyse, permet, par l'emploi d'un vocabulaire et d'une thématique spécialisés et par la problématique qu'ils impliquent, d'imposer un certain type de rapports sociaux, présentés comme inscrits dans la nature (divine ou inconsciente) des choses, et par-là même légitimés. Cette opération permet d'éliminer les caractéristiques sociales et politiques des problèmes posés en les rapportant de façon exclusive à un cadre de référence singulier — relation de la créature à son Dieu, du sujet à son inconscient — qui exclut précisément la dimension collective et la structure causale. Corrélativement, cette

39. Cf. L. Beirnaert, s. j., « L'attitude chrétienne en psychothérapie » (parue dans *les Etudes* en 1953) dans *Expérience chrétienne et psychologie,* Paris, Editions de l'Epi, 2ᵉ édit., 1966, p. 247-259. Outre une information sur cette réunion d'avril 1949, le P. Beirnaert commente les directives et encouragements formulés par Pie XII au cours du 5ᵉ congrès catholique international de psychothérapie et de psychologie clinique (Rome, avril 1953). Ce discours a été reproduit dans une revue de service social : « La pensée de l'Eglise », *Pages documentaires,* n° 1, oct.-nov. 1953, p. 47-56.

40. On reprend dans l'analyse qui suit certains schémas proposés par P. Bourdieu, « Genèse et structure du champ religieux », *Revue française de sociologie,* XII, 1971, p. 295-334.

démarche justifie le remplacement d'une action (collective) sur les causes par une adaptation (individuelle) aux effets : soumission à la volonté divine, transformation de l'attitude face à la vie. Latent lorsqu'il ne s'agit que de renforcer la cohésion d'un groupe autour de quelques notions très particulières (l'Œdipe, la Prédestination), le caractère politique de la fonction idéologique, remplie par la psychanalyse comme par la religion, devient manifeste quand sont élaborées des versions populaires (c'est-à-dire des versions à l'usage des classes populaires) de ces notions : il suffit de rechercher de quelle classe sont issues ces notions relatives ainsi transmutées en structures universelles et surtout quelle classe est capable de mobiliser à son profit les moyens de pression symbolique libérés par la légitimation de cet arbitraire.

> Les producteurs de la version catholique du *case-work* sont des médecins et/ou des psychanalystes qui occupent le plus souvent une position marginale, ou secondaire, ou dépassée au moment où ils participent à l'élaboration de ce nouveau « savoir » : abbé Marc Oraison, Dr Parcheminey (qui avait fait partie du noyau fondateur de la Société psychanalytique de Paris en 1926), Dr Marcel Eck (neuropsychiatre), P. Beirnaert, s. j. (formé à la Société française de psychanalyse : c'est, dit la directrice d'une école parisienne de service social, qui lui attribue un rôle de « pionnier » dans la diffusion du *case-work,* « un psychologue-psychanalyste très connu dans le monde des prêtres ». — Entretien de juin 1974).

Encore que soient diffusés quelques travaux américains (par exemple, le P. Félix P. Biesteck, s. j., de l'université catholique de Washington, le P. Swithun Bowers, o. m. i., expert des Nations unies, directeur de la *Catholic School of Social Welfare* de l'université d'Ottawa), il s'agit pour le courant catholique, dès le début, d'élaborer une version française et dont on s'assure qu'elle est conforme à la pensée chrétienne. En effet, le « positivisme » de Freud pose des problèmes ; à son œuvre proprement dite, une partie des auteurs préfère une « psychologie des profondeurs » qui rejette comme sectarisme la rigueur et l'articulation théorique des notions, dont elle fait un amalgame particulier dans sa démonstration, non sans avoir opéré préalablement un tri sur une base morale.

> La 8e conférence internationale catholique du service social ("Le service social et la personne humaine dans le monde moderne" — avril 1954) avait longuement débattu le point de savoir si tout Freud était conforme à la conception chrétienne de l'Homme : un professeur à l'école sociale de Fordham (New York) précisait que ses étudiants "sont aussi bien informés des théories freudiennes que d'Adler, de Rank, etc., mais on ne manque pas de discerner les théories acceptables des théories non acceptables", un enseignant de Sao Paulo signalait "qu'on a trouvé une forme intermédiaire évitant toute exagération, acceptant Freud seulement avec discrétion", etc. (compte rendu imprimé, p. 194).

Le langage ainsi produit, dosage de pathologie et de morale, doit sa tonalité particulière au mélange du demimot autorisé par le discours « en profondeur » et de l'explicite exigé pour diriger les âmes et impliqué par une visée diagnostique. La simplification et l'aplatissement du sens des notions psychanalytiques, l'accent mis sur leur connotation pathologique, le parti pris d'en ignorer l'interdépendance et leur sélection selon une perspective génétique dominante aboutissent à mettre en place deux axes : légitimation scientifique du primat de l'affectivité sur les composantes sociales, économiques et psychologiques de l'histoire individuelle ; constitution de schémas explicatifs globaux fournissant une norme de développement affectif qui assure la distinction entre des « normaux » et des « anormaux ».

On voit comment cette vision abâtardie de la psychanalyse est d'une grande utilité pour les assistantes, dépourvues par ailleurs d'outils d'analyse ; une bonne partie des notions leur est exposée sous forme de récits ou l'on voit comment, à partir de réalités de l'enfance, on peut de façon quasi automatique prévoir les conduites et surtout, en traitant systématiquement les énoncés des « clients » comme des symptômes, discerner à coup sûr le sens profond et la vérité des attitudes.

> « La petite fille qui aura été témoin de scènes d'alcôve entre ses parents gardera de l'agressivité masculine une image qui lui fera dévaloriser l'homme en général. Elle ne pourra pas aimer son père, ni plus tard son mari [41]. »
>
> « Ainsi, une femme déclare : je ne veux plus voir mon mari, je le hais. Elle dit cela, mais c'est le contraire qu'elle pense [42]. »

C'est armées de telles notions que les assistantes peuvent faire face à une « clientèle » de travailleurs non qualifiés, marquée par les difficultés économiques, les problèmes de santé, le chômage, etc., dont elles vont interpréter les conditions d'existence, les « échecs », à partir d'une grille sommaire.

> « L'analyse de ce que nous savons de la vie de M. et Mme D. nous amène à la constatation d'absence, dans leur enfance, d'images valables d'identification à l'Homme et à la Femme (...). Le profond mépris de M.D. pour les femmes provient vraisemblablement de là. »
>
> « Mme F., née de parents dont le foyer n'était pas uni (...), s'est formée une image d'homme volage et une image de femme qui doit assumer tous les rôles [43]. »

Mais ce « savoir » psychologique donne son rendement maximum dans le *case-work* du fait de son mode d'inculcation. Il n'est pas appris scolairement, car « il ne s'agit plus de savoir un certain nombre de choses, cela c'est secondaire, l'essentiel, vis-à-vis des élèves, c'est de former en elles des qualités intérieures, personnelles, vivantes, de jugement et de discernement, de les rendre capables, dans leur vie d'assistante, de bien juger, de bien discerner les besoins réels de chacun [44] ». Cela s'apprend à travers l'effort

41. P. Cruchon, s. j., « Le sentiment de culpabilité », *Pages documentaires* (Réflexions sur le *case-work*), février-mars 1954, p. 198.

42. Mlle Thomassen, « Principes et techniques du *case-work* », *art. cit.*

43. Coordination des services sociaux de Bagnolet, *Problèmes d'adaptation des familles et perspectives dynamiques d'aide et de prévention, op. cit.*, p. 261 et 266.

44. J. Daujat, « L'importance de la formation psychologique des assistants sociaux et des assistantes sociales », *Service social dans le monde,* 12e année, n° 2, mars 1953.

personnel et une sorte d'ascèse. Le *case-work,* en effet, c'est d'abord un *travail de soi sur soi,* au cours d'une relation double, avec le « client » d'une part, avec « un superviseur » et un groupe de collègues d'autre part. L'assistante (ou l'élève en stage) rapporte un cas, choisi pour sa difficulté, parmi ceux qu'elle « traite » quotidiennement. Le superviseur, et le groupe, l'aident à comprendre, interpréter, et modifier s'il le faut, les attitudes qu'elle a adoptées. Elle doit analyser ses propres comportements, rechercher le sens de son « identification » à un « client », ou de son rejet, le sens de son impatience à agir, de son besoin de répondre positivement, etc. Cet affrontement douloureux avec elle-même donne à l'assistante, au terme de ce parcours, une assurance renforcée : elle sait ce qu'elle fait, n'agit plus par charité, sentimentalité ou faiblesse ; elle sait que l'action spontanée, instinctive, peut faire mal au « client » ; elle sait qu'elle l'aide à trouver son bien (même s'il est incapable sur le moment de s'en rendre compte). Inquiétée par le superviseur qui l'oblige à regarder en face ses « motivations » au travers de ses réactions et de ses réponses, l'assistante ainsi formée va reproduire avec la « clientèle » cette relation qui tire de son *caractère pénible* sa *valeur* et sa *vérité*.

> « J'avais eu l'occasion pendant mes études de faire un stage dans un service où l'on pratiquait le *case-work* et où il y avait une femme superviseur. Moi, je ne pouvais pas le supporter, ça m'était intenable, ça me mettait... J'avais moi-même énormément de problèmes personnels... et ça remettait en cause toute une série de choses me concernant (...). Cette supervision consistait, à travers un cas, à vous faire percevoir justement votre propre subjectivité ; moi, je le vivais très mal (...). Je me rappelle qu'il y a une fille de ma promotion qui a lâché à ce moment-là, ça lui était insupportable. Mais, ce que j'ai reconnu, c'est la nécessité de se connaître, de comprendre qu'elle est sa subjectivité pour être apte à percevoir l'autre en face de soi » (Assistante sociale municipale, banlieue ouvrière, entretien d'octobre 1974).

Cette connaissance de soi, durement gagnée, l'assistante l'oppose, comme une garantie de bien faire, aux anciens modes d'intervention désormais désavoués.

« La formation m'a permis de mieux connaître mes réactions en face des gens, d'être contrôlée dans certaines réactions, de me rendre compte des dangers qu'il pouvait y avoir dans ma propre personnalité au niveau des autres (...). Il faut bien se connaître, on est très seul avec les gens et très vite on peut les manipuler, c'est ce qu'il y a de plus dangereux » (Assistante spécialisée, région parisienne, entretien de septembre 1974).

Osant dire que les assistantes ancienne manière étaient autoritaires, interventionnistes, manipulatrices, l'assistante « case-workée » se pose comme non autoritaire, non interventionniste, non manipulatrice. Il n'y a donc pas lieu de mettre en cause la fonction sociale remplie, mais seulement ce qui serait sa perversion du fait de l'insuffisante formation technique de l'assistante. Ce mode d'apprentissage renforce la perception des cas selon le seul registre affectif et l'adhésion non critique à une règle du jeu authentifiée pour avoir été personnellement éprouvée. Toutefois, pour bien montrer qu'il ne s'agit pas d'un métier ordinaire qu'il suffirait d'apprendre, on insiste sur les qualités personnelles qui permettent ou non d'accéder à cette technique.

Dans les entretiens, les assistantes, parlant de leur formation de formateurs, multiplient les remarques du genre : « J'ai fait partie de celles qui ont eu la chance ou les capacités de continuer... », « Sans doute on m'a trouvé douée », etc. On trouve dans les travaux spécialisés des remarques sur le fait que des « étudiants bien doués » sont incapables de faire du *case-work,* « manquant de sensibilité du cœur », que les étudiants non catholiques « ont parfois plus de sens que les catholiques pour le *case-work* », etc. (8e conférence internationale catholique, compte rendu cité, p. 197), que la relation de *case-work* est « liée à la richesse intérieure » du travailleur social (P. Biesteck, *op. cit.*), qu'on possède ou non le « don d'approche ».

Désormais, le service social ne peut se contenter du cœur et des bonnes intentions, même s'il ne peut s'en passer [45] et dit se méfier de certaines « névroses patholo-

45. « Elle est technicienne, bien sûr, mais les techniques doivent être terriblement pensées, parce que nous avons affaire à un être humain en

giques » : on l'a vu, le mode de sélection des élèves assistantes privilégie l'examen psychologique, au détriment de l'examen scolaire banal. L'assistante technicienne fait un métier qui sépare le temps accordé aux usagers de celui de la vie personnelle et n'accomplit que des tâches qualifiées. A l'ancienne assistante qui s'attache à l'usager, il est rappelé que la *relation* d'aide n'est pas amicale, n'est pas *horizontale* [46], qu'on ne saurait s'y comporter « comme dans la vie courante ».

> « Je pense qu'il y a des choses qu'on ne doit pas faire. Comme assistante, on doit comprendre les gens, être très proche d'eux, mais jamais passer la frontière, rien qui puisse prendre une certaine ambivalence d'amitié. Il faut faire très attention. Alors, le café pris, le bonbon accepté, c'est des petites choses qui tendent à ne pas être professionnelles. Je dis : Faites attention. Et combien d'assistantes s'embarquent, sont, ou bien des témoins de mariage, ou des marraines, ça, ça fait perdre l'optique professionnelle » (même entretien qu'à la note 45).

Les assistantes « case-workées » critiquent fréquemment la méthode, lui reprochant essentiellement sa rigidité, son caractère contraignant, mais, à ce reproche secondaire, elles opposent des acquis : des prises de conscience, une solidité personnelle, une autre manière d'entrer en relation avec le « client ».

> « Le *case-work* a un aspect obsessionnel qui me gêne (...), on est pris dans ce carcan (...). Moi, j'ai décidé de m'en foutre mais d'avoir suffisamment intégré ma technique pour être moi avant tout, c'est-à-dire avoir un savoir-faire qui est avant tout agi par un savoir-être » (Assistante spécialisée, région parisienne, entretien d'octobre 1974).

---

face (...). Il y a toujours une part, une frange, qui est du domaine de la pensée, de l'esprit, du cœur, je n'ai pas peur de le dire. C'est là que, quand on aura tout perdu ou qu'il y aura des tas de travailleurs sociaux, on en recréera une pour comprendre, pour que les gens sentent qu'il y a quelqu'un qui se tient à côté d'eux (...). » Assistante municipale, banlieue parisienne, entretien de novembre 1974.

46. C. de Béchillon, *art. cit.*, p. 69.

Actuellement encore, interrogées sur ce qui permettrait un « meilleur exercice de la profession », les assistantes mettent le *case-work* en tête (47 %), loin devant le *group-work* (15 %) et les autres méthodes [47]. Le *case-work* est justifié par le bénéfice qu'il est censé apporter aux usagers, qui ne se trouvent plus ni jugés ni moralisés : « Les types qu'on dit paresseux, qui ne travaillent jamais, si on regarde les causes, c'est aussi quelque chose de pathologique, alors que ce n'était pas tellement dans les mœurs du service social [48]. » « La doctrine veut que le sujet perturbé dans son comportement ne soit pas jugé, mais traité [49]. » Par contre, la profession évite le plus souvent de s'interroger sur le bénéfice qu'elle en a tiré ; pourtant, au moment où il est introduit, au début des années 1950, on voit que celle-ci parlait abondamment de son malaise et le *case-work* est venu à point pour lui permettre de résoudre quelques questions vitales pour sa survie : nécessité de faire montre de compétence dès lors que la loi d'avril 1946 assurait à la profession un statut de salarié et lui garantissait un monopole d'exercice, nécessité de trouver des modes d'intervention capables de rendre effective l'extension de l'action dont la nouvelle loi était porteuse, alors que les anciennes modalités autoritaires étaient explicitement dénoncées par les milieux ouvriers ; il s'agissait alors clairement de se faire accepter par les « clients », non de les mieux servir. La profession gagne avec le *case-work,* et plus largement avec tout ce qui a été introduit dans son sillage, son ennoblissement, son accès au rang de profession technique.

> « Myriam David est arrivée à un moment où les assistantes sociales étaient découragées, en 1945-50, par le poids des lois (...) et ça a été pour elles l'occasion de se valoriser, sans statut meilleur, mais d'avoir une profession plus intelligente, qui les mettait en lien avec des collègues étrangers » (Directrice d'une école parisienne de service social, entretien de juin 1974).

---

47. N. Courtecuisse et L. Brams, *op. cit.*
48. Assistante sociale chef, Caisse d'allocations familiales, province, entretien de novembre 1974.
49. G. Mury, « Note sur l'évolution du travail social », *Esprit,* avril-mai 1972, n° cité, p. 573.

Ce qui est reconnu ici est nié quand c'est un observateur qui rappelle cette réalité ; la vérité officielle est évidemment le discours sur le meilleur service du « client ». Auprès du « client », il n'a fait en réalité que dissimuler, pour le rendre acceptable, le sens réel de l'« aide » ; mais, en même temps que l'intervention devient supportable pour le « client », elle est rendue à nouveau possible pour l'assistante, qui doit affronter des populations présentant de graves problèmes *matériels* mais qui n'a pas les moyens *matériels* d'y répondre. Grâce au *case-work,* les problèmes du « client » peuvent être spiritualisés, donc évacués.

> Notant la question directe à l'assistante : « Que pouvez-vous faire, vous, service social ? » (il s'agit de M. O. à la recherche d'un logement), le superviseur commente : « C'est une tentation de répondre et s'il ne s'agissait pas d'un entretien professionnel, s'il s'agissait d'une conversation amicale, on répondrait (...), mais, si on y réfléchit bien, sait-on vraiment ce qu'il demande ? » (p. 68). « Il y a tout un passé à ce trouble autour du logement » (p. 69).
>
> Cette spiritualisation effectuée, l'assistante, qui sait bien ne pas être à même de procurer un logement, notant en Mme O. une « certaine capacité de s'apaiser » à son contact, « sait ainsi d'emblée qu'elle pourrait aider cette jeune femme au cas où sa situation ne pourrait changer » (p. 75, n. 17)[49 bis].

Là est en effet une des caractéristiques majeures de cette méthode, qui pense toujours devoir transformer l'attitude, les sentiments à l'égard d'une situation et non la situation elle-même.

> « Ce ne sont pas les faits qui sont importants, mais la façon de les ressentir[50]. »
>
> « Elle pourrait avoir seulement besoin de quelqu'un qui l'aide à voir et à sentir les choses de façon différente (...). » Vous aurez besoin de *case-workers* pour aider les gens individuellement, (...) pour influencer leur

---

49 bis. C. de Béchillon, *art. cit.*

50. M. V. Pohek, « Le *case-work* en général et dans les services publics en particulier », *Informations sociales,* 15 novembre 1952, n° 20, p. 1138-1149.

façon de voir et de sentir en ce qui les concerne eux et leur vie[51]. »

Dans sa forme idéale, la méthode est délaissée, tant en raison de l'importance numérique de la « clientèle » que des conceptions des administrations, et des critiques dont elle a été l'objet. La trace du *case-work* est aujourd'hui une grille d'interprétation et d'imposition très généralement adoptée ; aux anciens énoncés — Si vous êtes pauvre, c'est que vous ne travaillez pas — s'en substituent de nouveaux, subtils et mieux adaptés aux circonstances actuelles — Votre demande montre qu'il y a quelque chose qui ne va pas dans vos relations au monde, c'est-à-dire dans votre histoire personnelle, puisque vous n'arrivez pas à profiter de ce que la société vous offre. Ce discours est péremptoire ; on ne peut le mettre en contradiction avec le réel (ce qui était possible dans l'ancien discours), étant donné son caractère tautologique : on a des difficultés parce qu'on n'est pas bien adapté, l'inadaptation, c'est le fait d'avoir des difficultés. La misère matérielle qui est le spectacle quotidien des assistantes sociales est transmuée en difficulté d'être, ou encore en incapacité d'être heureux et de tirer parti de tout ce que la vie offre. Cette règle générale n'est pas infirmée mais confirmée par le fait, que, dans la réalité, seules les assistantes sociales, peu nombreuses, qui appartiennent au parti communiste échappent à cette conception ; c'est que leur adhésion leur fournit une vision du monde, une analyse globale des rapports sociaux et une explication de leur « clientèle ». Elles n'ont donc pas besoin du système d'interprétation, et de la « consolation » que fournit la psychologie.

La priorité accordée à l'explication individuelle, qui se veut fondée théoriquement, et la priorité de la « relation duelle » (une assistante sociale unique face à un « client » unique) sont liées et concourent à occulter l'un des caractères sociologiquement pertinent du service social : l'appartenance massive des « clients » aux fractions inférieures, non qualifiées, de la classe ouvrière.

Finalement, l'autonomie des agents spécialisés, réelle

51. H. H. Perlmann, « Le *case-work* est mort », *Informations sociales,* juin-juillet 1967.

mais très limitée dans les faits — ce qu'ils revendiquent comme leur neutralité —, permet de transformer les rapports immédiats et concrets — par exemple, le chômage — en rapports abstraits et intériorisés (« conduite d'échec »), c'est-à-dire d'opérer une « moralisation » de ces rapports qui profite au groupe dominant [52].

En étudiant les éléments de l'équipement des assistantes sociales, on a mis en évidence l'adéquation des caractéristiques génériques des professionnelles et de leurs pratiques à la spécificité de leur fonction. Les assistantes sociales ont hérité d'un certain capital culturel sous la forme d'une culture diffuse et d'habitudes de pensée, renforcé par un habitus catholique spécifique. Ce capital est entretenu par la fréquentation organisée d'idéologues notoires, de façon qu'elles assurent la conformité de leur propre philosophie morale et du message qu'elles dispensent aux nouveaux thèmes dominants. Enfin, pour affronter les couches dominées, elles se sont dotées d'une technique de domination symbolique qui n'est rien d'autre qu'une idéologie à l'état pratique.

52. P. Bourdieu, « Genèse et structure du champ religieux », *art. cit.*, en particulier p. 303.

chapitre 3

essor et diversification des formes d'encadrement

la spécialisation comme réponse à l'évolution des "menaces"

L'expression travail social, qui commençait à peine à être utilisée au début des années 1960, est, quinze ans après, non seulement banale, mais si évidente en apparence que les interrogations sur la genèse et le sens de l'extension des pratiques ainsi désignées sont évitées, alors même que l'activité fait l'objet de débats abondants. L'extension numérique considérable des professionnels apparaît comme la preuve suffisante de la nécessité de ces tâches, non seulement dans le présent mais dans l'avenir. Ces professions se sont constituées à partir d'actions bénévoles, à dominante catholique. Cette origine « vocationnelle » leur confère un ensemble de traits communs que les tentatives récentes en vue de définir une technicité propre au travail social n'ont pas effacés, d'autant que la technique de référence qui intervient dans la sélection, la formation et la pratique des professionnels — mélange de psychologie et de psychanalyse — permet de revaloriser le primat de l'être sur le savoir. L'affirmation du primat de l'être est essentielle dans toute profession qui a recours à la vocation, c'est-à-dire qui se conçoit comme choix né d'un appel, que ne peuvent recevoir que des individus dotés de certaines aptitudes particulières et prêts à engager la totalité de leur être. Elle est non moins essentielle quand ces professions, devant prendre quelque distance avec ce langage de la vocation qui freine leur lutte pour l'obtention de profits matériels et symboliques, doivent, dans cette recherche, transformer leur exclusion du champ universitaire en valeur positive, c'est-à-dire en refus des valeurs universitaires. L'exaltation de la personnalité permet d'éviter les comparaisons avec l'excellence telle que la définit le champ universitaire.

Le travail social se considère comme un service public, son orientation est définie par l'Etat et la majorité de son financement est assurée par des fonds publics. Le secteur privé joue cependant un rôle très important dans la mise en œuvre de la politique sociale. Il y a là un héritage et une utilisation des apports du bénévolat (dons, patrimoine immobilier, personnel non rétribué assurant des tâches de gestion, etc.) ; et l'Etat considère également que le secteur privé s'adapte mieux aux évolutions. L'action publique est responsable de l'orientation générale de la politique sociale, de l'évaluation des besoins et de la planification des moyens, de la formation des travailleurs sociaux dont elle garantit la qualification. Elle aide l'initiative privée grâce à des subventions de fonctionnement ou d'équipement et des remboursements de prix de journée, elle crée ou gère des services si l'action privée est insuffisante. Elle assure la coordination de l'ensemble des actions et leur contrôle en raison de l'aide financière que l'Etat, les collectivités publiques, la Sécurité sociale apportent. Une collaboration étroite est organisée avec les œuvres privées qui, par leurs fédérations, se font entendre dans les organismes consultatifs créés pour assurer cette concertation. L'administration, d'autre part, passe des contrats à des services privés pour qu'ils remplissent, moyennant un financement, des tâches relevant du secteur public ; en particulier, le secteur privé s'assure la presque totalité du marché médico-social de l'enfance.

Les travailleurs sociaux sont pour la plupart rémunérés sur fonds publics, mais une partie d'entre eux seulement relève du secteur public ou semi-public (Sécurité sociale, caisse d'allocations familiales, etc.), les autres étant employés par des institutions privées. De même la formation, sanctionnée par l'Etat, est majoritairement assurée par des écoles privées. La plupart de ces professions n'ont été que très récemment officialisées par la création de diplômes d'Etat ou de certificats d'aptitude. On s'interrogera donc sur la signification de ces créations récentes, qui assurent la mise en place de modes d'encadrement doux, s'appuyant sur un savoir psycho-psychanalytique et recherchant explicitement l'adhésion des sujets encadrés.

Il s'agit, à travers l'étude de ces professions, d'éclairer le nouveau mode de domination.

On ne peut évidemment reprendre la définition que les professionnels donnent du champ, et qui n'est que la définition de ceux qui le dominent, pas plus qu'on ne peut se référer aux classifications officielles, dont il est parfois malaisé de trouver le principe organisateur. Les professionnels sont des *agents officiels.* L'Etat définit leur formation et garantit leurs titres ; tendanciellement, ces professions, qui dépendent des pouvoirs publics pour leurs débouchés, aspirent à se voir reconnaître par l'Etat un monopole d'exercice, comme celui qui est assuré aux assistants de service social. Dans le cadre de son intervention, chaque travailleur reçoit de la société un mandat ; celui-ci peut avoir un caractère plus ou moins contraignant : décision judiciaire particulière (par exemple, mesure de tutelle aux prestations sociales dans le cadre de la loi de 1966, mesure d'assistance éducative dans le cadre de l'ordonnance de 1945), mise en œuvre de la loi (intervention des assistantes sociales et des puéricultrices dans le cadre de la Protection maternelle et infantile), action socio-éducative réglementée dans le cadre d'établissements publics et para-publics (une maison de jeunes, un foyer de jeunes travailleurs, par exemple). Ce mandat spécifie la place du travail social dans le champ de manipulation symbolique qu'occupent d'autres institutions, en particulier les Eglises. Il est évidemment limité et ne s'étend pas à toutes les responsabilités que revendiquent les professions, mais, à l'intérieur de ces limites, l'intervention des travailleurs sociaux dispose d'un cadre juridique ou institutionnel pour s'imposer et le « client », qui peut y adhérer plus ou moins, ne peut complètement s'y soustraire, contrairement à ce qui est possible face à une prédication philosophique ou religieuse.

L'intervention des travailleurs sociaux n'est pas rémunérée par la personne à laquelle elle s'applique ; celle-ci, dans la grande majorité des cas, n'a pas sollicité cette intervention. La *disjonction entre intervention et rémunération* fonde l'exigence du travail social à être reconnu comme service public, au même titre que l'école. Elle renforce l'idéologie du désintéressement, de l'altruisme, du don de soi, essentielle à des professions qui se réfèrent à des « choix vocationnels ». Ces professionnels exercent des interventions auprès de personnes appréhendées dans leur globalité et non sous un aspect limité, comme dans l'intervention d'un médecin spécialiste, par exemple. Le caractère personnel et personnalisé de ces interventions fonde le mode de sélection et de formation des travailleurs sociaux et définit les modes d'exercice (l'excellence) de ces professions. En arguant de ce caractère personnel de l'intervention, les professions se donnent des *règles déontologiques* (c'est-à-dire des exigences éthiques, mais aussi la revendication d'échapper au droit commun) qu'elles voudraient voir reconnaître par l'Etat. Ces interventions ne consistent pas en une aide matérielle ou un service objectif — qui peuvent cependant servir de support — mais en une *action globale à visée éducative,* c'est-à-dire recherchant une transformation des individus, de leur manière de voir, de se comporter, de réagir, afin qu'ils s'insèrent mieux dans la société. Cette visée adaptative est constamment rationalisée en termes d'épanouissement du sujet qui est censé coïncider avec son utilité sociale. Conformément aux termes des lois qui organisent ces interventions, l'action éducative des travailleurs sociaux recherche explicitement l'*adhésion* des sujets (exemple : loi n° 70-459 du 4 juin 1970 sur l'autorité parentale, article 375-1 du *Code civil*).

On peut chercher à spécifier l'activité de ces « praticiens de la relation » en les situant par rapport aux deux pôles constitués par la pratique libérale (avocats, médecins) et la pratique réglementaire de certains fonctionnaires (magistrats, par exemple). Au pôle libéral se rattachent le caractère non routinier des interventions, l'existence d'une « relation duelle » (« le colloque singulier »), la revendication d'une déontologie. Au pôle réglementaire se rattachent le contrôle par l'Etat de la sélection et de la formation, le caractère officiel du mandat et le mode de rémunération. Ces rapprochements font apparaître des traits spécifiques ; en particulier, le fait qu'en définissant son intervention à partir des intérêts de personnes (la meilleure insertion de sujets particuliers) et non à partir des intérêts globaux de la société (par exemple, le respect des lois) comme dans le pôle réglementaire, la pratique des travailleurs sociaux renvoie à une doctrine implicite selon laquelle l'harmonie sociale coïncide avec l'épanouissement du sujet. Cette doctrine se distingue des théories (droit naturel) qui justifient l'intervention réglementaire de la société dans la sphère privée. C'est par référence implicite à cette doctrine qu'au lieu d'imposer (éventuellement par voie coercitive) une conformité objective des conduites, on recherche explicitement une adhésion du sujet aux principes qui fondent les interventions pratiquées et les mesures prises à son endroit et qui sous-tendent les comportements proposés en modèles.

Le champ du travail social doit sa structure particulière à l'*absence* quasi complète d'une *demande sociale solvable* et, corrélativement, au cours forcé qui est imposé aux services qu'il dispense [1]. On mesure immédiatement l'importance de ce facteur en voyant les arguments que l'éducation ou la santé tirent de l'existence d'une demande pour la défense de leurs intérêts ; également, ces professions n'utilisent qu'en dernier recours l'arsenal des dispositions légales qui, tout en réglementant leur exercice, les établit.

On ne peut donc rapporter la structure du champ du travail social à celle de la « clientèle » à laquelle il est imposé, mais plutôt à celle des couches intermédiaires auxquelles il fournit des débouchés. C'est dans ce cadre que prennent leur sens certaines adaptations « naturelles » qui, sur un mode polaire, organisent le champ : seront de fait réservés aux femmes qui y sont disposées par leur habitus et qui ont intériorisé les interdits du marché du travail les secteurs où l'imposition des normes, éthiques en particulier, s'opèrent de façon ouverte. A l'opposé, des secteurs tels que l'animation socio-éducative seront investis par des hommes qui, malgré une carrière scolaire difficile, peuvent opérer un rétablissement dans un domaine où le flou des tâches permet de faire valoir le capital culturel, l'aisance et jusqu'à la « prétention armée » reçus du milieu familial.

Parce que le seul capital symbolique dont dispose le travail social, c'est-à-dire la seule force qu'il soit capable de mobiliser, est l'inquiétude de la classe dominante, se sentant menacée par les dominés, et que la garantie d'existence et de développement de ce secteur tient au crédit qui lui est fait pour la conjurer et la réduire, le champ du

1. Ce qui suit se réfère largement à l'analyse de : P. Bourdieu, « Genèse et structure du champ religieux », *art. cit.*

travail social est organisé en référence à cette menace et à ses transformations ; c'est ce qui explique la souplesse de certaines évolutions. On comprend également l'absence apparente de critères objectifs, ou de toute sanction de l'efficacité, l'essentiel n'étant pas de porter remède à des maux sociaux, ce qui entraînerait à terme le dépérissement du travail social, mais de détecter à temps ces maux et de proposer des mesures d'encadrement, par exemple la prévention. On perçoit enfin la logique de la spécialisation des professions et du découpage du marché suivant des critères hétérogènes et arbitraires.

Chaque profession spécialisée obtenant sur le marché du travail social des avantages différentiels qui dépendent de sa propre position dans le champ, c'est-à-dire de sa capacité propre à fixer les cours du marché, la relation entre les différents groupes et la stratégie de chacun d'eux sont en permanence subordonnées à une double exigence : d'une part maintenir et améliorer leurs positions respectives, et d'autre part restaurer la valeur globale du marché, la renforcer et en promouvoir la diversification, c'est-à-dire, concrètement, consolider les représentations que les instances concernées de la classe dominante se forment de la nécessité du travail social, de sa capacité d'assurer le contrôle des groupes dominés et d'en étendre les modalités en fonction des réactions de ces groupes. Ainsi, dans le sous-champ que constitue le secteur judiciaire de l'enfance, sont de fait en compétition, pour obtenir les mêmes mandats du juge des enfants, un service public (l'Education surveillée du ministère de la justice) et des institutions privées (service de Sauvegarde de l'enfance et de l'adolescence) : le premier, fondé en 1945, s'appuyant sur la notion de jeune délinquant, tandis que les secondes ont fondé leur essor sur celle d'enfance en danger (1958). Les agents publics ayant une rémunération fixe et les autres étant les employés d'associations qui reçoivent des fonds publics en proportion de la clientèle prise en charge, les mécanismes de concurrence ont une sanction économique immédiate.

> « Eux, ce sont des fonctionnaires, rémunérés à la fin du mois, quel que soit le travail qu'ils soient capables de faire, ou qu'ils aient la possibilité de faire. Alors que

> nous, nous sommes rémunérés à l'acte, et que, si personne ne travaille, nous n'avons pas d'argent. Ce qui oblige un service privé à travailler beaucoup [2]. »

Tendanciellement, l'affaiblissement de la distinction entre enfance « coupable » et enfance « malheureuse », qui s'accompagne d'une approche psycho-analytico-psychiatrique des cas, la faiblesse relative du nombre des peines par rapport à celui des mesures éducatives favorisent à la fois la prise de contrôle du secteur par les services de sauvegarde et la progression globale du marché, progression reconnue, justifiée et planifiée par les responsables officiels [3].

Malgré le handicap que constituent l'absence d'une demande solvable et la faible diversification de son capital symbolique, le champ du travail social a acquis une relative autonomie : ayant fait admettre que le débat ne porte que sur les formes de son activité et non sur la légitimité de celle-ci, il peut s'opposer à une définition externe de sa fonction et, en affirmant sa spécificité, élaborer lui-même les normes de jugement de cette activité. Cette autonomie porte à l'oubli des contraintes objectives pesant sur le champ dans l'énoncé des ambitions des professions spécialisées et, plus généralement, à l'affirmation d'une vocation, « inscrite dans l'ordre des choses », à l'extension sans limites de leurs interventions.

> « Des recherches statistiques démontrent que des enfants nés de parents qui avaient été suivis pour leurs troubles du comportement deviennent à leur tour inadaptés, et qu'il faudrait peut-être envisager de trouver une certaine forme d'A. E. M. O. pour ces parents.
>
> Certes, ces perspectives sont assez inquiétantes, dans la mesure où elles nous laissent entrevoir l'avènement d'une société dans laquelle on trouvera un assistant pour un assisté, un travailleur social pour un client ! Mais cette mutation sociale s'inscrit dans l'ordre des choses, de même que certains débiles mentaux qui parvenaient autrefois à s'insérer dans une catégorie socio-profession-

---

2. Directrice d'un service de Sauvegarde de l'enfance et de l'adolescence, entretien de novembre 1974.

3. Cf. Introduction au rapport Dupont-Fauville, in *Pour une réforme de l'Aide sociale à l'enfance,* Paris, Editions E. S. F., 1973, p. 11 et 12.

nelle sont aujourd'hui des inadaptés qu'il faut prendre en charge[4]. »

La même exigence d'autonomie préside à l'élaboration de la thématique propre au champ, c'est-à-dire du lexique grâce auquel les intérêts spécifiques de la profession sont traduits en termes de valeurs : seul juge des intérêts du « client » et des exigences de son service — la profession, pour des raisons évidentes, ne peut articuler ses débats et ses conflits internes sur les évolutions de sa « clientèle » et encore moins appuyer ses luttes sur celles des « usagers » —, le travail social transposera son absence de justification technique en exaltation d'un « savoir-être » et invoquera la hiérarchie du « premier souffrant, premier servi » pour couvrir sa recherche d'un meilleur statut. Ce souci se retrouve dans l'élaboration des méthodes de sélection qui privilégient l'examen des fondements et de l'authenticité de la vocation, et jusque dans les conditions de cette sélection : une école confiera les tests à une orienteuse « qui connaît bien la profession, cela est très essentiel[5] ». Enfin, l'exigence d'autonomie explique les conditions dans lesquelles sont minutieusement discutées les modalités idéales de l'exercice, la qualification des intervenants — on précisera officiellement, par exemple, que les éducateurs spécialisés se consacrent aux cas lourds tandis que les moniteurs-éducateurs traitent les cas « moins aigus et moins criants » —, la composition mais aussi la hiérarchie des compétences et la formalisation des rapports à l'intérieur des équipes.

Finalement, l'arbitraire qui préside à l'évaluation du capital symbolique — l'appréciation de la portée des menaces que l'évolution des rapports de domination fait peser sur la classe dominante étant largement subjective — a pour conséquences des variations rapides de la valeur relative attribuée à chacun des modes d'intervention du travail social, ce qui exige des différents groupes professionnels une capacité particulière d'adaptation de leurs objectifs immédiats et de leurs méthodes. Cette nécessité permanente d'ajustement, les conflits et les évolutions

4. G. Vattier, *Rééducation des jeunes inadaptés en milieu ouvert*, Paris, Editions Sociales Françaises, 1968, p. 88.
5. Entretien d'une directrice d'école de service social, cité au chapitre II, p. 63.

structurelles qu'elle entraîne, sont rationalisés par les professions sous le nom de *crise :* dans ce discours, les exigences d'un meilleur service viennent dissimuler les nécessités concrètes du maintien d'un statut.

On a choisi d'organiser la présentation des différentes professions sociales en se référant à leur définition juridique et en les regroupant suivant trois branches, l'assistance, l'éducation, l'animation, qui sont apparues successivement et se sont attribuées des catégories différentes de populations selon que le « problème » émanait de telle ou telle fraction des dominés. Ce choix donne au tableau d'ensemble une apparence de cohérence qui est loin d'être manifeste dans la réalité et que n'aurait pas entraîné un exposé plus axé sur les pratiques concrètes. Cette présentation ne doit donc pas dissimuler l'imprécision des définitions des tâches ni les empiétements multiples de compétences qui caractérisent le travail social ; ces phénomènes reflètent la vive concurrence qui règne dans ce secteur, c'est-à-dire les affrontements entre différentes fractions des classes moyennes qui développent dans ce champ leurs stratégies de reconversion.

A. L'ASSISTANCE.

A l'exception du délégué à la tutelle, les professions que l'on regroupe ici sous le terme assistance, ont été conçues à la jointure du XIXe et du XXe siècles, dans des fractions bien précises de la classe dominante, soucieuses de s'opposer au mouvement affirmé de la classe ouvrière et de mettre en place de nouvelles formes d'encadrement. Ce secteur, à partir duquel tout le travail social s'est développé, ne connaît qu'un essor modéré ; il regroupait en 1974 un peu plus de 45 000 personnes, presque exclusivement des femmes. Cette particularité explique en partie que ces professionnelles aient été peu armées pour assurer leur propre promotion. Mais surtout l'objectif ambitieux que s'était donné l'assistance s'est révélé irréalisable ; elle a dû « en rabattre », c'est-à-dire restreindre considérablement sa cible, limitée désormais à une partie des franges inférieures de la classe ouvrière, et changer le caractère de son action. Egalement, les espoirs placés dans la vocation conservatrice

	Assistant de service social	Conseillère en économie familiale et sociale	Puéricultrice	Travailleuse familiale	Educateur de jeunes enfants	Délégué à la tutelle
Création	Diplôme d'Etat : 1932	Monitorat d'enseignement ménager : 1943 Diplôme d'Etat : 1973	Diplôme d'Etat : 1947	Certificat : 1949	Diplôme d'Etat : 1973	Décret sur la formation en préparation
Sanction délivrée	Ministère Santé	Santé et Education	Santé	Santé	Santé	
Niveau d'accès	Bac depuis 1971	Bac	D. E. infirmière D. E. sage-femme D. E. assistante (ant. à 1971)	aucun	Bac	
Durée	3 ans	3 ans dont 2 ans B. T. S.	1 an	7 mois 1/2 + 1 année probatoire	2 ans	
Statut centres formation	49 centres privés agréés et publics	27 centres privés agréés et publics	30 centres privés agréés et publics	18 centres privés	26 écoles privées agréées	
Personnel en exercice	25 000 *	3 700 **	6 000 ***	6 300 *	7 500 **	800 *

* D'après : Commissariat général du plan, Rapport de la commission *Vie sociale*, Paris, 1976, p. 126-7.
** D'après « Statistique annuelle des professions concourant à l'action sanitaire et sociale », *Santé-sécurité sociale, Statistiques et commentaires*, 1975, n° 2, mars-avril, p. 37-70.
*** D'après l'exposé des motifs de la proposition de loi Maujouan du Gasset (Assemblée nationale, 26 avril 1976).

des femmes et qui avaient amené à centrer sur elles les actions visant en fait les ouvriers productifs, se sont révélés excessifs. Enfin, compromis par son passé et ses méthodes d'action ouvertement autoritaires, ce secteur, malgré d'incessantes tentatives de rénovation, était trop lié à un certain stade de rapports entre les classes et donc représentait un mode de domination non parfaitement adapté à la phase actuelle. Ce sont de nouvelles formes qui se sont esquissées et diffusées, tandis que ce secteur perdait de plus en plus la prééminence dans le champ du travail social.

La conseillère en économie familiale et sociale.

La conseillère en économie familiale et sociale est la version moderne de la monitrice d'enseignement ménager. Celle-ci est née à la même époque et dans les mêmes milieux que l'assistance sociale et, comme elle, elle a présenté son projet avec la clarté que s'autorisait alors — malgré la Commune — une classe assurée de sa légitimité. A travers la diffusion de savoirs prosaïques, de règles de vie simples, l'enseignement ménager voulait travailler à la formation d'un prolétariat docile, ponctuel, ayant le sens de ses obligations : qu'il arrive à l'heure, ne s'absente pas, ne fasse jamais plus « le lundi ». N'ayant pas le caractère politique au premier degré de l'assistance, il exerce cependant une action idéologique qui vise à doter la classe ouvrière d'une morale stoïcienne, lui faisant préférer ce qu'elle a : une chaumière bien tenue plutôt qu'un palais en désordre, un bouillon suivi de bons haricots plutôt que bien des repas, peu sains, des riches, etc. L'enseignement ménager, c'est donc la répétition inlassable, obsessionnelle, de petites leçons par lesquelles, à des époques et dans des lieux divers, les classes dominantes, qui veulent imposer le travail industriel, s'efforcent de transformer les mentalités, les habitudes, les rythmes et modes de vie attachés à d'autres formes d'activité.

Le régime de Vichy, en décrétant l'enseignement ménager obligatoire, en a rendu le sens manifeste, non un savoir pratique mais une morale rétrograde et répressive, accordée à l'ordre nouveau. Le discrédit qui entoure l'enseignement ménager est sans doute à chercher dans l'explicitation faite alors de ses objectifs, plus que dans l'évolution du statut de la femme et des tâches ménagères. La conversion à laquelle la profession s'est attachée était donc, dans ce cas, vitale.

« Le conseiller en économie familiale et sociale est un travailleur social qui concourt à l'information et à la formation des adultes pour les aider à résoudre les problèmes de la vie quotidienne. Son activité spécifique s'insère dans le cadre de l'action sociale en collaboration avec les autres travailleurs sociaux » (article 1 de l'arrêté du 9 mai 1973 créant le diplôme de conseiller en économie familiale et sociale).

Annoncé dès 1970, vivement attendu par la profession, le diplôme de conseiller en économie familiale et sociale a été institué par un arrêté interministériel du 9 mai 1973 (*J. O.* du 13 mai 1973) ; il a été suivi de la création d'un brevet de capacité à l'enseignement de l'économie familiale et sociale (arrêté du 6 novembre 1974, *J. O.* du 27 décembre 1974). Environ 3 700 praticiennes exerçaient dans ce secteur au 1er janvier 1974, possédant les diplômes antérieurs, en particulier, le monitorat d'enseignement ménager, institué en 1943 et modifié à diverses reprises.

En pleine mutation, écartelée entre des intentions militantes, populistes, et l'adhésion des agents aux valeurs culturelles de leur classe d'origine, l'économie familiale et sociale porte la marque de l'enseignement ménager dont elle est l'héritière, et plus précisément de la conception élaborée par les milieux catholiques à la fin du XIXe siècle. Elle se distinguait, par l'ambition de sa visée disciplinaire, de la conception pragmatique et limitée que l'école laïque avait inscrite à son programme.

Compris au début du siècle comme une entreprise de restauration du foyer visant à inculquer aux prolétaires une discipline de vie, l'enseignement ménager pensé par des femmes de la classe aisée a formé essentiellement à l'origine des femmes des classes moyennes [6], afin qu'elles aillent éduquer les femmes de la classe ouvrière dont l' « incompétence », la « négligence », l' « ignorance », le « laisser-aller » étaient incriminés comme la

6. « A la classe moyenne, l'enseignement ménager annonçait un nouveau débouché pour ses membres féminins », Comtesse R. de Diesbach, *Enseignement ménager, op. cit.*, p. 24.

vraie source de la misère des ouvriers et donc de leurs revendications. Tous les savoirs pratiques (tenir ses comptes, balayer, préparer un repas...) devaient être des occasions d'inculquer la nécessité d'ordonner tous les actes de la vie quotidienne. Jusqu'en 1914, les écrits mettent surtout en valeur les succès remportés dans la formation des éducatrices. Après la guerre, on se préoccupe moins de ces intermédiaires que du public d'ouvrières lui-même. L'implantation de cet enseignement dans le cadre de l'usine lui assure un réel essor ; l'initiative prise par un comité d'industriels du Nord s'étend rapidement au Pas-de-Calais, à la Meurthe-et-Moselle, la Moselle, la Marne, la Haute-Marne, la Loire, l'Isère, l'Aveyron. Les industriels assurent les locaux, la sélection des élèves parmi les ouvrières de 18 à 30 ans et les ressources nécessaires à ces centres qu'administre le *Mouvement familial ménager.* L'enseignement est conçu comme une « rééducation de la machine humaine » visant à développer le sens du travail, de l'ordre, de « l'effort jusqu'au bout », « habitude à acquérir d'autant plus fortement qu'elles [les ouvrières] devront le transporter ensuite du cadre familial à l'usine [7] ». Il se préoccupe autant du redressement de la moralité que de la rectification des « préjugés » (sur les salaires, sur la cherté de la vie, sur les patrons), les matières enseignées n'étant que des supports de cette « éducation sociale ». Dans les mêmes années, les caisses de compensation — issues d'initiatives de patrons catholiques, passionnément attachés à la natalité et au statut de la femme au foyer — développent les cours pour les filles du milieu ouvrier ; plus de cent vingt centres fonctionnaient en 1937 [8]. Le gouvernement de Vichy renforça ce mouvement. Bien plus qu'un souci de donner aux femmes les moyens de tirer profit de tout dans un contexte de pénurie — ce qui est une rationalisation fréquemment avancée —, cet enseignement devait contribuer à façonner une femme mère et ménagère, fondement de l'ordre nouveau, comme en témoignent dans le même temps un ensemble de mesures, dont la réforme du programme des écoles primaires de filles en août 1941. L'enseignement ménager fut rendu obligatoire par une loi de mars 1942 et, l'année suivante, un monitorat institué.

7. Cf. Mlle de Robien, « L'enseignement ménager », in *Cahiers du redressement français,* n° 20, 1927, p. 80.
8. S. Cordelier, *op. cit.,* p. 96-97.

Le monitorat a longtemps servi à enseigner dans des écoles ménagères ou des classes spécialisées : des filles de familles modestes, jugées « pas douées », y recevaient un enseignement dont les bases traditionnelles (cuisine, couture, puériculture, économie familiale) avaient été peu à peu complétées par des matières plus modernes : éléments de décoration, diététique, esthétique et psychologie. Cet enseignement a connu depuis la fin des années 1950 un déclin presque complet et il ne reste que 80 monitrices enseignantes environ. Ayant perdu le public scolaire, les conseillères s'intègrent désormais à des équipes de travailleurs sociaux et visent un public adulte. L'objectif qui leur a été tracé est immense : aider les populations « à résoudre les problèmes de la vie quotidienne ». Elles doivent informer, conseiller les familles en matière de budget, d'aménagement du cadre de vie, « mais aussi pour tout ce qui concerne l'insertion sociale [9] ». De son côté, la profession a un projet social sur l'homme, projet qui « se fonde à la fois sur une certaine philosophie humaniste et personnaliste et sur différentes techniques empruntées à la psychosociologie (la non-directivité, la dynamique de groupe, les techniques d'entretien [10]...) ». Si la conseillère reconnaît devoir se situer dans le concret, « répondre à toutes les préoccupations d'une mère de famille et d'une maîtresse de maison », l'important à ses yeux, ce qui rend son effort comparable à ceux « du service social, de la médecine, de l'action éducative et de l'animation socio-culturelle [11], c'est le but commun : « la liberté et l'épanouissement des personnes ». Elle se propose d'y concourir en « facilitant » la prise de conscience, l'expression des besoins, la mise en communication des personnes. A partir de l'homme *rendu* libre, actif, responsable, une nouvelle sociabilité doit se dessiner, dans le quartier puis dans la cité.

Quelle est, face aux objectifs qu'elles se donnent, la réalité de l'action des conseillères ? La plupart travaillent dans des services d'action familiale générale comme les

9. Ministère de la santé publique et secrétariat d'Etat, *Enfance et adolescence en danger,* Paris, La Documentation française, 1973, p. 74.

10. F. Marquart, *L'action sociale et l'économie sociale familiale,* Paris, C.N.A.F., 1974, p. 134.

11. « La conseillère en économie familiale et sociale », *Techniques d'actions sociales,* n° 17, mars 1975, p. 21.

centres sociaux, une petite partie seulement intervient dans des services spécialisés comme les hôtels maternels ou les services pour travailleurs étrangers, par exemple.

> Les centres sociaux sont définis comme des « lieux de rassemblement de la population d'un quartier [qui] s'efforcent d'assurer, dans un esprit de solidarité et un souci de promotion, son mieux-être physique et moral et l'adaptation des nouveaux venus, en mettant à cet effet à leur disposition un certain nombre de services et d'activités sociales, médico-sociales, éducatives et de loisirs [12] ». Ils sont les héritiers directs des colonies sociales ou maisons sociales ; leur activité, ralentie pendant un temps, n'avait jamais complètement cessé [13], mais c'est après la construction des premiers grands ensembles et en raison des vives critiques qu'ils ont soulevées que le gouvernement s'est intéressé à cette formule et lui a redonné vie (deux circulaires en 1961). Il existe environ cinq cents centres, implantés généralement dans les grands ensembles ; deux cents d'entre eux sont gérés par la Mutualité sociale agricole, l'Association pour le logement familial et l'animation des grands ensembles, la Croix-Rouge, etc.

Naguère, les monitrices, mêmes sorties de l'école, travaillant dans une entreprise ou une institution à vocation charitable, se définissaient comme des enseignantes ; elles s'adressaient à un public très modeste à qui elles apprenaient la couture, le raccommodage, etc., activités qui gardent tout leur sens dans des milieux définis par la nécessité. Changeant de lieux d'intervention et de public, les professionnelles nouvelle manière mettent en œuvre de nouveaux « comportements pédagogiques » (la non-directivité, l'animation, la participation) et, abandonnant les anciennes tâches dévalorisées, proposent des activités qui vont du bricolage artistique à l'information scientifique ; elles enseignent à leur clientèle la rationalisation des choix et des conduites de la vie quotidienne, mais aussi le goût, l'art de la maison, promesse de tout un mode de vie.

---

12. *Le secrétariat d'Etat à l'action sociale et à la réadaptation,* 1968-1972, Paris, La Documentation française, 1972, p. 20.

13. Cf. M.-J. Bassot, M. Diémer, « Les centres sociaux », *Cahiers du redressement français,* n° 20, (1927), p. 1-70 ; A. de Gourlet, *Cinquante ans de service social,* Paris, Editions Sociales Françaises, 1947, p. 75 sq.

On voit tout de suite que ces activités théoriquement ouvertes à tous et devant assurer brassage, communication, solidarité et épanouissement, ne peuvent que faire surgir des conflits entre des catégories sociales dont l'action sociale nie la réalité, tout en s'efforçant sans répit de les « réconcilier ». Activités artisanales (émaux, vannerie, peinture sur soie, etc.), vulgarisation scientifique, rencontres, éloignent la « clientèle » la plus populaire — femmes d'O. S. et de manœuvres qui souhaiteraient des activités utiles, rentables. Celle-ci est en outre inhibée dans une rencontre à armes inégales, quand elle n'est pas directement écartée par les manifestations de mépris, inconscientes et conscientes, des femmes de milieux aisés.

> François Marquart rapporte que des conseillères lui ont parlé « à plusieurs reprises » de situations au cours desquelles des militantes de milieu populaire « ont éclaté en sanglots, faute de pouvoir s'exprimer au cours d'activités qui regroupaient une majorité de femmes de catégories plus aisées [14] ».
>
> La directrice d'un centre social rapporte : « Un jour, une femme d'ingénieur, qui fait des cours de français à des femmes étrangères (...), répond à une monitrice qui lui demande si elle a passé un bon week-end : "Ah, ne m'en parlez pas. Je suis éreintée. J'ai reçu toute ma famille pendant ces deux jours. Et vous savez maintenant on ne peut plus compter sur les domestiques le dimanche" (...). Cela a jeté un froid [15]. »
>
> « De quoi elles parlent, ces femmes ? Elles parlent de leur électricité qui a augmenté, de leurs enfants qui ont eu les oreillons, et puis des trucs comme ça, ça reste là. Autrement, non, on ne discute pas, il n'y a pas de grand sujet. » « J'aime beaucoup les meubles anciens ; au centre social, si on parle de meubles anciens, on entend tout de suite : "Ce n'est que les riches qui peuvent se payer ça" (...). De ce côté-là, au centre social, je suis un peu déçue [16]. »

---

14. F. Marquart, *L'action sociale et l'économie sociale..., op. cit.*, p. 240.
15. L. Mesdaght, « La création d'une agglomération », *Rencontre* (revue publiée par le Mouvement chrétien des professions sociales), hiver 1973, n° 8, p. 16.
16. F. Marquart, *op. cit..*, p. 208 (entretiens de femmes de cadres moyens).

Le décalage entre la conseillère et les classes populaires, s'exprime tout autant que dans le contenu des activités [17], dans les valeurs qu'elle impose — de manière non directive... Ainsi les notions sans cesse mises en avant de responsabilité, prise en charge, épanouissement par l'autonomie, n'ont guère de sens aux yeux d'une population dont toute l'existence a été marquée par la dépossession et la dépendance.

> La directrice du centre social d'une ville ouvrière de province dit : « Je pense à un club de personnes âgées, qu'on a poussé à partir parce que je pensais que ça risquait de tourner trop au style chauffoir et on n'arrivait pas à ce qu'elles se prennent en charge (...). On n'arrivait pas à faire déboucher ça sur une réelle prise en charge du groupe par lui-même, parce que c'est comme ça que je conçois les activités [18]. »

Le public « modeste » évite alors les « dames », dont l'appartenance est aisément repérée, et se tient à l'écart du centre social et de ses agents, perçus comme représentants de la loi, toujours enclins à contrôler ou à juger.

A la recherche du « peuple ». « L'action éducative budgétaire ». — L'affinité entre les conseillères et leur public de classe moyenne inspire à une partie d'entre elles, en raison de leur origine chrétienne, et dans bien des cas, militante, des doutes, voire des remords. Pour beaucoup, il s'agissait d'aller au peuple, un « peuple » caractérisé par ses besoins, le fait qu'il est démuni : c'est toute une conception catholique traditionaliste qui se manifeste dans ce tableau de l'organisation sociale, définie comme la hiérarchie statique des possessions plutôt que par l'affrontement dynamique des classes. C'est dans ce populisme frustré qu'il faut sans doute chercher l'origine de certaines tentatives comme l'invention, depuis une dizaine d'années,

17. François Marquart cite cet extrait d'un mémoire récent dont le thème était l'approche des catégories sociales « les moins favorisées » : « Le coin repos, près de la baie vitrée : un bouquet de fleurs dans une vieille théière, un cendrier sur la malle juponnée, la revue posée à côté sur la rabane animent tout de suite le coin repos éclairé par le vieux bougeoir. Cette réalisation est à la portée de tous », *op. cit.*, p. 230.

18. Interview de directrice de centre social, province, novembre 1974.

d'une spécialisation de conseillère en *action éducative budgétaire* [19] : il s'agit d'exercer une action officieuse auprès de familles non encore en tutelle, ou trop dépourvues de ressources pour qu'une mesure légale de tutelle soit mise en œuvre. Cette intervention, qui pourrait être peu valorisante du fait des caractéristiques de la « clientèle », s'efforce de récupérer un certain statut en jouant la technicité. On pourrait s'attendre à ce que celle-ci soit économique — par exemple, élaboration et diffusion d'une pédagogie économique élémentaire, liaison avec les mouvements de consommateurs, etc. Or, comme dans les autres professions sociales, ce n'est pas de cette technicité dont il est besoin, parce que ce n'est pas aux données objectives du problème, c'est-à-dire aux conditions de reproduction de la force de travail qu'on s'attaquera, mais aux données subjectives : le mauvais ajustement des dépenses aux recettes, idéalement suffisantes, pris comme symptôme d'une inadaptation. Derrière l'usage permanent du sigle A. E. B., le recours au vocabulaire psychologique, voire psychanalytique, le ton « savant » pour évoquer les actes les plus prosaïques, l'A. E. B. aspire à définir une nouvelle carrière. Avec ses praticiens (la conseillère budgétaire) et ses super-praticiens formés à la psychosociologie (le superviseur, « tiers non engagé qui contrôle l'action [20] »), l'A. E. B. est décrite dans des termes (valorisation de l'équipe, recherche de l'adhésion des personnes, recours à la psychologie) qui renvoient à n'importe quelle présentation d'une branche du travail social.

> « Cette action vise à conduire progressivement la famille à assumer elle-même ses problèmes budgétaires par une aide psychologique et technique qui lui permette

19. Cf. « Spécial Action éducative budgétaire », *Techniques d'actions sociales,* n° 20, décembre 1975, 68 p.

20. C. Lemoine, « Le tiers analyste », « Spécial Action éducative budgétaire », *op. cit.,* p. 32. Ses différentes interventions marquent le souci de découper pour une discipline ambiguë, la psychosociologie, de nouveaux territoires. En marge des professions sociales, on voit s'imposer des psychosociologues, et plus rarement des sociologues, qui, forts de titres universitaires qu'ils n'ont pu, le plus souvent, faire valoir dans le champ universitaire, se trouvent une fonction de théoricien et d'animateur à la fois ; le psychosociologue aide à « échanger », il formule, synthétise, corrige, etc. Cette fonction se développe préférentiellement auprès des professions féminines.

> une meilleure utilisation de ses ressources humaines et financières, compte tenu de son mode de vie et de ses aspirations. Elle doit amener les familles à une meilleure insertion dans la société [21]. »

C'est à l'homme de se transformer, se rééduquer, pour s'insérer dans la société ; on parle de « ramener ses exigences matérielles au niveau de ses possibilités [22] ». Selon un psychosociologue jouant le rôle de superviseur, l'action doit être essentiellement *psycho-éducative* et non simple mise en œuvre de techniques budgétaires, comme les conseillères pourraient être tentées de le faire. Car ceci ne pourrait produire qu' « un refoulement du désir d'achat », rendant le client « inconscient de ses propres motivations. Il ne saura jamais qu'il y a en lui ce désir de paraître, de se valoriser aux yeux des autres [23] ».

Comme chez les assistantes sociales pour qui le chômage est lu comme une conduite d'échec ou d'auto-punition, et l' « inadaptation » comme une fixation à un stade primitif de développement, l'endettement ne s'analyse pas par rapport à des revenus, des charges, etc., mais d'abord comme un trouble chez l'endetté : soit qu'il veuille « paraître », soit qu'il nie la société, soit qu'il y ait un blocage en lui (on voit, une fois de plus, comment cette psychologie n'est qu'une forme à peine travestie de la morale conservatrice la plus ordinaire qui invite chacun à rester à sa place). Pour supprimer les dettes, c'est donc sur le sujet qu'il faut agir ; la conseillère budgétaire fera de l'action psychologique, les activités matérielles auxquelles elle pourra recourir n'étant qu'une médiation, « une perche tendue rassurante qui permet au client de s'exprimer [24] ».

Qu'elles s'orientent vers la diffusion des modes de vie pour classes moyennes ascendantes, ou qu'elles retournent au « peuple », les conseillères ont plus de points communs que de différences ; elles sont les unes et les autres en plein accord avec la fonction et l'idéologie des travailleurs sociaux. Comme dans toutes ces professions, l'exigence d'être reconnu comme des techniciens s'accompagne de la valorisation de la qualité de la personnalité, car « la tech-

---

21. *Ibid.*, p. 6.
22. *Ibid.*, p. 7.
23. *Ibid.*, p. 41.
24. *Ibid.*, p. 39.

nique n'est rien sans la relation [25] ». D'abord des techniciennes ou d'abord des relationnelles ? La question est sans cesse agitée. La « capacité de contact » est pour la conseillère ce que le « tempérament » est pour un animateur : une exigence de la pratique et une caractéristique innée de la personne. Les tâches matérielles (un cours de coupe ou de cuisine) sont une « médiation », un prétexte à ce qui est à la fois une qualité personnelle de la praticienne et une définition de sa fonction : « savoir être à l'écoute ». Elles ont aussi en commun avec plusieurs autres professions une rhétorique personnaliste — rencontrer la personne, c'est vouloir la libérer —, contrastant particulièrement ici avec le caractère limité, matériel et prosaïque des interventions ; ensuite, l'utilisation de « techniques de groupe » qu'elles connaissent mal et dont elles accentuent le caractère manipulatoire, et le recours au langage psychologique, c'est-à-dire ce langage qui permet actuellement à l'ensemble des professions sociales d'éliminer, par simple effet de traduction, les conditions matérielles de la « clientèle ».

Les modalités d'intervention de la conseillère, l'évolution de la profession, illustrent bien une caractéristique générale des professions sociales, à savoir l'autonomie relativement importante laissée aux agents pour définir et remplir des missions dont l'utilité immédiate n'est pas toujours manifeste aux yeux des instances mandatrices. C'est parce qu'elles peuvent se croire au service du seul « client » que, en l'absence de directives officielles, s'appuyant sur les besoins supposés de ce « client » et guidées par leur habitus (ici, le souci d'aller au peuple), les conseillères peuvent inventer une spécialité aussi utile que l'action éducative budgétaire qui permet à la fois d'étendre l'encadrement des dominés et de promouvoir la profession.

La puéricultrice.

Présentée comme une « infirmière hautement spécialisée en pédiatrie et en puériculture [26] », la puéricultrice n'est

25. « La conseillère en économie familiale », *Jonction,* n° 10, janv.-févr. 1975, p. 33-38.
26. Annexe, non parue au *Journal officiel,* à l'arrêté du 12 novembre 1969.

généralement pas reconnue comme travailleur social. Le *Code de la santé publique* la classe parmi les professions paramédicales — définies comme professions de santé autres que médicales [27] —, amalgamant sous cette rubrique des professions dont les interventions sont strictement matérielles et limitées (pédicure ou laborantin d'analyses médicales) à d'autres qui, comme celle d'assistante sociale, exercent une action globale à visée éducative. En fait, si la puéricultrice est conduite à accomplir des actes matériels, elle ne borne pas là son rôle : agent de la Protection maternelle et infantile (P. M. I.), par exemple, elle vise explicitement non seulement la « santé totale » de l'enfant, et la relation mère-enfant, mais « tout le groupe familial [28] ». En outre, le fait que les travailleurs sociaux ne la reconnaissent pas comme une des leurs — arguant qu'elle n' « a pas la responsabilité personnelle de l'acte social », qu'elle ne fait pas « la synthèse ou le diagnostic pour instituer un traitement [29] » — traduit seulement les illusions qu'ils entretiennent sur leur pratique et leurs responsabilités. Enfin, la couverture technique réelle, bien plus importante que celle de l'assistante sociale ou de l'éducateur spécialisé par exemple, ne suffit pas à la faire mettre à part ; le rapport intervention technique/action idéologique varie, on le verra, selon les professions, sans que cesse d'être remplie la fonction d'encadrement.

Les conditions historiques d'apparition et de constitution de la puériculture suffiraient d'ailleurs à justifier son insertion dans le même champ que l'assistance sociale dont elle est contemporaine [30]. Comme elle, elle fait partie de ce faisceau d'entreprises, que seul le recul peut faire croire naïves, par lesquelles la classe dominante s'est efforcée, à la fin du XIXe siècle, d'encadrer la classe ouvrière, à la fois pour la contrôler politiquement et pour en accroître le rendement. A sa naissance, la puériculture doit servir à amé-

27. Cf. le décret n° 73-901 du 14 septembre 1973 créant un conseil supérieur des professions paramédicales, *J. O.* du 20 septembre.

28. « Les puéricultrices à domicile », *Cahiers de la puéricultrice,* n° spécial, septembre 1972.

29. S. Crapuchet, Avant-propos à *Sciences de l'homme et professions sociales,* Toulouse, Privat, 1974, p. 16.

30. Sur les débuts de la puériculture, cf. L. Boltanski, *Prime éducation et morale de classe,* Paris-La Haye, Mouton, 1969, 152 p., Cahiers du Centre de sociologie européenne, n° 5.

liorer la qualité de la main-d'œuvre qui, la classe dirigeante en prend conscience, avait été trop gaspillée dans les débuts de l'industrialisation. On s'attaque en même temps à la mortalité infantile, à la protection des enfants au travail, à la réglementation du travail des femmes. Si, dans les années 1880, les moralistes bourgeois s'inquiètent de ces aspects, ce n'est pas pour des raisons morales — leurs prédécesseurs des années 1840 ne voyaient aucun obstacle « moral » au travail des femmes et des enfants —, mais parce que quelques décennies plus tard « le taux de la mortalité infantile dans les départements manufacturiers, le chiffre élevé des malformations constatées lors des conseils de révision montrent la nécessité d'une politique d'économie de la main-d'œuvre [31] ». Que l'amélioration de l'hygiène, la diffusion de certaines connaissances aient profité également aux classes populaires n'est pas contestable, mais n'est nullement la raison d'être du développement de la puériculture qui, en même temps qu'une action sanitaire, est une action idéologique.

Le diplôme d'Etat de puéricultrice a été institué par le décret n° 47-1544 du 13 août 1947 (*J. O.* du 20 août et rectificatif du 25 septembre 1947) ; modifié à plusieurs reprises, il est actuellement réglementé par un arrêté du 12 novembre 1969 (*J. O.* du 16 novembre). Six mille praticiennes exerçaient en 1976 dans des cadres extrêmement divers. Si les puéricultrices des services de pédiatrie ou des pouponnières s'intègrent au champ médical, on voit que d'autres présentent les caractéristiques propres aux travailleurs sociaux : c'est en particulier le cas des agents de la P. M. I., qu'il s'agisse des puéricultrices intervenant dans l'encadrement des familles gardiennes d'enfants (« crèches familiales » réglementées par l'arrêté du 22 octobre 1971) ou de celles qui assurent les visites à domicile des nouveau-nés (décret du 19 juillet 1962 sur la P. M. I.).

La P. M. I. qui a été organisée par une ordonnance du 2 novembre 1945 était d'abord confiée aux assistantes sociales. C'est seulement dans un décret de juillet 1962 que le rôle des puéricultrices a été mentionné ; encore ne comporte-t-il aucun caractère d'obligation : « La sur-

31. M. Guilbert, *Les fonctions des femmes dans l'industrie,* Paris, Mouton, 1966, p. 55.

veillance sanitaire à domicile peut être renforcée par l'intervention, en liaison avec le service social, des puéricultrices diplômées d'Etat. » Cette absence de précision du législateur permet tous les conflits de compétence, les redéfinitions incessantes des tâches, l'opposition classique entre le détenteur de la synthèse et le simple spécialiste. Selon l'assistante sociale, la puériculture est un savoir pratico-technique limité :

> « La puéricultrice sait beaucoup plus de choses que moi sur les problèmes de biberons, d'éveil de l'enfant, etc., et c'est capital, mais, au niveau des problèmes psychosociaux à l'intérieur du couple, de la famille, elle n'a pas été formée pour [32]. »

Une telle conception — conforme en fait à la formation des puéricultrices qui ne suivent que vingt heures de psychologie au cours d'un enseignement théorique de deux cents heures — méconnaît l'évolution qui parcourt la profession dont une partie s'efforce de promouvoir une action psychologique et préventive, au détriment de ses dimensions habituelles, sanitaire et curative ; là comme dans les autres professions du travail social, le recours à la psychologie doit fournir les moyens d'une promotion, et la prévention permettre l'expansion. Alors que les tentatives de conversion de la conseillère en économie familiale vont de soi, celles de la puéricultrice n'ont aucun caractère de nécessité. En effet, s'il y a eu recul de la mortalité et de la morbidité infantiles, la situation de la France reste suffisamment médiocre (au sixième rang des onze nations occidentales en ce qui concerne le taux de mortalité) pour que les puéricultrices n'aient pas besoin de rechercher des tâches de substitution. Elles poursuivent en effet une amélioration de leur statut, et non une justification.

Les transformations — proposées plutôt que réellement mises en œuvre — visent à la fois la définition d'une nouvelle cible, « la fonction maternelle » et d'un nouvel objectif, « la santé totale », l'élargissement de la base sociale de la « clientèle », enfin la multiplication des occasions d'intervention par désignation de moments clés du

32. Assistante sociale, banlieue parisienne, entretien d'octobre 1974.

développement psycho-moteur. Quelques postulats simples : « On sait la gravité pour l'avenir de l'enfant de la relation mère-enfant » ou « Le développement du petit enfant est indissociable de la bonne insertion sociale du couple parental », permettent d'envisager une extension illimitée du champ d'investigation des praticiennes.

> Un rapport établi à la demande de l'Union nationale des caisses d'allocations familiales montre que les visiteuses doivent s'intéresser à des questions comme : « Les parents ont-ils de bonnes relations de voisinage ou se sentent-ils isolés ? », « Font-ils partie de groupements de loisirs ou autres qui les occupent de façon constructive, ou au contraire qui les accaparent exagérément en les détournant l'un ou/et l'autre de leur foyer ? » et doivent aussi être capables de se faire une opinion sur la « qualité de l'union du couple » et « les liens intrafamiliaux [33] ».

Si elle s'accorde bien une compétence particulière dans la connaissance du nourrisson, la puéricultrice s'attribue également un rôle fondamental auprès de la mère : « un "soutien" à la mère, qui se tient auprès d'elle dans les soins de l'enfant, "l'accompagne" dans sa fonction maternelle pendant le temps où elle le désire et, ce, dans une perspective éducative [34] ». Magnifiant et compliquant la « fonction maternelle », elle veut aider la nouvelle mère à surmonter son « angoisse » et à établir de bonnes relations avec son enfant au cours d'une phase jugée décisive. L'écoute est encore mise en avant comme une qualité de la praticienne et l'élément central de la thérapie.

> « Mme Charles raconte : "Au début, je n'aimais pas ma fille, je lui faisais tout parce qu'il fallait le faire, je n'ai rien dit (...), je n'avais pas l'amour maternel (...). Je dis à Mme Charles que ce qu'elle a ressenti était fréquent mais que peu de femmes osaient le dire." La puéricultrice, par son attitude de tolérance à l'égard de

33. Rapport des travaux d'un groupe d'étude pluridisciplinaire sur le service social de la P. M. I., extraits in *Cahiers de la puéricultrice,* 1969, n° spécial, p. 25-60.

34. Direction départementale de l'action sanitaire et sociale du Val-de-Marne, *Les puéricultrices à domicile*, expérience de deux années de fonctionnement, 1970-72, ronéo, p. 11.

> Mme Charles (...), lui a permis de dire ce qu'elle ressentait et d'exprimer son désarroi, ce qui l'a sans doute libérée d'un grand poids[35]. »

La puéricultrice qui se consacrait naguère à la survie du nouveau-né a aujourd'hui un dessein plus ambitieux : « l'amener à mieux vivre en tant qu'individu équilibré sur le plan physique, psychique et intellectuel[36] » ; elle insiste sur la nécessité d'un dépistage auprès de toutes les catégories sociales, car le risque d'inadaptation « n'épargne aucun milieu familial, quel que soit son niveau de vie ». Cet objectif est conforme à l'esprit de l'ordonnance de 1945 ; c'est seulement le décret de juillet 1962 qui a précisé des catégories d'enfants sur lesquels la surveillance doit porter plus particulièrement, en raison des risques auxquels ils seraient exposés du fait de leurs conditions de vie, et un groupe de travail a récemment défini des catégories prioritaires :

> 1. Déjà connues des services sociaux, 2. prioritaires pour raisons sociales (mères non mariées, femmes d'immigrants, conditions de logement « défavorables », appartenance à des catégories socio-professionnelles « particulièrement défavorisées » ou professions spéciales des femmes, 3. raisons médicales[37].

Dans les faits, l'intervention des agents de la P. M. I. est, de toute façon, refusée par les catégories aisées et moyennes :

> « Systématiquement, quand on reçoit un avis de naissance, l'assistante de secteur envoie une lettre (...). En général, les familles genre instituteur, commerçant ou petit ingénieur, répondent : "Je n'ai pas besoin de vous, j'ai mon pédiatre et allez vous faire..."[38] »

L'étude de la D. D. A. S. S. du Val-de-Marne fait apparaître que, dans 86 % des familles visitées, le père était ouvrier ou employé, 23 % des mères étaient de nationalité

35. *Ibid.*, p. 35.
36. *Ibid.*, p. 83.
37. Rapport des travaux d'un groupe d'étude..., *op. cit.*
38. Assistante sociale, banlieue parisienne, entretien d'octobre 1974.

étrangère. Supportant la visite de la puéricultrice parce que c'est un service gratuit, ou parce qu'elles ne savent pas qu'elles peuvent la refuser, les familles populaires n'acceptent pas sans réticences, conflits et ressentiments cette action qui, portant sur la manière d'élever leurs enfants, leur paraît une disqualification particulièrement insupportable.

> Tout à fait significatif est un entretien rapporté par François Marquart, au cours duquel une femme de manœuvre qui n'utilise aucun des services du centre social justifie son abstention par le ressentiment qu'elle garde contre une assistante : « Elle me dit : comment, vous laissez votre enfant le derrière nu dans son lit ! Je dis : Ecoutez donc, je viens juste de la poser. Et puis, elle m'a envoyé deux ou trois petits trucs comme ça : Faut faire ci, faut faire ça. J'ai dit : C'est mon quatrième, vous savez, je sais comment élever mes enfants. Depuis, je n'ai jamais voulu avoir affaire à eux. C'est vieux, pourtant, ça va faire dix-huit ans de ça [39]. »

N'intervenant qu'à la naissance, la puéricultrice rappelle que ce n'est pas le seul moment difficile de la petite enfance, que d'autres, également décisifs pour l'avenir, laissent la famille désarmée et qu'il faut lui apporter une aide.

> « Le développement du jeune enfant traverse des étapes inévitables qui se traduisent, pour lui-même et son groupe familial, par des moments de crise (...). C'est alors que bien des parents sont désorientés (...). Si bien qu'on peut se demander s'il ne faudrait pas offrir aux parents un certain mode de "présence" qui leur apporterait un éclairage à quelques moments importants du développement psycho-moteur de leur enfant [40]. »

La puéricultrice se situe donc bien à l'intérieur du champ du travail social ; en effet, dans son exercice, elle privilégie le contenu éducatif par rapport au contenu technique, elle choisit de fonder le développement de son activité sur une justification psycho-psychanalytique plutôt que sur des considérations sanitaires, elle s'efforce d'assurer son statut grâce au dépistage et à la prévention d'hypothétiques « ris-

39. F. Marquart, *L'action sociale et l'économie..., op. cit.*, p. 227.
40. D. D. A. S. S. du Val-de-Marne, *Les puéricultrices à domicile, op. cit.*, p. 87.

ques d'inadaptation » plutôt que sur la réponse à des besoins concrets et repérables. Ce cas limite illustre bien le primat de l'action psychologisante sur l'aide concrète, la priorité donnée à l'encadrement préventif qui caractérise le travail social.

La travailleuse familiale.

« La travailleuse familiale est un travailleur social qui assure à domicile des activités ménagères et familiales (...). La travailleuse familiale contribue à maintenir ou à rétablir l'équilibre dans les familles où elle intervient. Elle accomplit les diverses tâches ménagères qu'exige la vie quotidienne et assure la surveillance des enfants. A l'occasion de ces tâches concrètes, elle exerce une action d'ordre social, préventif et éducatif » (Article 1 du décret n° 74-146 du 15 février 1974 — *J. O.* du 25 février).

Profession issue elle aussi du bénévolat catholique, ayant été officialisée par l'institution en 1949 (décret n° 49-643 du 9 mai, *J. O.* du 10 mai) d'un certificat obligatoire pour exercer, la travailleuse familiale présente des caractéristiques particulières. Admise à part entière parmi les travailleurs sociaux, elle s'en distingue par l'origine et le statut : recrutée en milieu populaire, sans qu'aucun niveau scolaire soit exigé à l'entrée des écoles, ne recevant qu'une formation brève (quatre mois et demi de scolarité et des stages), cette profession n'a pas le statut de cadre moyen qui est celui des professions sociales, à l'exception de celles qui assurent effectivement (mais non exclusivement) des tâches matérielles.

Etant donné la nature des tâches dévolues aux travailleuses familiales, il n'en est que plus remarquable de voir que, alors que les textes officiels ne prévoyaient aucun « contrôle des motivations », une présélection est instituée par la plupart des organismes : un examen psychotechnique et un entretien avec un psychologue « permettent d'approfondir les dispositions personnelles et les motivations en fonction de la profession [41] ». Les

41. Ministère de la santé, *Les travailleuses familiales,* Paris, La Documentation française, 1975, p. 32.

aptitudes requises officiellement concernent l'état de santé, des connaissances spécialisées (en hygiène, puériculture, formation ménagère) et des « traits de personnalité » : maturité et sens social, qualités d'initiative et de dévouement [42]. Mais des documents semi-officiels demandent aussi d' « avoir de l'attrait et des aptitudes pour les relations avec autrui : relations sécurisantes, détendues, chaleureuses », « une grande capacité d'adaptation », « une motivation sociale éprouvée [43] ». C'est sans doute du côté du dynamisme des psychologues, dont le nombre a augmenté sans que soient définis des débouchés, qu'il faut chercher l'introduction d'une telle sélection.

Environ 6 300 professionnelles exerçaient en 1974. Les organismes qui les emploient sont soit des collectivités publiques, soit des institutions gérant un service public, soit des groupements privés ayant obtenu l'agrément du préfet ; ils sont soumis au contrôle permanent des directeurs de l'Action sanitaire et sociale. Les frais des services effectués par les travailleuses familiales auprès des familles sont pris en charge en grande partie par les caisses d'allocations familiales, et par les prestations des familles : depuis le 1er juillet 1970, celles-ci participent au prorata de leurs ressources au financement des heures de travail. Cette situation, exceptionnelle dans le travail social, n'est possible que parce que, à la différence de la quasi-totalité des autres professionnelles, ressenties plus ou moins confusément par les familles comme agents de contrôle, les travailleuses familiales fournissent une aide et que leur présence résulte d'un accord effectif des intéressés. C'est dans la plupart des cas à la demande d'une assistante sociale, et parfois d'un service d'action éducative en milieu ouvert, qu'une travailleuse familiale intervient. Elle prend en charge les « soins aux enfants, entretien de la maison, achats courants, préparation des repas familiaux, petits lavages de linge, repassage, raccommodage », mais ses activités « ne doivent pas s'étendre aux gros travaux tels que lessive familiale et frottage des

42. Ministère de la santé, direction de l'action sociale, sous-direction des professions sociales et du travail social, *Renseignements généraux sur les travailleuses familiales,* 1976, document ronéoté.

43. Ministère de la santé, *Les travailleuses..., op. cit.,* p. 31.

parquets sans appareils ménagers appropriés [44] ». Les travailleuses familiales travaillent comme des sortes de femmes de ménage des « pauvres » mais, contrairement à celles des « riches », elles disposent de l'autorité et sont dispensées des tâches pénibles. Comme il est évident, étant donné le bas niveau de formation et de rémunération et la nature des tâches, que la profession se recrute dans les classes populaires, on pourrait s'étonner qu'on ait pris soin de lui éviter certains travaux ; l'explication est sans doute à trouver dans l'origine de la profession.

> C'est en effet à partir d'un mouvement bénévole charitable, « L'Aide aux mères de famille », fondée en 1920 par Mme Viollet, que cette fonction particulière s'est dessinée. Mme Viollet est une des fondatrices de l'Ecole des surintendantes d'usine, femme aux activités sociales multiples, belle-sœur de l'abbé Jean Viollet, qui a créé des œuvres tout au long de sa vie, un de ses axes essentiels d'intervention étant la défense de la famille nombreuse. L'une et l'autre étaient préoccupés d'aider la famille nombreuse ouvrière et d'encourager la natalité. L'aide prenait la forme non d'un secours financier mais d'un appui à la mère de famille, secondée dans ses tâches ou remplacée en cas de maladie ou d'accouchement. En même temps, ces volontaires veillaient à décourager, par des leçons et pressions, le malthusianisme qui était reproché aux milieux populaires. Les aides se recrutaient dans des milieux catholiques, sans aucun doute moins élevés que celui de la fondatrice, mais appartenant aux classes moyennes, et l'on ne pouvait en attendre que des tâches jugées ni trop dégradantes ni trop dures. De son origine, la profession garde ce privilège, qui lui vaut en retour d'être critiquée par ses « usagères ».

Bien que beaucoup moins ambitieuses que les autres professions sociales — la « modestie » est, selon une représentante de la profession, indispensable à toute aspirante à ce métier, avec le « bon sens », qualité non moins modeste [45] —, les travailleuses familiales refuseraient vive-

44. Ministère de la santé, *Renseignements généraux..., op. cit.*
45. C. Taisne (Fédération nationale des Associations populaires de l'aide familiale), « La profession de travailleuse familiale », in *Sciences de l'homme et professions sociales, op. cit.*, p. 321.

ment d'être présentées comme des femmes de ménage pour « pauvres », aspirant elles aussi à se voir reconnaître leur fonction « d'ordre social, éducatif et psychologique » ; conformément à l'esprit du travail social, elles déclarent qu'il faut « faire avec » et non « à la place de ». Mais, dans la réalité, elles semblent avoir quelques difficultés pour assumer ce rôle éducatif qui exige l'adhésion à des valeurs qui ne sont pas celles de leur milieu d'origine et que leur brève formation n'est pas parvenue à leur inculquer.

On remarquera que l'intention pédagogique qui était celle de l'assistance sociale ou de l'enseignement ménager à leurs débuts est actuellement conservée par les professions subalternes, les moins « adaptables », les moins perméables aux développements des connaissances psycho-psychanalytiques, tandis que les professions en pleine évolution parlent de moins en moins d'éducation de la personne, mais plutôt de sa « libération », de son « épanouissement ». Les autres travailleurs sociaux jugent le plus généralement que le rôle éducatif n'est pas rempli.

> « Elles font le travail de la mère qui pendant ce temps jacasse, fume, va chez la voisine. Ce n'est pas secourir et c'est un mauvais exemple. Il faudrait plutôt obliger la mère à faire son travail, il faudrait le lui faire faire [46]. »

Faire « à la place » en croyant aider, c'est encourager le vice (jacasser, fumer, aller chez la voisine, « boire chez les autres », etc.) ; ce qu'il faut, c'est « la démonstration d'éducation ». « Le rôle de la travailleuse familiale est de dégrossir, de se faire accepter pour faire la même chose ensemble ; (...) on passe après à l'organisation du temps, puis à l'organisation budgétaire [47]. » Une formation à l'entretien ainsi que des éléments de psychologie sont jugés nécessaires par les autres professions pour sortir la travailleuse familiale d'un rôle dépassé. Celle-ci est donc dans une situation difficile : elle déçoit les familles parce qu'elle ne fait qu'une partie de leurs tâches :

---

46. Propos cités in G. Duchatelet, *Action sociale et familles socialement handicapées,* Paris, C.N.A.F., 1972, p. 479.
47. *Ibid.,* p. 479.

« C'était pratique mais pas très utile, parce qu'il restait le lavage et le gros nettoyage de la maison. »

« Elle était très gentille avec les enfants mais çe ne faisait pas mon travail[48]. »

... et elle mécontente les professions mieux établies qui, au nom d'une conception moderne de l'action sociale, méprisent toute une forme d'aide dont « la » psychologie leur a appris qu'elle est nocive.

Accomplissant des tâches matérielles utiles, répondant en grande partie à des besoins repérables, la travailleuse familiale ne parvient pas à imposer réellement la reconnaissance de son rôle ni son extension. Tout se passe comme si l'action sociale, en dépit du discours officiel, se désintéressait de l'aide, développant prioritairement les professions exerçant un encadrement idéologique, ou bien celles qui, en raison de l'origine sociale de leurs membres, sont capables d'imposer leur « nécessité », alors même que le service qu'elles rendent n'est pas évident (c'est le cas de l'éducatrice de jeunes enfants). Faiblement efficace pour assurer le contrôle des dominés et dépourvue d'armes dans les luttes corporatives, la profession de travailleuse familiale est en stagnation.

L'éducateur de jeunes enfants ou jardinière d'enfants.

« La jardinière d'enfants est une éducatrice dont le rôle spécifique est de favoriser le développement et l'épanouissement des enfants de dix-huit mois à six ans lorsqu'ils se trouvent hors de leur famille pour un temps plus ou moins long. Elle le fait à partir de connaissances approfondies sur la psychologie des petits enfants (...). En les aidant à bien vivre leurs premières années, si déterminantes pour leur évolution, elle contribue à leur épanouissement et prévient certaines inadaptations physiques et psychiques[49]. »

Environ 7 500 praticiennes exerçaient en 1975. Remplaçant le diplôme privé de jardinière d'enfants, un diplôme

48. *Ibid.*, p. 523.

49. Ministère de la santé, direction de l'action sociale, circulaire n° 34 AS du 18 juin 1974, non parue au *Journal officiel*.

d'Etat d'éducateur de jeunes enfants a été institué en 1973 (décret n° 73-73 du 11 janvier, *J. O.* du 20 janvier) ; ce nouveau diplôme correspond à une adaptation de la profession, qui craignait d'être entraînée par le recul de la formule des jardins d'enfants : il y en a actuellement un peu moins de 600, représentant l'accueil de 25 700 enfants.

Les jardins d'enfants étaient apparus en France au tout début du siècle : ils se réclamaient des réalisations de Friedrich Fröbel en Allemagne, soixante ans plus tôt. Mais, si les jardins d'enfants français retiennent l'idée qu'il faut une éducation spéciale pour la première enfance et se réclament de méthodes actives, ils ont une orientation différente : l'entreprise de Fröbel, jugée subversive — irreligieuse et socialiste —, fut interdite dans plusieurs Etats allemands. En France, ce sont les milieux de l'assistance sociale qui ont organisé les premiers jardins d'enfants et ouvert, dès 1908, une école de jardinières, délivrant un brevet d'éducatrice [50].

L'adaptation était d'autant plus nécessaire que le « service » rendu par la jardinière d'enfants n'est pas clair, et les acquis récents de la profession sont tout particulièrement à interpréter en relation avec les stratégies de reconversion des fractions de classe d'où elle est issue. Sa légitimité est faible, aux yeux des pouvoirs publics comme à ceux des autres professions sociales. Si les chevauchements des « compétences », en fait des « clientèles », sont habituels dans le champ du travail social, ils ne sont jamais aussi marqués que dans ce cas.

La circulaire, précédemment citée, du ministre de la santé (18 juin 1974) donne idée de l'ampleur des difficultés : on apprend que non seulement des moniteurs-éducateurs, des auxiliaires de puériculture, mais même des travailleuses familiales occupent des places qui lui reviennent. La circulaire rappelle aussi qu'il n'y a pas d'assimilation à faire — signe que le cas s'est produit — avec l'institutrice d'école maternelle, puisqu'elle intervient « même en dehors des heures scolaires ».

---

50. Sur la naissance du mouvement français, cf. H. Rollet, *L'action sociale des catholiques en France,* 1871-1914, Paris, Desclée de Brouwer, 1958, t. II.

L'éducatrice de jeunes enfants s'impose donc difficilement comme travailleur social, même si elle en revendique, avec assurance, la qualité : « puisqu'elle n'agit que par la qualité de la relation qu'elle est capable d'établir avec l'enfant et sa famille[51] ». L'adaptation de la profession s'appuie explicitement sur les apports de la psychanalyse. Le programme comporte d'ailleurs l'étude, sous forme scolaire, du stade œdipien, de la liquidation de l'œdipe, etc. (annexes à l'arrêté interministériel du 11 janvier 1973 fixant les modalités de la formation). Se basant sur l'affirmation du caractère décisif des premières années de la vie et du rôle irremplaçable de la mère, la profession, se donnant « un authentique rôle de substitut maternel et même parental[52] » sans lequel toutes les inadaptations sont à redouter, déclare à la fois prévenir des déséquilibres, des troubles, et les dépister. Grâce à des connaissances en psychologie de l'enfant — que l'institutrice n'a pas —, l'éducatrice de jeunes enfants sera celle qui est le mieux à même d'aider chaque enfant à « structurer harmonieusement sa personnalité naissante, c'est-à-dire à "grandir", à conquérir son autonomie de vie pratique, à développer sa curiosité, ses intérêts, sa capacité d'effort, à établir au bout de tout cela des relations qui soient positives avec son entourage et à accepter les contraintes de la vie en société[53] ».

Ayant récemment obtenu la création d'un diplôme d'Etat, faisant l'objet d'une sélection psychologique soigneuse[54], accomplissant deux années d'études après le baccalauréat (ou un niveau équivalent), les éducatrices de jeunes enfants, dispersées dans une multiplicité d'établissements (scolaires, à caractère social, à caractère sanitaire, relevant de la P. M. I.), ayant une fonction mal définie, parviennent à conserver une position qui, pour être marginale, n'est cependant pas subalterne.

La conception de la prime enfance sous-jacente au mode d'action de ce secteur professionnel semble s'écarter de la

51. A. Nicolle, « La formation et la profession de jardinières d'enfants », in *Sciences de l'homme et professions sociales, op. cit.*, p. 292.
52. *Ibid.*, p. 300.
53. *Ibid.*, p. 292.
54. Cf. Ministère de la santé, *Notice relative à la profession des éducateurs de jeunes enfants,* 18 décembre 1974, ronéoté.

représentation dominante ; Jean-Claude Chamboredon et Jean Prévôt ont montré comment la diffusion des connaissances psychologiques a transformé la définition sociale de l'enfance « en faisant reculer vers les tout premiers âges le "bébé" comme objets de soins physiologiques et affectifs et en faisant commencer plus tôt la petite enfance comme période réclamant aussi des soins culturels et psychologiques [55] ». Or, il semble bien que, dans ce que les éducateurs de jeunes enfants considèrent indispensable aux moins de 6 ans, figurent les soins affectifs et psychologiques, mais que les soins culturels soient remis à plus tard. Convaincus de l'importance indépassable de cette période pour la constitution de la personnalité, les travailleurs sociaux en général, et ces éducateurs en particulier, mettent l'accent sur les risques de troubles de l'affectivité, de blocages psychologiques, et semblent s'intéresser peu à la formation de l'intelligence. L' « instruction » est en quelque sorte omise, ou franchement dépréciée dans certains secteurs. Ce qui est valorisé, c'est la création d'un « climat » éducatif, permettant à l'enfant de « s'épanouir » à travers des relations heureuses ; dans cette conception, l'individu est avant tout un être affectif dont le bonheur et le malheur semblent tenir à la qualité de son « dialogue émotionnel avec l'Autre ».

Cet écart entre la définition dominante de la prime enfance et celle qui est à l'œuvre dans ce secteur semble devoir s'expliquer par l'origine catholique de celui-ci. Le même écart se retrouve entre la conception implicite que l'enseignement a de l'adolescent et celle qu'en ont les éducateurs spécialisés ; si, dans ce cas, l'écart pouvait prétendre se justifier par la différence de nature entre les deux populations — l'une « normale », l'autre « en difficulté » —, il n'en est pas de même en ce qui concerne les moins de 6 ans, « normaux » dans les deux cas. L'origine de la divergence est donc à chercher, non dans les caractéristiques des populations prises en charge, mais dans celles des agents opérant dans les deux secteurs. La valorisation

55. J.-C. Chamboredon, J. Prévôt, « Le "métier d'enfant". Définition sociale de la prime enfance et fonctions différentielles de l'école maternelle », *Revue française de sociologie,* juillet-septembre 1973, XIV, 3, p. 312.

de l'être, l'affirmation de la prééminence de ses besoins affectifs et la dépréciation relative des catégories du savoir renvoient à l'anthropologie catholique qui, dans sa forme la plus moderniste (personnalisme chrétien et psychologie), revivifie les conceptions les plus traditionalistes du catholicisme [56].

Le délégué à la tutelle.

Les délégués permanents à la tutelle aux prestations sociales constituent une petite spécialisation d'environ 800 personnes [57] ; ils exécutent, pour le compte de personnes morales à but non lucratif, des mesures de tutelle, ordonnées par les juges d'enfants et les juges des tutelles, c'est-à-dire qu'ils gèrent, à la place des familles, leurs prestations, dont le magistrat, saisi le plus souvent à l'initiative d'un service social et s'appuyant sur une enquête sociale, a estimé qu'elles n'étaient pas utilisées « à bon escient ».

> Si la législation concernant le rôle de ces délégués est relativement récente, l'idée même du contrôle de l'usage des allocations est presque contemporaine de la loi du 11 mars 1932 qui les rend obligatoires. Dès 1939, un décret-loi (du 29 juillet) avait prévu la suspension des allocations familiales « quand les enfants sont élevés dans des conditions d'alimentation, de logement ou d'hygiène manifestement défectueuses », mais la tutelle, c'est-à-dire l'utilisation des allocations par un tiers censé en assurer un usage rationnel, a été instituée par le régime de Vichy (loi du 18 novembre 1942). Elle a été reprise dans une loi du 22 août 1946. Une loi du 18 octobre 1966 l'a élargie à l'ensemble des prestations sociales et à de nouvelles catégories d'individus ; elle

56. Cette hypothèse — une certaine dévalorisation de l'intelligence et de la culture renvoie à une longue tradition « anti-intellectualiste » des milieux catholiques d'où ces professionnels sont issus — se trouve confirmée par les réflexions de René Rémond, président depuis 1965 du Centre catholique des intellectuels français, inquiet pour l'avenir de l'Eglise des conséquences de « la tradition chrétienne de défiance à l'égard de l'activité intellectuelle ». Aimé Savard interroge René Rémond, *Vivre notre histoire,* Paris, Le Centurion, 1976, p. 114. Voir aussi p. 148-9 et 172 à 181.

57. En attendant la sortie du décret — en préparation en 1977 — sur la formation de ce personnel, la profession demeure mal définie.

> entend d'une part *protéger* les individus qui, « par leur état physique et mental, sont incapables de les utiliser à bon escient », d'autre part, *éduquer* les familles : « Le système mis en place est moins un système de sanctions à l'égard des parents défaillants qu'un dispositif ayant une portée éducative [58]. »

Les mesures de tutelle, d'abord très rares, ont augmenté après la promulgation de l'ordonnance sur la protection de l'enfance et de l'adolescence en danger (23 décembre 1958), mais elles continuent d'être peu fréquentes. En 1952, il y en avait environ un millier ; en 1962, il y en avait 10 128, en 1969, 15 021. Il y en a actuellement un peu plus de 35 000.

Mesures *nouvelles* prises par les juges des enfants [59]

en 1965 :	3 508	1968 :	4 282
1966 :	3 848	1969 :	5 244
1967 :	4 212	1970 :	5 937

De 1946 à 1950, les tutelles ont été assurées par des bénévoles, sur lesquels à peu près aucun contrôle n'était exercé ; des inconvénients sont très vite apparus, maladresses nées de la rencontre forcée entre les groupes et les classes. On s'est orienté alors vers la rémunération d'un personnel recruté essentiellement parmi les assistantes sociales et les monitrices d'enseignement ménager. La coexistence de tuteurs bénévoles et professionnels dure encore et c'est seulement depuis 1968 que le nombre des professionnels l'emporte sur celui des bénévoles [60].

Un décret de 1969 (n° 69-399 du 25 avril) définit le fonctionnement de la tutelle, c'est-à-dire les caractéristiques

58. Cf. A. Thévenet, *L'aide sociale aujourd'hui,* Paris, E. S. F., 1974, p. 271.

59. Sources : *Rapports annuels* de la Direction de l'éducation surveillée et, pour l'année 1970 : *Enfance et adolescence en danger, op. cit.,* p. 37.

60.

	Professionnels	Bénévoles
1965	598	805
1966	626	806
1967	630	701
1968	685	401
1969	600	360

chiffres extraits des *Rapports annuels* de la Direction de l'éducation surveillée.

des tuteurs [61] et celles des délégués à la tutelle, personnels spécialisés par l'intermédiaire desquels les tuteurs exercent leur mission : personnes de plus de 25 ans, jouissant de leurs droits civils et politiques, présentant toutes garanties de moralité et de compétence, l'une et l'autre étant seulement précisées par les termes : « que l'on est en droit d'exiger d'eux ». On n'a commencé à se préoccuper de leur formation qu'au début des années 1960 ; de brefs stages, assurés par l'Ecole nationale de la santé publique à Rennes, donnaient alors à ce personnel des éléments de psychologie, sociologie, législation sociale et méthode de gestion. Actuellement, la formation, qui dure quatre mois, inclut un stage pratique dans un organisme social (C. A. F., D. D. A. S. S., Caisse d'assurance maladie) et il est prévu de la compléter en permanence.

Caractéristiques de la population en tutelle et pratique des tuteurs. — Une étude menée par l'Union nationale des caisses d'allocations familiales en 1963-1964 sur un échantillon de familles en tutelle, fait apparaître les caractéristiques suivantes [62] :

— Classe ouvrière, toutes catégories : 89,8 %
— Manœuvres, O. S., ouvriers agricoles : 82,2 %
— Sans emploi : 5,2 %
— Illettrés complets : 9,8 % des hommes et 10,2 % des femmes (auxquels s'ajoute une frange sachant compter ou seulement lire).
— Niveau supérieur au certificat d'études primaires : 1,9 % des hommes et 0 % des femmes.
— Ayant de 1 à 3 enfants : 11,7 %
4 et 5 enfants : 25,3 %
6 à 9 enfants : 51,8 %
10 enfants et plus 11,2 %
— 34,7 % des familles avaient fait des achats à crédit 24,7 % avaient des dettes alimentaires.

61. Ce sont essentiellement les Unions départementales d'associations familiales (U. D. A. F.) dans 60 % des cas, puis les Associations de sauvegarde de l'enfance et de l'adolescence en danger.
62. Union nationale des C. A. F.-Ecole nationale de la santé publique. *Une étude sur les familles en tutelle aux allocations familiales,* 1963-64, 103 + 61 p., document ronéoté.

La loi prévoit qu'une tutelle pourra être instituée dans le cas où l'état des enfants (malnutrition, hygiène défectueuse, etc.) témoigne que les prestations sont détournées de leur destination, c'est-à-dire qu'elles ne sont pas utilisées dans l'intérêt des enfants. Dans les faits, les mesures ordonnées le sont majoritairement à l'instigation d'offices d'H. L. M., qui y voient le moyen de récupérer des loyers en retard. Cette pratique constitue un dévoiement de la loi, bien que des responsables assurent la trouver normale [63] ; en outre, ces dernières années, des mesures ont été prises à la demande de créanciers particuliers faisant intervenir un service social. Informée qu'une saisie menace une famille, l'assistante sociale pense devoir, bien que la demande des créanciers soit exorbitante, faire le signalement qui déclenche une mesure judiciaire afin de « sauver » la famille, la tutelle lui apparaissant, sans doute possible, comme une protection. Comment pourrait-elle en douter, d'ailleurs, quand elle voit des familles solliciter leur propre mise en tutelle ? C'était le cas par exemple d'une centaine de familles (sur 525) en tutelle dans un département de la couronne parisienne, en 1974. Une telle demande éclaire la complexité du rapport aux services sociaux : les familles pensent pouvoir s'en servir, les manœuvrer, en espérant, à tort, qu'il ne leur en coûtera rien. Ecrasée de dettes, menacée, une famille peut réclamer la caution que constitue la tutelle, sachant que les créanciers accepteront du tuteur ce qu'ils n'accepteraient jamais d'elle ; la tutelle arrête toutes les mesures en cours ou annoncées. Mais, ce que la famille n'avait pas prévu, c'est qu'elle n'a pas le pouvoir de faire lever une mesure qu'il avait été facile d'obtenir. Or la tutelle est toujours difficilement supportée et, le danger étant provisoirement écarté, la famille souhaite s'en débarrasser :

> « Ils vous disent, dites donc, après tout, c'est moi qui ai demandé ma tutelle, je vais demander qu'on me la supprime (...). On leur dit, vous avez vous-même

63. « Mais, si les enfants n'ont plus de toit et que l'allocation logement qui n'est donnée que quand il y a des enfants n'est même pas utilisée pour payer le loyer, on peut dire que, quand même, c'est détourné de son but. » Responsable d'un service de tutelle, région parisienne, entretien de novembre 1974.

demandé la tutelle, mais c'est pas vous qui pourrez la faire supprimer quand vous voudrez, ce sera d'un commun accord entre vous et nous, et pas à n'importe quel moment [64]. »

Il est évident que le « commun accord » au moment choisi par le tuteur est une fiction. Cette remarque témoigne bien de la cécité structurelle des travailleurs sociaux : l'adhésion d'un individu à la mesure qui le frappe (en langage indigène : dont il « bénéficie ») est posée comme règle absolue mais, dans la réalité, l'individu est convié à adhérer à des décisions prises sans, ou contre, son avis et dont on veut qu'il reconnaisse qu'elles sont les meilleures.

Les familles ressentent toujours les tuteurs comme des agents répressifs, qui gèrent les prestations selon des normes d'économie, de rationalité dépourvues de sens pour elles. La famille en tutelle subit des visites régulières dont le caractère de contrôle, quelles que soient les formes que le tuteur cherche à y mettre, est humiliant, pour chacun des membres du couple et pour l'un face à l'autre ; elle éprouve le sentiment pénible d'être stigmatisée (par exemple, convention écrite passée par le tuteur avec des commerçants, contacts recommandés par certains organismes de tutelle avec l'employeur, l'instituteur, les voisins...) et elle réagit d'autant plus à certaines privations qu'elles lui sont imposées dans des formes blessantes (par exemple, interdiction du vin, quantification de marchandises autorisées, etc.).

Toujours au nom de l'idéal éducatif du travail social qui demande la participation active des sujets, le tuteur ne se borne pas à un rôle de gestionnaire, il entend fournir des leçons : pédagogue, il pèse plus lourdement et plus insidieusement sur les familles que ne le ferait un simple comptable. L'efficacité des tuteurs est évidemment nulle, d'un point de vue « éducatif » : si une étude de la C. N. A. F. parle, sans s'y arrêter, d'une mesure de tutelle qui au bout de douze ans est jugée inefficace, c'est que ce constat a valeur générale [65]. Des tutelles peuvent être reconduites jusqu'à l'extinction des prestations, ce qui en

---

64. *Ibid.*
65. G. Gemahling, *Service social et familles socialement handicapées*, Paris, C.N.A.F., 1970, p. 79.

manifeste l'échec ; plus, elles provoquent souvent dans les familles des « dégradations » qui sont une manière de riposter à la dépossession.

Objectif déclaré et fonction de la tutelle. — Si la tutelle avait pour fonction d'apprendre à des familles « socio-culturellement démunies » à gérer leur argent de façon à éviter les dettes, l'échec général qu'elle rencontre devrait y faire renoncer. Mais, constatant cet échec, les tuteurs ne font pas l'hypothèse que ce n'était pas d'éducation que la famille avait besoin, ils concluent qu'elle est inéducable. Si les pouvoirs publics (législateurs, magistrats), la personne morale tutrice et les délégués ne sont pas affectés par l'insuccès de leur entreprise, c'est que celle-ci trouve ailleurs un rendement qui justifie les moyens engagés (en l'absence d'aide directe, les coûts de tutelle sont commensurables aux budgets familiaux gérés). Différente de l'effet que peut produire un système de dispositions automatiques (peine associée à une infraction), la tutelle, dans son arbitraire, permet d'imposer des mesures au besoin préventives [66], qui ont peu à voir avec l'objet proclamé de la mesure, mais beaucoup avec un projet politique : obtenir que les « pauvres » ne vivent pas au-dessus des moyens qui leur sont alloués, ce qui ne peut plus être imposé par la répression ouverte (prison pour dettes). La tutelle apparaît comme un moyen, pour les classes possédantes, de conjurer leur vieille hantise de l' « impatience » des pauvres, qui seraient avant tout de mauvais gestionnaires, irrationnels, imprévoyants et jouisseurs.

> « ... Le désir d'être comme le voisin, d'avoir de beaux rideaux brodés à ses fenêtres, d'avoir une voiture, d'avoir des enfants bien habillés, une télévision en couleurs, d'avoir un mobilier (...). Et puis, quand on a envie de quelque chose, on l'achète [67]. »

Cette indignation morale prend un accent particulier dans la tonalité d'ensemble donnée par le discours néo-

---

66. Par exemple, un office de H. L. M. peut subordonner l'octroi d'un logement à la mise en tutelle d'une famille sans que rien puisse être reproché à celle-ci, sinon la faiblesse de ses revenus.
67. Entretien cité en note 63.

libéral qui répète que, grâce à l'expansion — laquelle a permis de dépasser la lutte des classes —, les besoins de tous sont satisfaits. Les propos, estimant intempestifs des désirs tout à fait ordinaires, viennent rappeler l'essentiel du message : l'égalitarisme (sommaire) serait en fait catastrophique pour tous, ce qui veut dire que, pour « les plus défavorisés », l'entrée dans la société de consommation doit être différée. A ceux-ci, la tutelle vient rappeler qu'il faut savoir se borner, ajuster ses désirs à ses revenus, sur lesquels le travail social n'a pas à se prononcer. Il connaît bien cependant le problème des salaires insuffisants : sur les 525 familles en tutelle dont il a déjà été parlé, le service responsable avait dû demander une aide mensuelle de la D. D. A. S. S. pour 150 d'entre eux ; encore la responsable précisait-elle que le service refusait les familles trop endettées.

Avec des effectifs restreints et stagnants, une couverture technique extrêmement réduite, la profession de délégué à la tutelle n'en est pas moins paradigmatique dans le champ de l'assistance. Plus que dans toute autre intervention se manifeste ici l'indifférence aux déterminations socio-économiques, tandis qu'apparaissent l'inanité de la visée éducative et, quelles que soient les « intentions » des agents, le contenu de violence de l'intervention. C'est là en effet qu'on trouve l'écart le plus grand entre le but proclamé et l'effet obtenu, entre les moyens disponibles et le projet global. Pour les familles assujetties à la tutelle, typiquement pour celles dont « les chefs de famille sont (...) des travailleurs stables et réguliers » et où « pourtant les ressources familiales sont considérablement insuffisantes[68] », aucune technique comptable ne peut assurer une vie normale. Ce dont le tuteur doit faire la démonstration, c'est que, si la famille se refuse tout ce qui, étant donné les ressources dont elle dispose, est déclaré superflu pour elle — et donc irrationnalité, gaspillage, dilapidation, laisser-aller —, elle peut parfaitement (sur)-vivre. Sur le plan de la pédagogie économique, ce type de leçons ne peut produire que des effets négatifs. Par contre, sous la forme d'une sanction pour quelques familles

68. VIe Plan, *Rapport de l'intergroupe handicapés-inadaptés,* Paris, La Documentation française, 1971, p. 160.

« assistées » et d'une menace pour d'autres, c'est une sévère leçon de morale qui est administrée ; pour ces familles maintenues dans la sphère de la nécessité, tout écart à des normes qui ne sont imposées qu'à elles seules se paie longuement par un régime de privation et de stigmatisation.

L'examen des différentes professions du secteur de l'assistance fait apparaître le principe qui organise le champ des professions sociales suivant un axe « éducation »/ « épanouissement », lequel correspond au capital symbolique dont dispose chaque groupe professionnel. En position inférieure dans la hiérarchie se trouvent les travailleuses familiales, pour lesquelles le contenu matériel des tâches l'emporte sur le contenu symbolique et dont l'activité répond à un besoin manifeste qui est loin d'être saturé ; le message associé à ces prestations s'énonce directement en termes d'éducation et vise des fractions plus ou moins restreintes des couches dominées. Ces agents sont issus de milieux populaires. A mesure que l'on s'élève dans la hiérarchie, une importance plus grande est accordée à l'aspect relationnel des tâches qui répond à un « besoin » latent, dont la nature et l'urgence sont appréciées par l'agent lui-même par référence à un idéal d'épanouissement total de la personne ; le message diffusé, recherchant la conformité à cet idéal, correspond tendanciellement à l'encadrement de couches de plus en plus larges. C'est de la position sur cet axe, et non de la nature du travail, que dépendent la reconnaissance officielle et les avantages professionnels, entre autres, le salaire. En définitive, c'est l'origine sociale et le capital symbolique corrélatif qui fixent le statut des professions ; ce capital est entretenu par le primat accordé aux dispositions personnelles sur les capacités techniques.

Ce principe définit les tendances de l'évolution, c'est-à-dire à la fois les conditions du maintien et de l'extension du marché et les stratégies de reconversion propres à chaque groupe. Globalement, on tend à passer d'un encadrement opéré par des moyens spécialisés sur des groupes limités, rationalisé en terme d'éducation nécessaire d'une classe inférieure, au contrôle généralisé sous forme de prévention de toutes les formes d' « inadaptation », justifié par un idéal d' « épanouissement » qui dissimule le projet politique sous-jacent. Sanctionnées par des textes officiels, la notion d' « épanouissement », et corrélativement celle d' « inadaptation », ouvrent un marché potentiellement sans limites. Dans la compétition ouverte pour s'en assurer la fraction la plus large, chaque profession utilise au maximum le capital symbolique dont disposent ses membres, ce qui explique que l'on retrouve par exemple, dans les évolutions différentielles, l'opposition entre travailleuse familiale et éducatrice de jeunes enfants.

Ces particularités se manifestent dans l'ensemble du travail social ; anticipant sur l'analyse qui suit, on peut ainsi distinguer les traits communs au groupe des professions subalternes que constituent la travailleuse familiale, l'éducateur technique et l'aide médico-psychologique : origine sociale basse, tâches matérielles, projet éducatif, quasi-absence de psychologie dans la formation, faible poids de la profession.

B. L'ÉDUCATION.

On regroupe sous l'expression secteur éducatif des catégories de professionnels chargés de la rééducation d'enfants et d'adolescents « présentant des déficiences physiques ou psychiques, des troubles du caractère ou du comportement, délinquants ou en danger, confiés par les autorités judiciaires ou administratives, ou par les familles [1] (...) », c'est-à-dire de ce qui est officiellement dénommé l'enfance inadaptée. C'est une population aux contours insaisissables que les spécialistes ne peuvent définir que de manière tautologique dès lors qu'ils s'efforcent d'éviter les formulations trop normatives ou répressives. Par exemple, le président du Centre technique national pour l'enfance et l'adolescence inadaptées (C. T. N. E. A. I.) dit inadaptés les sujets « qui ont besoin, en vue de leur inté-

1. J.-L. Mas, article « Educateur spécialisé », in R. Lafon, *Vocabulaire de psychopédagogie et de psychiatrie de l'enfant,* Paris, P.U.F., 1973, 3e éd., p. 281.

gration dans la communauté active, de mesures médicales, sociales, pédagogiques et éducatives, différentes de celles prévues pour l'ensemble de la population [2] ».

La fréquence des changements de terminologie depuis l'époque où, avec la loi du 22 juillet 1912, a été constitué un marché judiciaire de l'enfance : enfance anormale, déficiente, difficile, irrégulière, etc., et la prolifération de classifications « médico-psychologiques », « médico-pédagogiques », « bio-psycho-sociales », etc., manifestent clairement l'arbitraire de ces étiquetages et de la diversité des interventions qu'ils autorisent. A travers ces listes interminables et incohérentes d'inadaptations qui juxtaposent des infirmités physiques, des « troubles » de l' « humeur », du caractère, de l'intelligence, du comportement, des inadaptations familiales, scolaires, sociales, ou la nosographie médicale cohabite avec les descriptions les plus vagues (paresse, indifférence, inaptitude à certains types d'enseignement...), des notions morales (« incivisme ») ou directement idéologiques (« agitation sociale », délinquant potentiel, pré-délinquant...) transparaît l'enjeu de cette action d'encadrement de la jeunesse qui, longtemps stagnante, connaît actuellement une expansion exceptionnelle. Estimé à environ 10 500 personnes en 1968, l'effectif des éducateurs spécialisés et des moniteurs-éducateurs dépassait 40 000 en 1975 [3]. L'intérêt des pouvoirs publics ne s'est exprimé de manière aussi marquée que récemment, avec l'institution du diplôme d'Etat d'éducateur spécialisé en 1967, avec cette croissance très forte des professionnels, et surtout avec la prise en charge et la volonté de contrôle de la prévention spécialisée (1972).

2. R. Lafon, article « Inadaptation juvénile », in *Vocabulaire de psychopédagogie..., op. cit.*, p. 466. Etant donné la position éminente dans le secteur de l'enfance du professeur Lafon qui l'a mis en œuvre (président du C. T. N. E. A. I., président de l'Union mondiale des organismes de sauvegarde de l'enfance et de l'adolescence), et les qualifications et fonctions des collaborateurs, l'ouvrage constitue un témoignage d'importance sur l'état d'esprit qui, actuellement encore, anime ce secteur.

3. La première estimation, pour 1968, est donnée par B. Lory, *La politique d'action sociale,* Toulouse, Privat, 1975, p. 220 ; la seconde, par A. Ramoff, directeur de l'Action sociale dans un article déjà cité, « Les professions sociales... », le chiffre est supérieur à celui que donne l'Association nationale des éducateurs de jeunes inadaptés (A. N. E. J. I.). Cette imprécision se retrouve pour toutes les professions du travail social.

La profession s'accorde très généralement pour situer sa naissance pendant la dernière guerre, alors qu' « un certain nombre de milieux éducatifs familiaux étaient désorganisés par l'absence des pères, au front ou en captivité, par le travail des mères ; les conditions économiques et même les critères moraux de référence étaient faussés [4] ». Si une certaine forme d'éducation s'est bien mise en place à cette époque, si l'idéologie professionnelle s'est effectivement édifiée dans ce contexte particulier, et si l'emprise de milieux confessionnels spécifiques sur le secteur de l'enfance trouve là sa source, il faut remonter plus loin pour retrouver, conséquence de la création d'un secteur enfance dans le domaine judiciaire, la naissance d'une nouvelle spécialité qui se charge de l'encadrement de « l'enfance abandonnée, malheureuse, vicieuse ou coupable ». La loi du 22 juillet 1912 institue les tribunaux pour enfants et instaure le régime de la liberté provisoire et de la liberté surveillée. La mise en place — retardée par la guerre — de ces tribunaux spécialisés est suivie par la constitution en 1923, d'une branche *ad hoc* de l'assistance, *le Service social de l'enfance en danger.* Né d'initiatives privées, il se propose d'aider les magistrats à concrétiser l'esprit nouveau de la loi : il exécute des enquêtes sociales, crée un service de consultations médico-psychiatriques, exerce des mesures de surveillance et d' « influence éducative », traçant le chemin aux futures associations de sauvegarde de l'enfance. Rapidement reconnu d'utilité publique, mais disposant de peu de moyens, le service ne peut assumer chaque année que quelques centaines de cas, en 1930, par exemple, 900 [5].

Lorsque, immédiatement avant guerre, le gouvernement veut, à la suite de campagnes contre les « bagnes d'enfants », recruter un nouveau personnel pour ses internats, il confie la responsabilité d'une expérience de formation au commissaire national des Eclaireurs unionistes (scouts protestants). Mais c'est surtout pendant les années de la guerre que se développent des « vocations » d'éducateur et que sont créés de nouveaux établissements de rééducation. Un bon nombre de ces éducateurs ne sont pas simplement issus du scoutisme,

4. P. Barrau, *L'éducateur d'enfants et d'adolescents inadaptés,* Paris, Armand Colin, 1972, p. 51.

5. Cf. *Service social de l'enfance, op. cit.,* et *Le service social de l'enfance en danger moral,* 1923-1942, Paris, 19, rue du Pot-de-Fer, 1945, 48 p.

ils en reprennent explicitement les méthodes et les idéaux [6]. Cette fraction importante et très active marque de manière durable l'orientation de ce secteur, et conserve aux milieux catholiques le rôle qu'aux différentes époques l'Eglise avait eu dans le traitement séparé des jeunes déviants. Sur 14 écoles d'éducateurs existant en 1952, 9 sont gérées par des associations confessionnelles et 5 par des Associations régionales de sauvegarde de l'enfance et de l'adolescence (A. R. S. E. A.), organismes privés, semi-officiels, créés en 1943, reconduits et généralisés en 1946.

On n'ignore pas qu'il a existé pendant un temps, dans l'immédiat après-guerre, un autre courant, issu de l'esprit de la Libération, parfois désigné sommairement comme socialo-marxiste ; ce courant, qu'il serait indispensable d'analyser dans une étude historique, n'a guère laissé de trace externe. Dès 1947, un consensus quasi parfait s'installe : la profession se rattache à une sorte de christianisme plus ou moins social et pratique un corporatisme actif qui, au nom de l'intérêt supérieur de l'enfant, de la vocation, du dévouement, du don que son « service » exige, disqualifie l'action syndicale (ce serait se conduire en mercenaire là où il s'agit d'amour) et affiche un apolitisme qui n'est rien d'autre qu'un accord profond avec les valeurs établies.

A partir de cette caractéristique de ceux qui se sentent « appelés » (au sens fort, on écrit aussi « mobilisés ») à « servir » les enfants, c'est-à-dire leur catholicisme et plus encore leur appartenance à une fraction bien spécifique, se forgent une pratique et une idéologie qui tournent résolument le dos à l'école et à ses valeurs. En effet, si le catholicisme, de manière générale, tient en suspicion les valeurs intellectuelles, le scoutisme affiche un mépris ouvert pour « ces bons élèves chez lesquels l'intelligence a desséché le cœur, paralysé l'énergie morale ou affecté la loyauté [7] ».

6. Cf. H. Joubrel, « Le scoutisme au service des jeunes inadaptés », *Sauvegarde de l'enfance,* juin 1948, n° 22, p. 35-36, et *Le scoutisme dans l'éducation et la rééducation des jeunes,* Paris, P.U.F., 1951, 126 p. (H. Joubrel magistrat depuis 1939, commissaire national des Eclaireurs et Eclaireuses de France pour la sauvegarde de l'enfance depuis 1942, fondateur de l'Association internationale des éducateurs de jeunes inadaptés en 1951).

7. H. Van Effenterre, *Histoire du scoutisme,* Paris, P.U.F., 1947, p. 51.

Dans les années de l'après-guerre, le débat sur la place qu'il convient d'accorder aux connaissances dans la formation des éducateurs a été explicite. S'opposant aux tenants de ce qu'ils nomment « une sorte d'obscurantisme » des éducateurs, Louis Le Guillant et Mlle Le Hénaff disaient leur « malaise » de voir se développer « une conception de l'éducateur où il apparaît qualifié d'une façon quelque peu mythique par des « qualités humaines » et des vertus morales [8] ». A l'autre pôle, les « empiristes » exprimaient leur défiance à l'égard des perspectives scientifiques, et appelaient à « réagir contre l'intellectualisme [9] » ; Henri Joubrel, représentant efficace de ce courant, qui avait été majoritaire à l'assemblée générale de l'Association des éducateurs de 1949, affirmait sa conviction « que les dons naturels d'intuition et d' « accrochage affectif » des candidats-éducateurs avec les enfants, leurs qualités humaines passent avant leurs acquisitions intellectuelles [10] ». Le débat semble avoir été clairement tranché. Ne devient pas éducateur qui veut, mais seulement celui dont la nature, l'être, sont reconnus : l'éducateur « est autre chose à travers toutes les définitions, les perceptions, au-delà d'elles et en plein cœur des réalités, du concret journalier, au contact des inadaptés : IL EST [11].

> Homme qui « fait le poids », a de « l'envergure », du « volume », l'éducateur néglige les connaissances, il doit « développer sans cesse sa disponibilité et sa créativité, plutôt qu'accumuler des connaissances et un savoir-faire sans cesse périmés [12] ». La mise en garde contre la tendance de la « société industrielle » à déterminer la valeur des individus sur la base de leurs résultats scolaires vise au moins autant l'attitude que l'éducateur doit adopter vis-à-vis de lui-même que celle qu'il devra avoir à l'égard des jeunes inadaptés : il est invité à dépasser l'image qu'il a constituée à partir de son

8. L. Le Guillant et G. Le Hénaff, « Remarques sur la formation des éducateurs », *Sauvegarde de l'enfance,* février 1950, p. 67-87 ; les citations se trouvent respectivement p. 84 et 87.

9. H. Joubrel, « Le baccalauréat est-il nécessaire pour être éducateur ? », *Rééducation,* juillet-août 1949, n° 16, p. 41.

10. H. Joubrel, « Intellectualisme et rééducation », *ibid.,* p. 1-2.

11. R. Lapaw, *Educateurs... inadaptés,* Paris, Epi, 1969, p. 132.

12. S. Ginger, « La profession d'éducateur spécialisé », in *Sciences de l'homme et professions sociales, op. cit.,* p. 272.

expérience scolaire afin de découvrir ses vraies capacités, possibilités... [13].

Le discours de l'éducateur oppose le dynamisme, la recherche, la remise en question, l'innovation qui caractériseraient la pratique de son secteur, et la routine, la fermeture, la sclérose, l'uniformité qu'il attribue à l'éducation nationale : « On comprend évidemment l'immense méfiance qui s'est développée chez les éducateurs et particulièrement les pionniers (...) par rapport à une éducation nationale qui voulait les annexer et d'une manière les détruire, pour les intégrer à un système centralisé tuant ainsi le dynamisme propre à ce secteur [14]. »

L'entreprise éducative n'a donc rien à voir avec l'école, et l'éducateur se définit en permanence contre elle. S'il est vrai que leur propre passé scolaire souvent malheureux explique la sévérité des jugements que les éducateurs portent sur l'école, plus profondément, la critique de l'école par le personnel éducatif, secteur d'origine privée confessionnelle recrutant encore largement dans les milieux catholiques [15] est à inscrire dans le vieux courant de dénonciation de l'école (républicaine) : ses énoncés ne peuvent être assimilés à la critique de la fonction conservatrice de l'école, ils renvoient, malgré leur tour moderniste et leur prétention au radicalisme, aux positions rétrogrades sur l'inutilité ou le danger du savoir.

Les cadres juridiques de l'action éducative.

L'ordonnance n° 45-174 du 2 février 1945 relative à l'enfance délinquante, modifiée par la loi du 24 mai 1951, et l'ordonnance n° 58-1301 du 23 décembre 1958 sur la

---

13. *Document pédagogique* de l'institut Parmentier, Paris, document ronéoté, 1976, 25 pages. L'institut Parmentier appartient à la famille des écoles de l'Association des monitrices catholiques de l'enfance (dont les premiers établissements ont été ouverts en 1945) ; il se réclame toujours d'une inspiration chrétienne : « ... Les salariés de l'association, appelés à travailler avec elles, doivent accepter loyalement l'optique chrétienne de celle-ci (...). » Extrait du règlement intérieur, cité in A.-M. Beyssaguet, M. Chauvière, A. Ohayon, *Les socio-clercs,* Paris, Maspero, 1976, p. 41.

14. R. Lapaw, *op. cit.,* p. 124.

15. P. Fustier, *L'identité de l'éducateur spécialisé,* Paris, Editions Universitaires, 1972, p. 21.

protection de l'enfance et de l'adolescence en danger, abrogée par la loi n° 70-459 du 4 juin 1970, relative à l'autorité parentale, qui la précise, constituent, pour l'essentiel, le cadre juridique à partir duquel s'exerce l'assistance éducative.

L'ordonnance du 2 février 1945 substituait à l'idée d'une sanction pénale le principe de la prééminence de la mesure éducative, la possibilité de prononcer une peine étant indiquée comme devant être exceptionnelle. L'application de la loi conduit effectivement à prendre beaucoup plus souvent des mesures éducatives que des peines d'amende ou de prison : sur 45 462 mineurs jugés en 1971, les peines représentent environ 27 % des mesures, et ce pourcentage semble assez stable [16]. Dans les faits, il y a une interpénétration de plus en plus grande entre ce domaine de la délinquance et la législation de l'enfance en danger, et c'est dans le cadre de cette dernière — qui occupe en fait la plus grande partie de l'activité des magistrats de la jeunesse —, que s'organise en grande partie la prévention. L'ordonnance du 23 décembre 1958 établit et coordonne la protection de l'enfance qui était jusque-là le fait d'un ensemble de textes [17] : essentiellement, loi du 24 juillet 1889 sur la protection des enfants maltraités ou moralement abandonnés, loi du 11 avril 1908 sur les mineurs prostitués, décret-loi du 30 octobre 1935 sur les mineurs fugueurs et vagabonds, ordonnance du 2 février 1945 sur les jeunes délinquants, ordonnance du 1er septembre 1945 sur la correction paternelle. Qualifiée dans les écrits officiels et spécialisés de « charte » de la protection de la jeunesse, cette ordonnance, que la loi du 4 juin 1970 qui l'abroge ne modifie que peu, institue le critère de danger qui englobe tout un ensemble de situations (vagabondage, prostitution, mais aussi conflit parents-enfants, etc.) : « Si la santé, la sécurité ou la moralité d'un mineur non émancipé sont en danger, ou si les conditions de son éducation sont gravement compromises, des mesures d'assistance éducative peuvent être ordonnées par justice (...) » (art. 375

16. D'après : « La délinquance des jeunes en France » (par H. Michard, directeur du Centre de formation et de recherche de l'Education surveillée), *Notes et études documentaires,* n° 3987-3988, 15 mai 1973.

17. De cette protection judiciaire, est inséparable le décret n° 59-100 du 7 janvier 1959 organisant la protection sociale.

du Code civil). A l'opposé de ce qu'était l'esprit de la loi instituant la déchéance de la puissance paternelle, les nouveaux textes se fondent sur le respect des droits des parents : « La protection de l'enfant est réalisée non plus au détriment des droits de la famille, mais à raison du caractère irremplaçable de celle-ci. Car l'assistance est efficiente dans la mesure où elle s'appuie sur ces valeurs primordiales, inhérentes à la paternité et à la maternité, et dont les racines « viscérales » sont susceptibles, même chez les plus humbles, d'étonnantes sublimations oblatives [18]. »

L'assistance éducative, devenue mode normal d'intervention, veut être pour le législateur une aide apportée autant aux familles qu'aux mineurs. Protéger un mineur consistera donc de moins en moins à le placer ; *a fortiori,* la procédure de déchéance des droits de puissance paternelle n'est plus guère appliquée. En 1969, 69 614 mineurs ont fait l'objet d'une procédure en application de l'ordonnance de décembre 1958 ; sur les 44 085 ayant fait l'objet d'une mesure particulière : 49,5 % ont été remis à leurs parents, 12,8 % à un autre membre de la famille ou à une personne « digne de confiance », 11,5 % ont été remis à un établissement, 26,1 % à l'Aide sociale à l'enfance [19].

Des mesures d'observation et d'éducation en milieu ouvert ont été prises dans 39 % des cas. En application de la loi du 24 juillet 1889 sur la déchéance ou le retrait des droits de la puissance paternelle, 441 mesures ont été prononcées en 1969 et 335 en 1970 [20].

A la conception jadis dominante dans les services judiciaires et sociaux, qui faisait de l'internat le lieu de la réadaptation et du retrait d'enfant le plus sûr moyen de

18. M. Henry, *Les jeunes en danger,* le champ d'application de l'assistance éducative, Centre de formation et de recherche de l'éducation surveillée, s. d., p. 197.

19. D'après : Ministère de la justice, direction de l'éducation surveillée, *Rapport annuel à M. le Garde des Sceaux* (1971) (il s'agit du dernier rapport actuellement publié). Le rapport ne fournit que des chiffres absolus et classe les mesures selon des rubriques très détaillées : on a regroupé ici en 4 cas ce qui fait l'objet de 21 rubriques (ce qui est dû en grande partie à la diversité de statut des établissements).

20. D'après : Ministère de la santé et secrétariat d'Etat, *Enfance et adolescence en danger, op. cit.,* 1973, p. 36. La loi de 1889 a été abrogée à compter du 1er janvier 1971, la loi de 1970 sur l'autorité parentale traitant « de la déchéance et du retrait partiel de l'autorité parentale » (art. 378-381 du Code civil).

le protéger, s'est substituée l'idée que le cadre familial est irremplaçable, qu'une famille même « déficiente » est préférable à toute autre solution. « Le Code civil auquel appartiennent les textes nouveaux pose le principe que l'éducation de l'enfant relève de la famille (...). Des travaux de diverses écoles de psychologie [...] ont mis en évidence l'importance fondamentale des liens entre l'enfant, sa mère, son père, sa fratrie... Voici la famille plus solidement installée dans ses droits que jamais [21]. (...) »

De ce changement d'optique témoignent les prescriptions du législateur au juge de « toujours s'efforcer de recueillir l'adhésion de la famille à la mesure envisagée » et de maintenir « chaque fois qu'il est possible », le mineur dans son milieu (art. 375-1 et 375-2 du Code civil). Les travailleurs sociaux, y compris les assistantes sociales que certaines couches inférieures des milieux populaires décrivent comme « celles qui vous prennent vos enfants », adhèrent généralement à cette restauration de la famille, et ne veulent plus parler de parents coupables, même quand « toutes les apparences » sont contre eux : « La mère qui a tabassé son gosse, elle n'est jamais très heureuse, elle est très culpabilisée et là où il faut la rejoindre, c'est pas au niveau de la mauvaise mère qu'elle a été, mais de l'envie d'être une bonne mère qu'elle n'a pas pu être [22]. »

L'intention du législateur et la pratique des juges, s'appuyant plus ou moins sur ce qui est souvent appelé les sciences de l'homme — en fait, quelques assertions de la psychanalyse —, concourent à promouvoir les droits de la famille : « Ce n'est pas seulement la loi qui fait du juge des enfants le défenseur acharné des droits de la famille ; c'est, bien plus encore, ce que lui révèle « la clinique des cas » à la lumière des sciences de l'homme. Celles-ci ont revalorisé les liens naturels de l'enfant avec les siens dans une mesure qui n'avait sans doute jamais été atteinte par les partisans les plus favorables de la famille [23]. »

Cette imposition d'une lecture psychanalytique agit au double niveau de l'interprétation de l'inadaptation et des

21. P. Lutz, cité par M. Henry, *op. cit.*, p. 9 (P. Lutz a été président de la Chambre des mineurs à la Cour d'appel de Paris).
22. Assistance sociale, région parisienne, entretien d'octobre 1974.
23. M. Henry, *op. cit.*, p. 196.

modes de traitement. Si les relations de l'inadapté au monde sont faussées en raison d'une mauvaise relation à papa-maman, il faut offrir aux jeunes d'autres relations, quitte, si cela ne suffit pas, à s'orienter vers des solutions directement thérapeutiques, c'est-à-dire psycho-psychiatriques : « le grand frère » des années 40, devenu père et mère dans les années 50, se transforme maintenant en membre de « l'équipe de psycho-pédagogie-médico-sociale ».

Les personnels éducatifs.

L'éducateur spécialisé sur qui repose pour l'essentiel les tâches éducatives est défini comme « un véritable technicien chargé, en dehors des heures de classe ou d'atelier, de l'observation et de l'éducation d'enfants ou d'adolescents présentant des déficiences psychiques ou physiques, ou des troubles du caractère ou du comportement ». Il doit contribuer à l' « épanouissement » de ces enfants, « afin de leur donner le maximum de chance pour se réintégrer dans la société [24] ». Il doit leur offrir une image valable d'identification (« donner à voir un homme à la personnalité bien construite, solide, droite, autonome [25] »), établir une relation qui concourra à modifier le système de rapports qu'ils ont avec leur entourage, et s'efforcer de leur faire prendre conscience de leurs responsabilités. Mais, de plus en plus, une orientation psychothérapeutique tend à s'imposer sur cette base, « l'éducateur acceptant de ne plus être seulement l'entraîneur cristallisant sur sa personne l'enthousiasme et le dynamisme des enfants, mais se considérant comme l'un des techniciens d'un ensemble psychothérapique [26] ».

Il y avait, en 1975, 22 000 éducateurs en exercice et 8 340 en formation. L'effectif des diplômés est seulement de 8 585. Une formation particulière, dite action d'adaptation, est actuellement mise en place dans le

24. Ministère de la santé publique, *L'éducateur spécialisé pour inadaptés et handicapés,* octobre 1974, note ronéotée.
25. E. Barnola, « L'éducateur vu par un psychiatre », *Sauvegarde de l'enfance,* n° 9-10, novembre-décembre 1967.
26. Dr M. Lemay, *Où se situe l'action éducative ?,* Les fiches techniques de l'A. N. E. J. I., Psy. 1, p. 70.

	Educateurs spécialisés	Moniteurs-éducateurs	Educateurs techniques spécialisés	Aides médico-psychologiques	Educateurs de l'éducation surveillée
Sanction délivrée par	Diplôme d'Etat Education nationale	Certificat d'aptitude Education nationale	Certificat d'aptitude Education nationale	Certificat d'aptitude Santé	Diplôme Justice
Niveau d'accès	Baccalauréat ou niveau	B. E. P. C. ou niveau	Bac ou brevet technique ou C. A. P. + pratique (5 ans)	B. E. P. C. ou niveau	Baccalauréat et concours
Cours d'emploi ou préalable à l'emploi	P. E. dominant C. E.	P. E. dominant C. E.	C. E. exclusivement	C. E. exclusivement	P. E.
Durée	3 ans	1 an ou 2 ans selon niveau de base	3 ans	2 ans	2 ans
Sélection	Sélection	Sélection	Sélection	Sélection	Sélection
Statut des centres de formation	Centres privés, agréés (Justice, Santé, Education) I. U. T., U. E. R.	Centres privés agréés (Santé, Education, Jeunesse)	Centres privés agréés (Santé, Education, Justice) I. U. T.	Centres privés agréés (Santé)	Public (Justice)
Effectifs en formation 1974	8 340	3 700	700	600	540
Personnels en exercice	22 000 (dont 8 585 diplômés)	16 500 (dont 4 520 diplômés)	1 700		2 000

D'après : Commissariat général du Plan, Rapport de la Commission *Vie sociale, op. cit.*, p. 126-127 et A. Ramoff (directeur de l'Action sociale), « Les professions sociales : développement et avenir », *op. cit.* L'A. N. E. J. I. donne, en 1976, le chiffre global de 35 000 éducateurs spécialisés et moniteurs-éducateurs.

cadre de la politique de formation professionnelle et de promotion sociale (loi du 3 décembre 1966) pour le personnel occupant des postes éducatifs sans qualification ; elle est sanctionnée par un certificat national de qualification aux fonctions d'éducateur spécialisé.

L'éducateur spécialisé intervient dans des établissements d'éducation spécialisés ou de rééducation (internat, semi-internat, externat), dans les services d'observation et d'éducation en milieu ouvert, ainsi que dans les services de prévention ; « il est également recherché par les établissements qui s'attachaient surtout à l'aspect physique de certaines maladies ou infirmités et qui se préoccupent désormais de l'évolution psychologique des sujets [27] ».

Les centres d'observation accueillent, pour une période limitée (trois à six mois en général), des enfants et adolescents dont les inadaptations sont jugées trop « graves et complexes » pour être diagnostiquées selon les procédures classiques. Le centre va établir une « appréciation exacte de l'inadaptation », un « bilan de l'état bio-psycho-social de l'enfant » et de ses « possibilités adaptatives » ; il définit et met en œuvre « une action thérapeutique médicale » et des « attitudes psychopédagogiques ou psychothérapiques adaptées », et recherche un milieu de sortie propre à poursuivre l'action. « L'éducateur, en fin de séjour, doit être capable de fournir des renseignements précis selon un plan fixé par l'équipe, sur le comportement des enfants à travers des actes de la vie quotidienne [28]. »

L'action éducative en milieu ouvert est une mesure s'exerçant sur des mineurs maintenus dans leur milieu de vie, familial ou supplétif (éducation surveillée, mineurs de la protection sociale de l'enfance, placement familial).

Les services de prévention sont définis comme des organismes qui, « implantés dans un milieu où les phénomènes d'inadaptation sociale sont particulièrement développés, ont pour objet de mener une action éducative tendant à faciliter une meilleure insertion sociale des jeunes par des moyens spécifiques supposant notamment leur libre adhésion [29] ».

---

27. Ministère de la santé publique, *L'éducateur spécialisé...*, note citée.
28. J.-L. Mas, article « Observation (centre d') », in R. Lafon, *Vocabulaire de psychopédagogie...* », *op. cit.*, p. 603.
29. Art. 5 de l'arrêté du 4 juillet 1972 (*J. O.* du 13 juillet) créant le Conseil technique des clubs et équipes de prévention.

L'ordonnance de 1958 a donné une nouvelle impulsion à des centres privés qui formaient des éducateurs depuis longtemps parfois — les plus anciens depuis 1944. Un diplôme d'école d'abord reconnu a été remplacé par un diplôme d'Etat [30] ; trente-huit centres, les uns privés, agréés par arrêté interministériel, les autres publics, y préparent en trois années. L'éducateur devant être avant tout capable d'établir de bonnes relations, est sélectionné sur sa personnalité, plus que sur un niveau intellectuel et culturel ; il est prévu à l'entrée des écoles : « *a*) des épreuves d'intelligence et de culture générale ; *b*) des épreuves de personnalité destinées à révéler notamment les motivations, la maturité affective, le contrôle de soi, la capacité d'adaptation, la capacité d'établir des relations positives, l'aptitude au travail en équipe ; *c*) des épreuves permettant d'observer le comportement du candidat dans des situations significatives [31]. »

> Selon une note, déjà citée, du ministère de la santé, les aptitudes requises sont : l'équilibre, la compréhension, la patience, l'amour des enfants, le dévouement, l'objectivité, la sûreté de jugement. Selon l'*Ecole de formation psycho-pédagogique,* il faut : affectivité équilibrée, optimisme, bon sens, ouverture d'esprit, patience, discrétion, sens des relations humaines, esprit d'initiative et de méthode, sens des responsabilités et du travail en équipe [32].

30. Certificat d'aptitude à l'éducation des enfants et adolescents déficients ou inadaptés, décret n° 63-713 du 12 juillet 1963 (*J. O.* du 19 juillet 1963). Diplôme d'Etat créé par un décret n° 67-138 du 22 février 1967 (*J. O.* du 23 février 1967), modifié par le décret n° 73-116 du 7 février 1973 (*J. O.* du 8 février 1973). Un arrêté interministériel (Education nationale, Santé, Justice, Jeunesse et sports) en date du 7 février 1973 (*J. O.* du 8 février) fixe les modalités de sélection et de formation, d'organisation des examens, les conditions d'inscription et d'agrément des centres de formation.

31. Art. 2 de l'arrêté du 21 mars 1967 fixant les modalités d'agrément des écoles d'éducateurs spécialisés (*J. O.* du 30 mars 1967), repris dans l'arrêté interministériel du 7 février 1973 (art. 4).

32. L'école de formation psycho-pédagogique, ouverte en 1945 dans les locaux de l'Institut catholique, est gérée actuellement par l'Association psycho-pédagogique en faveur de l'enfance inadaptée, et est liée à l'Institut catholique par un protocole dans lequel elle s'engage à « manifester sa préoccupation de se conformer dans ses activités pédagogiques aux exigences essentielles d'un enseignement supérieur catholique ». *Note générale d'information de l'Ecole...,* Paris, oct. 1975, document ronéoté.

La sélection est effectuée par une commission comprenant au moins un professeur de l'école, un neuropsychiatre, un psychologue et un éducateur. Les critères de sélection, qui ne sont pas explicites, consacrent le rôle prépondérant de la personnalité.

> L'exclusion d'un candidat de 19 ans, auquel le psychologue reconnaît « bon niveau intellectuel, aisance sur le plan verbal (...), mémoire et attention excellentes au départ », est ainsi justifiée : « Affectivité : la personnalité ne présente pas la maturité intérieure et l'affirmation par rapport au monde extérieur, nécessaires dans une profession qui réclame "une bonne solidité de base". Beaucoup de problèmes émotionnels pas résolus, et peut-être pas perçus par l'intéressé, freinant le dynamisme de capacité relationnelle, en particulier avec le monde extérieur (...). En résumé : trop jeune — asthénique — pas d'affirmation virile — centré sur lui-même, pas de bonnes capacités de relations. Décision : contre-indication en raison de l'absence d'affirmation [33]. »

Un des fondements de cette sélection est l'idée que, pour être éducateur, il faut avoir « assez bien vécu son triangle familial personnel », et en même temps l'idée que ceux qui choisissent cette profession « le font en partie pour des motifs de compensation, donc on s'attend à ce (qu'ils) aient des problèmes par rapport à leur histoire personnelle » et on veut les aider à les démêler [34]. On s'attache aux « motivations » dans le but d'écarter les cas (trop) pathologiques, les adultes trop fragiles, etc., mais les études sur le sujet aboutissent à dire soit que l'éducateur est à la recherche de sa propre enfance, soit qu'il la refuse, soit qu'il tente de la prolonger. La question n'est jamais posée, parce que jamais imaginée, des déterminants sociaux. Ce qui est vrai à l'étape de la sélection le sera au cours de la formation et de l'exercice, comme dans l'ensemble du travail social. La sélection à l'entrée, pourtant sévère, admettant en moyenne un candidat sur quatre ou cinq, est jugée insuffisante et sera redoublée par des

33. J. Beauchard, « Le rôle de la déviance dans la formation de la personnalité sociale », *Orientations,* t. XII, n° 42, avril 1972, p. 59.
34. M. Samoff, « Familiarisation et professionnalisation », *Orientations,* t. XIV, avril 1974, p. 164.

évaluations périodiques ; plus exactement, on demandera au futur éducateur de s'évaluer lui-même, cette auto-évaluation étant jugée particulièrement efficace.

> « Question du permanent : "Comment as-tu vécu ce premier trimestre ?" Si le formé répond : "Pas de problème, rien de spécial à signaler", le permanent risque de lui reprocher son "incapacité à prendre conscience de ses propres difficultés" ; s'il répond en insistant trop sur les difficultés rencontrées, le permanent risque de s'interroger sur la capacité du stagiaire à "assumer" la formation. Par ailleurs, tout discours sur les dimensions collectives ou institutionnelles de la formation sera écouté, mais suivi d'un rappel à l'ordre : "Oui, mais comment, *toi,* as-tu vécu cela [35] ?" »

En dépit de ces filtres, le taux d'abandon de la profession est très élevé : 50 % des éducateurs exerceraient moins de dix ans [36]. La sélection fournit des rationalisations à la dépréciation des valeurs intellectuelles, qui va être renforcée tout au long de la formation centrée sur la psychologie, et plus encore sur l'étude de la relation éducateur-enfant. Sur une formation théorique de 700 heures, 480 sont consacrées à la psychologie, la pédagogie, l'étude des inadaptations, le reste devant suffire à fournir des connaissances médicales, juridiques et une initiation à la sociologie [37]. Cette répartition des enseignements reflète les intérêts des éducateurs et indique les systèmes d'interprétation dont ils vont disposer.

Dans la longueur de la formation, trois années, transparaît l'ambiguïté qui est au cœur de l'idéologie professionnelle de l'éducateur : si l'excellence professionnelle se mesure à l'être, à ses qualités humaines, ce qui est inné, l'éducateur veut aussi être reconnu comme « un véritable

35. *Ibid.,* p. 165.
36. A. Cadoux, « Le recrutement des éducateurs spécialisés », *Liaisons,* (A. N. E. J. I.), n° 70, oct. 1969, p. 7.
37. La formation théorique s'accompagne d'une formation dite technique, constituée par l'étude de techniques d'animation, d'expression et d'éducation physique, et est complétée par quinze mois de stage. Le diplôme s'obtient sur la base d'un dossier et d'un examen qui comprend une épreuve de psychopédagogie (notée sur 40), la soutenance d'un mémoire (note sur 60) et un entretien avec le jury, sur la base du dossier comportant en particulier les travaux personnels du candidat et l'évaluation de la formation (noté sur 100).

technicien » et doit donc se donner un temps d'apprentissage dont la durée atteste le sérieux. Les écrits pédagogiques insisteront donc sur la personnalité, sans laquelle les connaissances ne sont rien, mais aussi sur la qualification, sans laquelle les aptitudes pourraient s'égarer.

> « La vocation, enracinée dans l'idéalisme moral, le sens social ou la consécration religieuse, n'atteint sa pleine efficacité éducative qu'à la condition de ne pas se croire dispensée d'acquérir les humbles, mais solides techniques du métier. En revanche, la possession et la maîtrise de ces techniques n'aboutissent à un résultat pédagogique profond, atteignant le cœur de l'enfant, qu'à la condition de ne pas verser dans la technocratie, mais de se dépasser par un sens de l'humain qui, pour atteindre sa plénitude, doit être branché sur le divin [38]. »

Dans la pratique, les éducateurs semblent résoudre cette double exigence en mettant l'accent sur la prééminence de la personnalité lorsqu'il s'agit du travail, c'est-à-dire de la relation avec l'enfant, et en valorisant les techniques dès lors qu'il faut se situer par rapport à d'autres « techniciens du social » et présenter des résultats. Ainsi, le directeur du service d'éducation en milieu ouvert de Briey, évaluant à 71,4 % la réussite de son service [39], s'il rappelle que l'amour est le point de départ du métier, juge qu'une « grande conquête dans la voie d'une maîtrise de (l')action a sans doute été dans l'affirmation de cette proposition : Education = Amour + techniques [40] ». L'opposition que voit Paul Fustier entre les éducateurs ancienne manière ayant pour références amour-vocation et un pôle moderniste ayant pour références profession-technicité passe à l'intérieur de l'éducateur : il vient par amour, vocation, etc., mais est sans cesse obligé, vu son mauvais statut, y compris aux yeux des jeunes qui lui disent « qu'il n'a pas de métier », « qu'il est là pour surveiller », « qu'il a bien de la chance d'être payé à ne rien faire [41] », de se raccrocher

38. L. Barbey, « La mission de l'éducateur », *Liaisons* (A. N. E. J. I.), juillet-août 1956, n° 19.
39. G. Vattier, *Approches de l'action éducative en milieu ouvert,* Paris, Editions E. S. F., 1971, p. 114.
40. G. Vattier, *Rééducation des jeunes..., op. cit.,* p. 101.
41. « Cette négation agressive de l'identité professionnelle est toujours violemment ressentie. Elle n'est jamais dirigée contre les enseignants,

à une technique, à peu près réduite en fait au maniement verbal d'une vulgate psycho-psychanalytique. Mais, dans la pratique quotidienne, l'exaltation de la personnalité, la prééminence de l'être sur le savoir, du savoir-être sur le savoir-faire (selon les catégories indigènes) suffisent à cerner, selon l'éducateur, sa spécificité. Aventure, communion, invention, renouvellement, c'est le langage auquel il recourt quand il décrit son expérience, évoquée comme un parcours exaltant, jamais achevé. Le Dr François Tosquelles, préfaçant l'ouvrage d'un éducateur, écrit qu'il « a, pour ainsi dire, mission d'être là — avec tout son plein de subjectivité — là où l'autre peut le rencontrer[42] ». Dès lors, l'éducateur ne fait que dire, avec « son plein de subjectivité », tout l'indicible de ce qu'il fait.

Plus encore que dans les autres professions sociales, le contenu des tâches de l'éducateur n'est pas épuisé par une description institutionnelle ou juridique. Dans cette profession, l'estimation et la critique par une équipe de l'activité de ses membres tient une place importante, et le discours sur la pratique en est partie intégrante. Il a donc paru nécessaire de préciser, en se basant sur les descriptions qu'ils en donnent eux-mêmes, ces aspects du travail des éducateurs. Si, parlant sur sa pratique, l'éducateur est prolixe mais toujours vague, s'il donne à entendre qu'il accomplit des choses indicibles et s'il revendique d'être seul « l'inventeur de son travail », c'est que ce travail est réellement flou, peu défini et que la parole y tient une place très importante. Non seulement il exerce dans des cadres diversifiés — schématiquement, l'établissement, le « milieu ouvert », la prévention —, mais une grande variété de pratiques est possible dans chaque cadre, et ces pratiques sont avant tout des interventions non routinières.

Les éducateurs qui interviennent dans les différents types d'établissement sont ceux dont le poste peut le mieux s'appréhender, en raison, en particulier, de l'existence d'un cadre permanent défini juridiquement, d'un temps de présence réglementé et d'un statut explicite ; en outre, la population auprès de qui ils exercent a elle aussi

---

instituteurs ou moniteurs d'atelier qui, "eux, ont un vrai métier". » P. Fustier, *L'identité de l'éducateur...*, *op. cit.*, p. 64.

42. Dr F. Tosquelles, *préface* à R. Lapauw, *Educateurs...*, *op. cit.*, p. 11.

un statut juridiquement précis. Le travail consiste à s'occuper, en dehors des heures de classe ou d'atelier, d'enfants et d'adolescents placés en établissements sur décision judiciaire. La surveillance qu'exerce l'éducateur entend se distinguer, dans ses modes comme dans ses objectifs, d'un gardiennage. Alors qu'un gardien doit simplement assurer, par exemple, le déroulement ordonné et calme d'un dîner, l'éducateur doit tirer parti de tout ce qui s'y dit, s'y passe, en chercher le sens profond, y répondre, l'utiliser dans une relation qui ambitionne d'agir sur le comportement du jeune. A partir des faits les plus prosaïques de la vie dans l'internat, il doit chercher à resocialiser le jeune ; son activité professionnelle est donc constituée par un ensemble d'actes très diversifiés : intervention au cours de discussions, de chahuts, de bagarres, tâches accomplies en commun, réponses à des demandes matérielles et autres, marques d'intérêt, manifestations d'autorité, etc., qui sont entendus comme support du projet éducatif.

> « Ce qui me frappe le plus reste la richesse des réalités du quotidien, et des mille manières de le vivre (...). Celui-là, où court-il, bondissant comme une gazelle dans l'escalier, entre les tables ? C'est Boualem, un fin petit drôle. 'soir 'sieu. Bonsoir, André. Hum ! C'est vous qu'êtes de service ? Oui, monsieur, y a plus de pain. J'peux avoir du pain, m'sieu ? ... si plaît. Bien sûr (...). M'sieu, à ma boîte, y a des gonzesses terribles ! Raconte. Ah ! bien ! c'est qu'y a rien à raconter, y faut voir. Sacré Dubois, et t'arrive encore à bosser. Dimanche, je voudrais aller en perm. Tu m'en reparleras vendredi en passant faire ton compte, en principe, ce sera d'accord (...). Quoi de plus banal en fait que cette minute grouillante d'un soir, comme tant d'autres, ou tout le monde rentre du travail (...). Je n'oserais pas trouver de comparaison à ce vécu. Disons que l'éducateur y baigne, et qu'un gardien-robot impersonnel se contenterait d'exécuter les consignes [43]. »

Les écrits professionnels abondent en récits de cette sorte. Quant à l'autre partie du travail de l'éducateur, le retour réflexif sur son action dans le cadre de réunions des équipes éducatives, il échappe à l'observation et dans

43. R. Lapauw, *op. cit.*, p. 86.

une large mesure au récit. Ce travail de réflexion sur la pratique tend à se développer toujours plus sous l'effet de courants récents de psychologie et de psychanalyse. Ces réunions dans lesquelles, très généralement, un psychiatre intervient, ne se ramènent pas aux conseils de classe et autres réunions pédagogiques du système scolaire qui sont consacrés à l'évaluation des élèves et seulement à cela. Ici, le psychiatre intervient moins comme un spécialiste avec qui seront discutés les problèmes des jeunes, les psychothérapies en cours ou à envisager, que comme un analyste aidant chaque membre de l'équipe à réfléchir sur ses actions, sur les relations qu'il établit, sur ses sentiments vis-à-vis de tel ou tel mineur, sur l'incidence de ses attitudes... Une part du travail consiste donc dans l'évaluation continue du travail ; ces discussions collectives permettent d'unifier des positions et des pratiques, de produire une représentation moyenne de la profession, de procurer une idéologie commune tout en maintenant l'illusion de la singularité de chacun. On voit ce que l'exercice régulier de l'auto-analyse, particularité mise en avant comme preuve de dynamisme, d'innovation, apporte aux agents comme réassurance, comme légitimation de pratiques dont l'indétermination serait aisément source de malaise. Parler sur la pratique fait partie d'une pratique qui doit sans cesse se redéfinir pour s'imposer aux autres et pour s'assurer de sa place, et de son importance, face aux détenteurs légitimes du savoir, psychiatres et autres psychothérapeutes.

Les éducateurs qui travaillent dans le cadre d'un service d'éducation et rééducation en milieu ouvert interviennent en application d'un mandat judiciaire, nominal, auprès d'un mineur maintenu dans ses milieux habituels d'existence. Il travaille auprès d'une famille déterminée, mais c'est le mineur qui est l'objet de l'action. Le cadre de travail est donc relativement précis — en fait, plusieurs familles à la fois —, mais il n'y a plus d'obligation horaire : l'éducateur est maître de la fréquence de ses contacts avec une famille, comme il est juge de ses modes d'approche. Son action a une visée explicitement curative ; la durée du mandat n'est pas fixée *a priori* mais dépend des résultats qu'il obtient. Une part importante du travail consiste à évaluer le jeune, ses « progrès » et à informer régulièrement le juge sous forme de rapports trimestriels et, éventuellement, d'un rapport d'incident, si un événement inattendu survient, un délit ou une fugue, par exemple. Le magistrat n'est pas dans une relation hiérarchique avec l'éducateur, il ne juge pas ses méthodes ou son efficacité ; il en reçoit simplement des éléments d'information et une estimation. « Au cours de la période du 14-7 au 15-10-1966, aucun incident n'est survenu dans la famille, qui paraît actuellement stabilisée. Jean travaille régulièrement, ses loisirs sont satisfaisants, il évolue normalement et son intégration sociale semble être en voie de se réaliser [44]. »

L'appréciation du travail de l'éducateur se fait au sein de l'équipe de professionnels dans laquelle il est inséré ; c'est généralement l'équipe tout entière plutôt qu'une personne précise qui joue le rôle de superviseur de l'action. Là encore, cette réflexion sur la pratique et sur soi — qu'un professionnel appelle « une autocritique dirigée [45] » —, dont l'importance varie selon l'orientation de chaque service, est considérée comme partie intégrante du travail. Apparemment défini du fait de l'existence d'un mandat judiciaire et d'une liaison régulière avec le magistrat spécialisé, ce poste laisse, au jour le jour, une large part d'initiative à l'agent qui, se fondant sur l'idée d'une valeur unique de chaque individu, entend avoir avec chacun une relation unique ne pouvant pas faire l'objet de codifications ou de directives. L'éducateur se refuse à indiquer ce qui entrera dans le champ de son action comme ce qui pourrait en être écarté à coup sûr.

Les éducateurs de prévention agissent dans le cadre d'un club ou d'une équipe de rue. C'est dans ce dernier cas que le flou des tâches atteint son degré maximum. L'éducateur n'a pas affaire à une population délimitée comme celle qui lui est confiée dans le cadre d'un établissement ou celle pour qui il a reçu un mandat nominal. On lui a seulement attribué une aire géographique ; chargé par les pouvoirs publics d'une mission officielle, il ne dispose, contrairement aux cas précédents, d'aucun moyen de s'imposer. La souplesse de ses horaires est à la fois une nécessité de ses objectifs particuliers et une revendication. Un conflit sur-

44. G. Vattier, *Rééducation des jeunes inadaptés...*, *op. cit.*, p. 35.
45. *Ibid.*, p. 39.

venu dans une équipe en province, en 1972-73, portait, entre autres points, sur le fait que le président du conseil d'administration avait demandé que chaque éducateur fournisse une grille hebdomadaire, et des indications sur le contenu des horaires journaliers ; le directeur avait refusé [46].

C'est à des moments choisis par lui, en des lieux spécifiques qu'il a lui-même repérés, que l'éducateur agit ; son action consiste à « noyauter un quartier ou un immeuble pour entrer dans une bande ou dans un clan, se fondre avec lui pour le mieux connaître et tenter par-là même une récupération sociale [47] ». Ainsi que l'écrit un prêtre, animateur d'une équipe de rue, ceux qui tentent ce travail ont pris « le langage, les habitudes vestimentaires, certains horaires » des « exclus » qu'ils côtoient quotidiennement ; cette identification — qu'il attribue à la « générosité », et qui peut sans doute être vécue ainsi — est une nécessité : pour se faire accepter, les agents de la prévention doivent dissimuler ou tout au moins atténuer leur caractère officiel [48]. Le travail qui consiste donc à se faire admettre des jeunes suppose que l'éducateur ait une grande liberté et tout le temps qu'il estime nécessaire pour mener à bien ce travail d'approche. « Ce travail, qui demande quelquefois un an, voire deux ans ou plus, ne peut s'effectuer que si l'éducateur est présent selon le rythme propre aux jeunes en rupture de communications, dans certaines circonstances [49]. » Pas plus qu'on ne peut décider à sa place du rythme de sa démarche ou des lieux les plus adéquats, on ne peut, selon l'éducateur, refuser un mode, un geste, une activité, comme non éducatifs. Ce n'est pas forcer ou caricaturer la conception des éducateurs de prévention que de dire qu'ils définissent comme éducatif tout ce qu'ils sont amenés à accomplir dès lors qu'ils sont en situation de travail. « Je pense, dit un éducateur, à une association qui mettait dans son budget le fait de prendre des repas avec des jeunes au resto. On leur a refusé. Ils ont accepté,

46. « L'affaire de Bègles », *Champ social,* 5, février 1975, p. 9.
47. P. Saurat, « Le rôle de l'éducateur dans un club de prévention », Préfecture de la Seine, service départemental de coordination des services sociaux, conférence du 9 mai 1967, p. 16.
48. P. Giros, « Quelle sectorisation ? », *Esprit,* n° spécial, *op. cit.,* p. 631.
49. *Le travail social contre qui ?, op. cit.,* p. 142.

sans autre bagarre sur un plan technique ou de fond, qu'un directeur de sécurité sociale juge de ce qui est une activité de prévention et ce qui n'en est pas [50] ! ». Ainsi que le disent des éducateurs défendant un de leurs collègues inculpé, son activité professionnelle est « matérialisée ne serait-ce que parce qu'il est au volant d'une voiture de service. Etant en situation professionnelle, il risque donc à un moment donné d'être en contact avec un jeune ou un groupe de jeunes avec lesquels il a ou il va engager une action éducative. A partir de là, il peut être présent dans tous les actes, délictueux ou non, accomplis par les jeunes [51] (...) ». Prendre un café, jouer au baby-foot, discuter, aller à la patinoire, accompagner un jeune dans une démarche, bavarder, toute une série d'activités dont la liste ne peut être dressée sont, pour un éducateur, des actes professionnels. Largement maître de son temps et du contenu de ses activités quotidiennes, l'éducateur, qui refuse les contrôles externes, se livre à des estimations régulières de son travail, à l'intérieur de l'équipe éducative ; exposé des situations, analyse des comportements de l'éducateur, de sa maîtrise, de la progression dans l'approche de nouveaux jeunes, etc., font l'objet de discussions obligatoires. En permanence, l'analyse intervient pour fonder, justifier l'activité.

Le travail de l'éducateur est inséparable du discours qu'il tient sur lui ; c'est cette capacité de parler sur la pratique qui donne à celle-ci ses lettres de noblesse. Alors que les récits d'une journée de travail englobent des activités de colonies de vacances, des scènes de mœurs de caserne et des esquisses sommaires de psychothérapies, la pratique éducative s'en distingue par le discours qui l'analyse et lui confère un statut supérieur.

Ce que l'éducateur doit faire, grâce au « vivre avec » qu'il établit avec le jeune, c'est assurer son adaptation à la société telle qu'elle est : « Il faut, dès que nous en avons la possibilité, les intégrer nécessairement dans cette forme de société qu'ils rejettent [52]. » Cet idéal d'adaptation

---

50. Y. Ducasse, Colloque sur « Ce qui fonde l'intervention en prévention spécialisée », Paris, 21 novembre 1976, document ronéoté.
51. *Le travail social contre qui ?, op. cit.*, p. 142.
52. P. Saurat, « Le rôle de l'éducateur dans un club de prévention », *op. cit.*, p. 16.

est permanent, mais le contenu qui lui est donné a changé en même temps que se transformait l'état du système économique et social ; on formait des producteurs quand l'économie en avait besoin, on se désintéresse de la formation et des valeurs professionnelles alors que la mobilisation des producteurs a cessé et que le sous-emploi structurel est rationalisé. La psychologie permet de donner un habillage progressiste à cet ajustement. Les travailleurs sociaux se flattent aujourd'hui de ne plus se définir comme « ceux qui mettent au travail » ; ils font désormais le mieux qu'ils puissent faire (en toute liberté) : *la restructuration du moi* qu'ils visent, et qui est une action sur les jeunes pour qu'ils « modifient leurs attitudes » face à la vie, s'accorde harmonieusement et à leur insu avec les souhaits de la classe dominante, prompte à inviter l'homme à se changer, au lieu de changer la vie.

A présenter ainsi la profession d'éducateur spécialisé, même si on souligne l'indétermination des tâches et si on rappelle le caractère arbitraire et mouvant du processus de constitution de la « clientèle », on risque d'en donner une représentation faussée, en lui accordant une sorte d'objectivité, aisément saisissable. En fait, on constate là encore des chevauchements, des usurpations, des confusions, encore que ce secteur soit plus rigidement hiérarchisé que celui de l'assistance et que certaines professions ne puissent prétendre se débarrasser des tâches matérielles qui leur sont dévolues et de leur statut subalterne. Mais les conflits débordent le cadre de l'éducation et peuvent mettre aux prises, par exemple, assistantes sociales et éducateurs. Chaque catégorie du personnel éducatif s'efforce de mettre en avant une spécificité, une utilité que les autres n'auraient pas, mais les distinctions sont finalement effectuées sur la base de critères externes.

Tantôt le découpage est fait selon un critère comme le moment et, corrélativement, les lieux, où le technicien opère : ainsi l'éducateur spécialisé et le moniteur-éducateur interviennent en dehors des heures de classe ou d'atelier, tandis que l'éducateur technique aura la responsabilité des heures d'atelier. La nature du handicap ou de l'inadaptation, ou plutôt son degré de gravité supposé mesurable, fait qu'un enfant relèvera, en théorie, de l'éducateur spécialisé ou simplement du moniteur-éducateur, qui, parce qu'il a une formation brève, se voit attribuer les problèmes « moins aigus et moins criants ». Une autre façon de distinguer des professions est encore d'établir entre elles un rapport hiérarchique : c'est le cas de l'aide médico-psychologique, qui accomplit des tâches éducatives « auprès » d'un éducateur spécialisé.

Les efforts répétés de définition s'imposent d'autant plus aux professionnels que leurs pratiques se ressemblent, se réclament des mêmes valeurs. Au cœur de l'action de tous, la « capacité de relation », par laquelle tous entendent spécifier leur travail, le distinguant radicalement de celui de l'enseignant qui établit avec l'enfant une relation triangulaire dont le troisième pôle est le savoir à transmettre, tandis qu'eux sont pris dans un « face à face ». Dès lors, l'accès à toutes ces professions doit comporter une sélection psychologique visant à éliminer les motivations pathologiques et à écarter tous ceux qui n'ont pas les aptitudes de type charismatique, permettant l'établissement de bonnes relations. La définition des conditions d'accès à la profession d'aide médico-psychologique est exemplaire :

> « L'aide médico-psychologique est choisie pour son équilibre mental et physique, une saine gestion de son existence personnelle (...). Dévouement, don de soi, libre de toute implication névrotique importante, sont de mise. Mais il y faut un élément supplémentaire qui spécifie l'aide médico-psychologique dans sa fonction. C'est une certaine qualité de contact avec le handicapé, une spontanéité de communication avec lui (...). Ces dons ne peuvent s'acquérir dans une technique, mais ils doivent se dévoiler, s'enrichir, s'objectiver et c'est pour cela que l'aide médico-psychologique relève d'une formation visant à faire jaillir ses dispositions naturelles, à les discipliner (...) [53]. »

On retrouve le langage traditionnel de la vocation, aussitôt tempéré par une référence savante — l'implication névrotique —, accompagnée de la réconciliation opérée entre les deux orientations qui parcourent tout le travail

53. Comité national des centres de formation d'aides médico-psychologiques, *Note sur la fonction et la formation des aides médico-psychologiques,* décembre 1971, document ronéoté.

social : l'être, l'ineffable, et la technique qui sert à discipliner ce que le moi « généreux », « qui se donne », pourrait avoir de pathologique. La formation sera donc toujours un travail de soi sur soi, une mise à l'épreuve ; un tel mode est ce qui prépare le plus efficacement à l'exercice inconscient, et donc aisé, de la manipulation des personnes, qui, sous couvert d'aider à l' « épanouissement », caractérise en fait la relation « éducative ».

Quatre autres professions éducatives interviennent auprès des inadaptés et handicapés. La plus nombreuse, après celle d'éducateur, est celle de *moniteur-éducateur*. « Il s'est avéré, lit-on dans une note du ministère de la santé, que le moniteur-éducateur est très proche de l'éducateur spécialisé. C'est pourquoi il contribue également à l'épanouissement des enfants inadaptés » ; initialement, il avait été prévu que ce moniteur encadrerait des enfants « cas sociaux » ou malades posant des « problèmes moins aigus et moins criants que lorsqu'il s'agit d'enfants dit inadaptés [54] », bref qu'il serait une sorte d'éducateur « au rabais » : niveau de départ plus bas (le B. E. P. C. au lieu du baccalauréat), études plus brèves, programme identique mais résumé, simplifié... en même temps qu'était imposé le même type de sélection. Dans la réalité, les caractéristiques de la « clientèle » — degré d'acuité ou le caractère plus ou moins criant de ses problèmes —, qui devaient suffire à dire à quel professionnel il fallait faire appel, ont été peu utilisables. Les spécialistes s'efforcent de fonder la distinction de deux professions si substituables dans la réalité : cette distinction tient-elle à la plus ou moins grande complexité des « situations éducatives » ? Ne faut-il pas plutôt chercher du côté de l' « autonomie » qui serait plus réduite chez le moniteur ?, etc. En dépit de cette recherche de différences, le moniteur opère sur le même terrain que l'éducateur, a la même fonction, le même mode d'intervention.

Cette profession connaît, elle aussi, un développement important, qui passe essentiellement par le recrutement d'un personnel sans qualification : 4 520 diplômés sur 16 500 personnes. Institué en 1970, le certificat d'aptitude

---

54. Ministère de la santé, *Le moniteur-éducateur,* note ronéotée du 1er janvier 1975.

comporte la même organisation de la sélection, la même définition des aptitudes requises, une sanction conçue selon le même principe, la même orientation du programme théorique, simplement allégé, que ce qui avait été mis en place peu auparavant pour la formation des éducateurs [55]. De bas niveau, mal rémunérée, la profession, malgré une croissance qui témoigne de l'intérêt porté à l'encadrement d'une certaine jeunesse et bien que son utilité soit reconnue, ne parvient pas à améliorer un statut déterminé par son recrutement social.

Les *éducateurs techniques spécialisés* méritent de retenir plus longuement l'attention malgré leur effectif faible et stagnant. D'origine ouvrière, mais en outre eux-mêmes ouvriers, ils se distinguent par-là d'autres travailleurs sociaux qui, pouvant avoir la même origine (on en trouve un faible pourcentage chez les assistantes sociales ou les animateurs, par exemple), ont été sélectionnés et modifiés au cours de leur ascension. On comprend dès lors pourquoi le statut des éducateurs techniques est bas. Ne pouvant proposer, parce qu'ils n'en perçoivent pas la nécessité, un autre service que la formation professionnelle des jeunes au moment où, même en dehors de la crise économique, le sous-emploi structurel est accepté, ils éclairent *a contrario* une caractéristique fondamentale des agents de l'action sociale : la complicité de fait qui unit ces groupes issus des classes supérieures et moyennes à la classe dominante, leur efficacité comme agents idéologiques, capables de s'adapter spontanément à des exigences qui n'ont pas besoin d'être formulées.

L'éducateur technique, anciennement moniteur d'atelier, a pris son nom à la fin des années 1950. Le certificat d'aptitude, institué seulement en 1976, est destiné « aux personnes assurant la formation technologique, l'adaptation et la réadaptation professionnelle des inadaptés ou handicapés » (art. 1 du décret du 12 janvier 1976 [56]). Il sanc-

55. Certificat d'aptitude aux fonctions de moniteur-éducateur, décret interministériel n° 70-240 du 9 mars 1970 (*J. O.* du 21 mars) modifié par le décret n° 73-117 du 7 février 1973 (*J. O.* du 8 février). Les modalités de formation sont définies par un arrêté du 9 mars 1970 (*J. O.* du 21 mars), modifié par un arrêté du 7 février 1973 (*J. O.* du 8 février).

56. Décret n° 76-47 du 12 janvier 1976, et arrêté d'application du 6 février 1976.

tionne une formation psychopédagogique dispensée sur une durée de trois ans au minimum, en cours d'emploi, à des personnes justifiant d'un titre d'ouvrier qualifié ou de technicien, et d'une expérience de trois à cinq ans, selon leur niveau de base. C'est le « vécu », la « connaissance du monde du travail », qui est recherché dans l'éducateur technique, plus que la qualification proprement dite.

L'éducateur technique enseigne « un métier ou un ensemble d'attitudes et d'opérations initiant au travail ou préparant à l'accomplissement d'un certain nombre de tâches [57] ». On peut se demander alors s'il appartient au champ du travail social. La réponse ne peut être que positive, il n'existe pas, en effet, un enseignement qui serait purement technique, la leçon technique inclut une leçon de morale d'autant plus évidente ici qu'il s'agit d'intervenir auprès d'une population stigmatisée. A l'intérieur des différentes professions sociales, on voit seulement se modifier le rapport entre l'action idéologique et les tâches techniques. Si ce métier semble le plus éloigné du pôle idéologique « pur », ce n'est pas parce qu'il a au moins quelque chose d'objectif à transmettre — les conseillères en économie familiale et sociale, par exemple, qui elles aussi peuvent transmettre des connaissances concrètes, sont avant tout des agents idéologiques —, mais parce que le recrutement social des éducateurs techniques les rend moins habiles pour diffuser des valeurs qui ne sont pas d'abord les leurs. Les professions d'éducateur technique et de travailleuse familiale ne se distinguent pas tellement des autres par le contenu plus « technique » des tâches que par l'origine sociale et culturelle des agents, dépourvus de l'aisance qui permet si bien aux assistantes sociales, par exemple, d'accompagner chaque acte concret d'une pression morale. A la question de son appartenance au même champ professionnel que l'éducateur spécialisé, l'éducateur technique répond d'ailleurs en affirmant « l'identité de l'œuvre » qu'ils poursuivent l'un et l'autre.

« Le rôle d'enseignant n'est pas celui qui vient à l'esprit quand les éducateurs techniques analysent ce qu'ils

57. Centre technique national pour l'enfance et l'adolescence inadaptées, *Conclusions des travaux de la sous-commission sur la formation des éducateurs techniques,* document provisoire, mars 1969, 9 pages ronéotées.

sont (...) ; l'éducateur technique se définit en premier lieu comme un éducateur. C'est donc que l'aspect éducatif, le traitement de l'inadaptation, a priorité sur la transmission d'un savoir (...). [Il est] éducateur, au sens professionnel du terme, qui contribue par sa présence, son témoignage, par la qualité de la relation (...), à l'épanouissement de la personnalité de l'inadapté [58]. »

Mais, tenant à son originalité, il insiste sur sa qualité de travailleur : « Ses horaires et son cadre de travail, sa tenue vestimentaire, ses outils, son langage technique font référence à la vie professionnelle. » Ce qui le distingue, c'est une autre origine sociale : « Ouvrier qualifié, muni d'un C. A. P., il a exercé son métier quelques années dans l'industrie ou l'artisanat, sans y trouver entièrement cette satisfaction qui est, dit-on, la récompense du travail. Il a donc cherché une autre voie [59]. » Son discours se sépare de celui des éducateurs en général sur deux points : la référence à l'origine de classe et au statut d'ouvrier, et la valorisation du travail. Toutefois, la promotion cherchée dans une issue si particulière et la cécité sur la fonction indiquent que la « fidélité » à la classe d'origine ne renvoie pas à une conscience bien constituée : « Non, l'éducateur technique n'a pas mauvaise conscience (...). Il est toujours un travailleur, il n'a pas renié ses origines sociales. Il était au service de l'industrie, il est maintenant au service des jeunes [60]. » La valorisation du travail peut sembler en contradiction avec ce qui a été dit précédemment sur l'abandon, implicite, de l'objectif de réinsertion professionnelle au profit d'une visée de restructuration du moi. En fait, se marquent seulement dans cette attitude la marginalité et l'absence de poids de ce sous-groupe professionnel, liées directement à son origine. L'institution du certificat en 1976 ne prouve nullement que soit reconnue comme actuelle la préoccupation des éducateurs techniques.

58. Cf. Rapport présenté au conseil d'administration de l'A.N.E.J.I., le 19 septembre 1968, par la Commission nationale des éducateurs techniques, 12 pages ronéotées.

59. Les éducateurs techniques en formation. Promotion 1969-70. Institut régional de formation de travailleurs sociaux (I. R. F. T. S.) de Caen, « Réflexions sur le rôle de l'éducateur technique », *Liaisons,* n° 70, octobre 1969, p. 10.

60. *Ibid.,* p. 9.

Les reports et les retards apportés à la sortie du décret ces dix dernières années confirment, au contraire, le peu d'intérêt qui leur est porté [61]. Ces éducateurs, faute d'un capital culturel suffisant, ne peuvent tenter une conversion ; plus profondément, ils n'en perçoivent pas la nécessité. Ils n'ont pas, étant donné leur origine, leur niveau scolaire, leur position, les moyens de sentir les évolutions lentes et « naturelles » qui affectent leur secteur d'intervention, ou bien ils ne sont capables de changer qu'avec des décalages, qui rendent non rentables leurs nouveaux investissements. L'anachronisme fréquent de leur ton rend bien compte de l'inconfort de leur position dans le champ du travail social.

Les *aides médico-psychologiques,* qui, dans les établissements pour handicapés « secondent les éducateurs dans les tâches éducatives en vue d'une assistance individualisée auprès des handicapés dont l'état psychique ou physique l'impose [62] », éprouvent des difficultés identiques en raison de leur origine et leur faible capital scolaire. Dans ce cas encore, le certificat, créé en 1972, est venu prendre acte d'une spécialité qui s'était mise en place, qui avait été définie auparavant par la Convention collective nationale du travail de l'enfance inadaptée du 15 mars 1966. Du fait des caractéristiques (relativement) plus objectives de sa « clientèle », on pourrait se demander si cette profession a bien sa place dans le champ du travail social ou si elle n'est pas plutôt à intégrer au champ médical. L'orientation de la formation et son mode, l'idéologie professionnelle, la mise en avant de la fonction relationnelle, la valorisation de « l'aptitude à l'engagement relationnel » comme spécifiant l'aide médico-psychologique renvoient bien aux professions sociales. Mais, si elle appartient à ce champ, cette profession y occupe un rang subalterne, comme le met en évidence un texte officiel : « Les aides médico-psychologiques sont habituellement inhibés, dévalorisés par

61. Une lettre du président de l'A. N. E. J. I. au secrétaire d'Etat auprès du ministre de la santé, en date du 3 octobre 1974, se plaint des reculs et des remises en cause concernant la formation et le certificat d'éducateur technique, alors qu'en 1967 ces problèmes avaient été jugés prioritaires par le C. T. N. E. A. I. (document A. N. E. J. I.).

62. Art. 1 de l'arrêté du 4 septembre 1972 (*J. O.* du 29 septembre) instituant un certificat d'aptitude aux fonctions d'aide médico-psychologique, modifié par arrêté du 5 août 1974 (*J. O.* du 29 août).

leur insuffisance culturelle, mal à l'aise dans une langue technique qui n'est pas la leur » — celle des médecins, psychologues et éducateurs [63]. Le programme théorique, apparemment complexe, prévu pour remédier à cette situation ne fait pas l'objet d'un véritable enseignement [64] ; il est précisé qu'il « distribuera ses temps forts en causeries ou regroupements réguliers », qu' « il doit être monnayé au contact de l'expérience vécue quotidienne ». Absence d'exigence quant au niveau scolaire à l'entrée, apprentissage « sur le tas » suffisent à définir le statut de la profession.

Par rapport à ces professions qui ont en commun une orientation résolument psycho-psychiatrique, qui confèrent la prééminence à l'être, aux qualités de type charismatique et qui pensent encore leur activité comme autre chose et plus qu'un métier, les *éducateurs de l'Education surveillée* (ministère de la justice) présentent un ensemble de traits originaux, dus largement à leur appartenance au secteur public, qui donne à la formation une orientation propre et, à la pratique, des justifications d'un autre ordre. Il s'agit d'un secteur très restreint, de 2 000 personnes en 1976, sur lesquels 1 226 sont des fonctionnaires dont la carrière s'inscrit dans le cadre général de la fonction publique [65]. Leur formation est assurée en deux années, par l'Ecole nationale de formation des personnels de l'Education surveillée ; le concours d'entrée, ouvert aux titulaires du baccalauréat ou d'un diplôme équivalent, âgés de 18 à

63. Annexe, non parue au *J. O.*, à l'arrêté précédent sur la formation. Fasc. SP/SS 72-39.

64. Programme théorique (210 heures) : Rôle et responsabilité de l'aide médico-psychologique ; la langue et le matériel techniques ; notions médicales élémentaires et hygiène ; psychologie de l'enfant normal ; généralités sur l'enfance inadaptée ; l'enfance inadaptée et la législation ; notions de psychiatrie infantile, morale professionnelle ; pédagogie générale et pédagogie spéciale ; pédagogie de la vie quotidienne ; techniques éducatives ; thérapeutique institutionnelle.

65. Son statut particulier est fixé par les décrets n° 56-398 et n° 56-399 du 3 avril 1956 (*J. O.* du 25 avril) modifiés par le décret n° 60-654 du 13 juin (*J. O.* du 17 juin 1960). S'ajoutent aux 1 226 fonctionnaires : 355 élèves de première année et des éducateurs sur contrat. Parallèlement il existe un recrutement, à titre contractuel, pour une année, de candidats titulaires du baccalauréat ; ils sont soumis aux examens psychologiques de présélection du concours. Et un recrutement, dans la limite d'un dizième de l'effectif total, au profit de fonctionnaires titulaires exerçant des fonctions d'enseignement ; ils doivent satisfaire à un stage probatoire d'un mois, au cours duquel ils sont soumis à des examens d'aptitude psychologique.

28 ans, est précédé d'un examen psychiatrique recherchant l'existence de « troubles névrotiques incompatibles avec les fonctions d'éducateur ».

> « Il comporte un examen neurologique clinique, un entretien, une étude de la normalité de l'habitus général. Les résultats sont consignés sur une fiche où mention est faite, d'une part, de la normalité (normal, caractériel, caractériel accentué, névrotique), d'autre part, du degré d'aptitude (très apte, apte relatif, inapte [66]). »

L'examen psychologique, constitué par un ensemble de tests « dont la valeur est indiscutée » (*op. cit.*, p. 19), doit détecter si les candidats présentent des « foyers de « sous-équilibre émotivo-affectif ». Ces tensions se dissimulent le plus souvent dans la vie quotidienne et ne se libèrent que si l'occasion leur en est offerte et, en quelque sorte, à la dérobée. Les techniques psychologiques dévoilent ces tensions » (*op. cit.*, p. 20). Les sujets ainsi sélectionnés sont amenés à concourir dans le cadre d'un stage de quinze jours dans une institution de l'Education surveillée : cette « épreuve de situation » doit permettre une nouvelle élimination, qui est d'abord une auto-élimination.

> Chaque candidat, affecté à un groupe, doit diriger diverses activités. La notation est fondée sur les critères : « Aptitude physique, connaissances professionnelles, ordre et ponctualité, organisation et précision, sens du travail en équipe, activité, maîtrise de soi, ascendant, sens de l'observation, influence éducative. » Une épreuve écrite sur un sujet ayant trait à des activités du stage, une interrogation orale sur la psychologie des délinquants et les méthodes de la rééducation, des épreuves d'aptitude physique complètent le concours. Par l'interrogation orale, il s'agit moins de contrôler des connaissances (« il n'existe d'ailleurs aucun manuel de pédagogie auquel les candidats puissent se référer », *op. cit.*, p. 23) que de vérifier l'aptitude du candidat à tirer profit de son séjour et, surtout, s'il « a une conscience exacte de ses aptitudes positives et de ses insuffisances ».

---

66. Centre de formation et de recherche de l'éducation surveillée, *L'éducateur de jeunes délinquants,* présenté par H. Michard, directeur, préface de J. Stoetzel, 1962, p. 19.

D'après un responsable de la formation, « cette profession recueille une proportion importante de personnes qui ont vu leurs ambitions premières avorter, notamment l'ambition de faire des études supérieures [67] ». Cette caractéristique, qu'elle partage avec beaucoup de travailleurs sociaux, ne semble pas s'accompagner d'agressivité à l'égard de la « culture » ; sans doute parce que l'appartenance idéologique des élèves, qu'exprime le choix du secteur public plutôt que privé, n'inclut pas cette suspicion qui, on l'a dit, préexiste à l'échec personnel. Si les élèves diffèrent donc de ceux du secteur privé, le discours pédagogique qu'on leur tient est également centré sur d'autres valeurs.

> « Un secteur important de l'action de l'éducateur est à base de transmission de culture. Et ce secteur ne cesse d'augmenter (...) ; la prolongation de la scolarité et le développement des moyens d'information de masse préparent pour demain une jeunesse dont les exigences seront, en ce domaine, sans comparaison avec celles de la jeunesse actuelle. Il importe donc que l'éducateur acquière une très solide culture [68]. »

Certes, lors du recrutement, on s'intéresse plus aux « aptitudes » qu'aux « connaissances livresques » ; on recommande aux candidats : « Restez simplement vous-mêmes. Chacun d'entre vous possède un capital personnel toujours présent [69]. » Mais l'idéologie de ce secteur, rejetant l'idée d'un sacerdoce — après s'être néanmoins posé la question —, s'attache à faire de cette activité un métier (posant seulement plus de problèmes que d'autres), dont il n'est nullement sacrilège d'évaluer les conditions avantageuses d'exercice avant de s'engager :

> « Est-ce pour cela un métier qui exige une véritable abnégation, un don de soi qui confine à l'apostolat ? Une vocation au sens sacerdotal du terme ? Assurément non... Le métier d'éducateur est parfaitement compatible

67. D. Fleury, « Profession et formation des éducateurs spécialisés (justice) », in *Sciences de l'homme et professions sociales, op. cit.*, p. 283.
68. *L'éducateur des jeunes délinquants, op. cit.*, p. 189.
69. Ministère de la justice, direction de l'Education surveillée, *Educateur,* Paris, s. d., p. 16.

avec une vie familiale équilibrée. La durée hebdomadaire du travail de l'éducateur est celle de la Fonction publique et, par ailleurs, il bénéficie de conditions spéciales de congé qui permettent la détente nécessaire [70]. »

On retrouve néanmoins des éléments communs avec les autres éducateurs : l'éducateur est un spécialiste de la relation, une part fondamentale de son travail consiste à analyser et à manier les relations qu'il noue avec l'adolescent, la maîtrise de l'entretien et la qualité de l'écoute sont des caractéristiques du praticien qui ont valeur thérapeutique, etc. L'objectif affiché est comme pour tous ces métiers, ambitieux et indéfinissable. La direction de l'éducation surveillée, s'efforçant de susciter des candidatures, proclame : « Rééduquer, c'est avant tout faire aimer la vie dans toute sa richesse et sa complexité » ; le directeur de l'Education surveillée déclare qu'il s'agit de permettre aux mineurs de « devenir des adultes autonomes et responsables, capables de prendre en main leur destin [71] ». On n'en finirait pas d'énumérer ces discours optimistes et pleins de bonne volonté qui, émanant de responsables et destinés aux agents qui y adhèrent largement, assignent à l'éducation des objectifs désintéressés [72]. N'ayant pas besoin, du fait de sa position extérieure au champ, des rationalisations qui, pour les responsables, sont vitales, Jean Stoetzel peut écrire : l'éducateur « doit s'attacher plus particulièrement à les rendre utiles à la société quand ils seront livrés à eux-mêmes, et, en même temps, à les amener à trouver satisfaisante la position qu'ils auront dans cette société [73] ».

Ces éducateurs sont fréquemment en concurrence ouverte avec les associations de sauvegarde, comme le rapporte la directrice d'une de ces associations racontant son premier contact avec l'équipe de l'Education surveillée travaillant sur le même secteur :

70. *Ibid.*, p. 12.

71. *Note d'orientation sur la politique de l'éducation surveillée*, Préparation au VIIe Plan. Le directeur de l'Education surveillée (Simone Rozès), s. d., p. 2, document ronéoté.

72. Un remarquable condensé de ces rationalisations est fourni par le recueil *Hommage à Pierre Ceccaldi*, ancien directeur de l'Education surveillée, publié par ses pairs à sa mort, Paris, 1970.

73. *Préface à L'éducateur de jeunes délinquants*, *op. cit.*, p. 7.

> « Nous avons été tout de suite nous présenter à l'équipe de l'Education surveillée, et nous nous sommes trouvés devant un véritable tribunal, avec une très grande table, derrière laquelle il y avait tous les... nous étions allés à deux, il y avait dix personnes qui nous ont fait asseoir, et vraiment nous avions l'impression d'être devant une cour d'assises. “Qu'est-ce que vous venez faire ? Nous étions là avant vous, etc.” On leur dit que nous venions leur faire une visite de courtoisie, qu'il y avait beaucoup de travail, et que nous ne sommes pas des ogresses, d'ailleurs, nous avons très peu de moyens [74]. »

Les autres éducateurs leur reprochent en particulier leur statut, un « état d'esprit de fonctionnaire », leur « sécurité », etc. En nombre restreint, sans perspective d'extension, ils semblent peu susceptibles de porter atteinte à la prépondérance du secteur privé dans le traitement de l'enfance et de l'adolescence « inadaptées ».

La prévention : un mode réaliste de contrôle de masse.

On a souligné précédemment que l'ensemble du secteur assistance, quels que soient ses ajustements, ses efforts pour prendre ses distances avec la répression et les « bonnes œuvres » qui en marquent les frontières, constituait une forme d'encadrement mal adaptée à l'état actuel des rapports de domination. Il s'était montré d'ailleurs dans le passé peu capable de remplir le dessein normatif, impérialiste, mais aussi en partie idéaliste, qu'il s'était assigné : l'imposition des normes bourgeoises aux prolétaires, leur transformation en petits bourgeois (pauvres) adoptant le mode de vie et de pensée « rationnel » et « raisonnable » de la bourgeoisie, qui devaient assurer le consensus social. Les débats, les études de la décennie 1960 sur les « familles socialement handicapées », leurs « résistances » et la recherche de nouvelles formes d'action, expriment un certain échec ressenti par les agents d'exécution, d'autant plus vivement qu'ils adhéraient au projet éducatif et ignoraient,

74. Entretien de novembre 1974, responsable d'une Association de sauvegarde de la région parisienne.

ou voulaient ignorer, sa fonction, au service de la classe dominante. Pour celle-ci, la reproduction de l'ordre établi ne passe pas nécessairement aujourd'hui par la domestication des dominés. Ayant constaté, avec réalisme, que les classes « inférieures » ne se sont pas alignées sur les modèles qu'on s'efforçait de leur inculquer, l'action sociale prend son parti de leur « infériorité », sans cesser de la stigmatiser. Le « droit à la différence » qu'elle veut bien leur reconnaître désormais dans son discours — récupération rentable d'un thème se voulant radical — est le masque dont elle couvre, puisque la croissance n'a pas résolu le problème des inégalités, de la pauvreté, son acceptation de la pauvreté, des inégalités. Ayant renoncé à « élever » et « éduquer » les classes « inférieures », elle se limite à vouloir les connaître au mieux pour les contrôler : diverses tentatives faites ces dernières années pour constituer des fichiers de populations « à hauts risques », etc., sous couvert de protection et de prévention, ne sont que les manifestations les plus voyantes de cette nouvelle visée qui, dans le même temps, est poursuivie plus subtilement à travers un nouveau mode d'intervention, la *prévention spécialisée,* mise en œuvre dans le secteur éducatif. Malgré ses réalisations très restreintes, ses tâtonnements et ses tensions, elle représente l'idéal actuel de l'action sociale et son avenir, elle est le moyen enfin trouvé d'étendre le contrôle que le mode d'action « personnalisé » de l'assistance limitait. Cette extension se paie d'un recul sur le contenu des objectifs, qui pourraient être atteints grâce à de nouveaux instruments de manipulation symbolique, mieux dissimulés, tandis que les contenus eux-mêmes n'ont plus le même caractère d'impérieuse nécessité.

Ce recul se mesure pleinement dans la simple opposition entre l'image de l'assistante sociale et celle de l'éducateur de prévention : par son apparence, sa tenue, l'assistante sociale devait constituer un exemple ; sa supériorité, à la fois discrète et visible, devait inciter à la « promotion ».

> Selon une directrice d'école sociale, l'assistante doit se préoccuper avant tout de « mettre le client à l'aise » ; le moyen d'y arriver, c'est d'être simple, « soignée », « pas voyante », « ainsi, le client éprouve déjà une certaine confiance du fait de notre extérieur, qui ne

lui fait pas sentir une trop grande différence entre lui et nous ». La « différence » est néanmoins indispensable, et cette distance sociale reçoit, dans le discours, valeur thérapeutique : « Au fond, il serait déçu s'il ne sentait pas que nous avions une vie plus élevée [75]. »

Dans la pratique, l'assistante se reconnaît volontiers comme modèle, et, comme les « femmes du monde » du début du siècle, elle croit d'autant plus à la vertu de la proximité que la distance sociale est plus manifeste : « J'attache une certaine importance à l'habillement pour moi, eh bien, combien de fois j'ai vu des femmes me dire, "Il vous va bien, ce pull-over", "Il vous va bien, ce pantalon", et puis, trois jours après, me dire : "J'ai le même pantalon que vous", une conversation de femme à femme, et ne pas être cette personne lointaine et impossible. On offre aux gens une certaine identification et, ça, je crois qu'il ne faut pas se l'interdire [76]. »

A l'opposé, l'éducateur de rue doit « s'indigéniser ». Non seulement il ne cherche pas à en imposer à ses « clients » par sa tenue, mais il doit leur ressembler : cheveux longs, jeans, blousons, etc., ne relèvent pas d'une mythologie journalistique. Cette transformation traduit celle des objectifs.

La prévention a été « inventée » dans le secteur éducatif, c'est-à-dire celui de la jeunesse à laquelle les pouvoirs publics portent un intérêt accru ces dernières années, comme en témoignent la très forte augmentation de l'effectif des personnels du secteur et la place de la délinquance et sa dramatisation dans le discours politique. Elle s'édifie sur un double renversement : les formes traditionnelles d'éducation s'adressaient à un individu particulier, la prévention vise tout un milieu. L'individu n'était soumis à une mesure éducative qu'au terme d'une procédure légale ; cette mesure devait être justifiée, prise dans des conditions définies, pouvant faire objet de contestation. Dans le cas de la prévention, rien ne limite l'appréciation portée sur un quartier comme « névralgique », « chaud », « asocial »,

---

75. Mlle Thomassen, « L'entretien », *Pages documentaires,* n° 3, février-mars 1954, p. 143 sq.

76. Au cours de l'entretien (octobre 1974, banlieue parisienne où les ouvriers constituent 50,5 % de la population active), cette assistante avait parlé de son « expérience de milieu bourgeois très cultivé ».

« en rupture » ou « en risque de rupture ». Il est clair que cette seconde opposition n'a rien d'absolu : l'appréciation de l'acte délictueux et plus encore du « danger » est largement subjective, liée avant tout aux valeurs de classe des juges auxquels le « droit de l'enfance » accorde un pouvoir exceptionnel ; pourtant, certaines limitations existent, de même que des possibilités d'appel. Il faut enfin souligner que, dans les formes habituelles de l'éducation, l'instance judiciaire indépendante (idéalement) des pouvoirs avait seule à décider ; dans la prévention, c'est directement le pouvoir exécutif — c'est-à-dire politique — qui est maître des décisions.

L'arrêté du 4 juillet 1972, ayant à définir les conditions d'agrément des organismes, donne de l'action de prévention une analyse très vague : « Peuvent être agréés les organismes qui, implantés dans un milieu où les phénomènes d'inadaptation sociale sont particulièrement développés, ont pour objet de mener une action éducative tendant à faciliter une meilleure insertion sociale des jeunes par des moyens spécifiques supposant notamment leur libre adhésion [77]. »

> Pour délimiter ces milieux, une étude du ministère de la santé énumère les caractéristiques suivantes : « Présence de jeunes inorganisés et non intégrés dans les structures de loisirs classiques (...), retard scolaire, délinquance, alcoolisme, toxicomanie, instabilité professionnelle, absence de relations extérieures, misère économique [78]. »
>
> Le Pr Lafon définit ces milieux par des données qu'il appelle géographiques, démographiques et psychosociales et structurales : « 1. Quartiers anciens, grands ensembles récents type H. L. M., cités de relogement, bidonvilles, quartiers fermés possédant un style de vie et une mentalité spécifiques ou zones ouvertes, carrefours, terrains vagues. 2. Eléments jeunes inorganisés, inorganisables, non intégrés et inintégrables dans des structures de prévention naturelles habituelles ; taux

77. Art. 5 de l'arrêté du 4 juillet 1972 créant un Conseil technique des clubs et équipes de prévention (*J. O.* du 13 juillet).

78. Ministère de la santé et secrétariat d'Etat à l'action sociale et à la réadaptation *La prévention des inadaptations sociales* (études de R. C. B.), Paris, La Documentation française, 1973, p. 125.

important d'ascolarisation, d'éléments justiciables d'un rattrapage scolaire ou d'un perfectionnement ; taux important de délinquance juvénile ; fréquence d'intervention des services sociaux, des mises en observation ou des consultations spécialisées, instabilité professionnelle. 3. Familles désadaptées, dysharmonieuses, familles à tradition plus ou moins longue d'inadaptation, familles désunies ou incomplètes, familles aux carences éducatives profondes, taux important d'éthylisme, toxicomanie, absentéisme au travail, sous-prolétariat (quart monde). Jeunes déficients sociaux ou handicapés, caractériels ou déviants aux comportements délictuels plus ou moins graves [79]. »

Les écrits spécialisés invoquent généralement le taux de délinquance du quartier, le nombre élevé de prises en charge par les services sociaux, l'absentéisme scolaire, l'instabilité professionnelle, les relations familiales et sexuelles non conformes (concubinage, divorce, sexualité précoce, etc.), l'importance des populations étrangères. Il s'agit donc de contrôler les quartiers habités par les franges inférieures du prolétariat français et immigré.

On voit les avantages de la prévention : elle est riche d'une potentialité d'extension sans limites et à un coût bien moindre que l'action personnalisée ; des études de R. C. B. ont d'ailleurs comparé la rentabilité du franc investi pour les clubs et équipes de prévention avec celle du franc investi dans le système judiciaire (c'est-à-dire les prises en charges effectuées au titre de l'enfance délinquante et en danger [80]). A tout moment, les pouvoirs publics, sans avoir à recourir à une loi, sans devoir fournir des explications, ou accepter un débat, peuvent décider de faire de la prévention, présentée comme « une réponse à une demande plus ou moins implicite exprimée par un milieu » (Circulaire interministérielle n° 31 du 13 juillet 1973). Enfin, séparée de l'instance judiciaire, la prévention apparaît étrangère aux actions de répression et peut donc mieux faire accepter le travail qu'elle effectue ; n'utilisant pas la contrainte mais

79. Pr R. Lafon, article « Prévention (Milieu de) », in *Vocabulaire de psychopédagogie...*, *op. cit.*, p. 675-676.

80. Cf. « Analyse de la rentabilité des C. E. P. » in *La prévention des inadaptations sociales*, *op. cit.*, p. 160-199.

plutôt des formes de persuasion, elle peut prétendre à la « libre adhésion » des sujets dont se réclame toute l'action sociale, mais qui, on l'a souligné dans le cas des tutelles aux prestations sociales, relève soit du faux choix, soit, plus souvent, de la pure autojustification des professionnels. Enfin, ce qui constitue la force de cette forme d'intervention, c'est la particularité de son mandat, qui, bien qu'il ait été récemment renforcé, laisse aux professionnels l'illusion de l'autonomie en raison de son caractère global.

Les équipes pionnières, privées, étaient en très petit nombre quand, au début des années 1960, le haut-commissaire de la jeunesse et des sports s'y est intéressé ; de cette préoccupation sortira, en 1963, la création d'un « Comité national des clubs et équipes de prévention contre l'inadaptation sociale de la jeunesse » (arrêté du 14 mai 1963). Cet organisme, public, est composé de personnalités privées ; il doit « coordonner les activités des groupements privés qui se consacrent principalement par la prévention, à la jeunesse socialement inadaptée. Il procède à toutes études et enquêtes se rattachant à son objet ; il présente aux pouvoirs publics toutes propositions de nature à favoriser le développement des groupes dont l'action répond au but qu'il se propose » (art. 2) ; essentiellement, il fournit des avis sur les demandes de subventions des associations. Dès ce moment, les clubs et équipes de prévention connaissent un essor marqué, passant d'une quinzaine reconnus comme tels en 1961 à 90 en 1969.

Une nouvelle étape est franchie en 1972 (arrêté du 4 juillet) : à la fois un nouvel organisme est mis en place au niveau national et les conditions d'agrément, de financement, et de contrôle des associations sont précisées. Le nouvel organisme, le Conseil technique des clubs et équipes de prévention, diffère du précédent comité par le fait qu'il est composé pour l'essentiel de représentants des ministères concernés, établissant donc plus clairement l'intérêt des pouvoirs publics et les enjeux de cette action. L'agrément, qui dépendait de personnalités privées, fait maintenant l'objet d'une procédure dont l'élément central est le préfet.

> Art. 9. — « Les modalités suivant lesquelles l'activité du club ou équipe agréé s'intègre dans les actions de prévention du service départemental d'aide sociale à l'en-

fance, les modalités de collaboration avec les autres services, groupements et établissements qui participent à ces actions de prévention, les modalités de l'aide financière accordée (...) en contrepartie des services rendus au titre de la protection sociale de l'enfance, font l'objet, sur proposition du préfet, d'une délibération du conseil général (...). »

La convention passée entre le préfet et l'organisme gestionnaire « fixe les modalités du contrôle exercé par l'autorité administrative ».

Avant de parvenir au préfet, la demande est examinée par le directeur de l'action sanitaire et sociale en collaboration avec le directeur départemental de la jeunesse et des sports, qui formulent un avis, ainsi que la section spécialisée du conseil départemental de protection de l'enfance. Cette section est compétente pour « apprécier, en vue de leur agrément, les conditions d'organisation des clubs et équipes », pour « contrôler leurs résultats », « orienter leur action en fonction des évolutions constatées dans le département » et « donner des avis éclairés sur les moyens à mettre en œuvre [81] ». Cette section, dont la composition a été modifiée un an après sa création (essentiellement, les représentants de police et de gendarmerie ont été écartés, et les éducateurs sont davantage représentés), comprend : cinq représentants des ministères intéressés, trois représentants des C. A. F., élus locaux, centre régional pour l'enfance et l'adolescence inadaptées, un représentant d'associations familiales ou de quartier, un représentant de l'A. N. E. J. I., six membres compétents en matière de prévention : trois salariés élus sur liste syndicale et trois personnes choisies par les associations gestionnaires.

La demande d'agrément doit comporter une information sur l'organisme gestionnaire, les « données sociologiques et le résultat des enquêtes » ayant conduit à créer une activité de prévention, une « note détaillée sur les modalités d'action », une présentation du personnel et une justification de sa compétence (art. 6 de l'arrêté du 4 juillet 1972). Ce que les textes rendent explicite, c'est que l'organisme qui aura obtenu contractuellement, dans des conditions et sur des objectifs précis, et d'ailleurs révocables, un

81. Circulaire n° 26 du 17 octobre 1972 relative à l'arrêté du 4 juillet 1972, bulletin S. P.-S. S. 72-44.

agrément qui dépend du préfet, détiendra de ce fait une délégation d'autorité pour rendre les services que, spécifiquement, le contrat rémunère. Une circulaire, déjà citée, précise : l'aide financière est accordée « en contrepartie des services rendus ». Il est également clair que les conditions d'agrément dépendent, notamment, de l'implantation de l'organisme, c'est-à-dire de la façon dont il est capable d'utiliser en sa faveur et au profit de l'instance délégatrice la polarité des rapports de force existant.

Si, du côté gouvernemental, les objectifs sont clairs, la mise en place ne va pas sans difficultés, comme on le voit à travers les conflits qui se multiplient dans ce secteur, et les représentations que les agents se forment du contenu et du sens de leur action. Les conflits s'enracinent dans la volonté des éducateurs de défendre leur « autonomie », que diverses autorités menaceraient.

> Il est vrai que cette illusion est entretenue par certains documents semi-officiels ; l'étude sur la prévention des inadaptations affirme : « La notion de non-mandat de l'action des C. E. P. traduit son aspect d'action personnelle, non institutionnalisée. C'est ce qui la distingue le plus de tous les autres modes d'approche ou techniques appliqués en rééducation », « Intervention à la fois éducative et curative, mais non mandatée, telle est la caractéristique...[82] », etc.

Cette affirmation d'un non-mandat repose sur la réduction naïve du mandat à un mandat judiciaire, individuel. En réalité, l'éducateur de prévention a le même mandat que l'éducateur travaillant en milieu ouvert et en établissement. L'existence d'un mandat de justice, s'ajoutant à l'autre, n'introduit dans les pratiques que des différences secondaires. D'abord, on a relevé la notion de « libre adhésion » : même si cette formulation est en grande partie trompeuse (le jeune ne sachant pas nécessairement qu'il a affaire à un éducateur, et surtout, s'il le sait, n'étant pas à même d'appréhender le sens de cette fonction), il est vrai que le jeune n'est pas contraint et surtout demeure extérieur au système judiciaire. Les éducateurs de prévention

82. *La prévention des inadaptations sociales, op. cit.*, p. 126 et 137.

revendiquent ensuite la « libre détermination des modes d'intervention et le libre choix de leurs méthodes » comme les spécifiant. Il s'agit en fait d'une caractéristique générale : « "Tout n'est pas contractuel dans le contrat" de délégation [83]. » L'éducateur ne se voit pas confier des tâches explicitement codifiées, les autorités interviennent uniquement pour sanctionner certains actes qu'elles désapprouvent. La marge d'autonomie existe donc au jour le jour, mais à l'intérieur de la délégation tacite [84].

Chaque fois qu'ils s'opposent à leurs employeurs, à la justice ou à la police, les éducateurs de prévention oublient qu'ils leur accordent, implicitement, quelques points fondamentaux : d'abord, la reconnaissance que certains milieux, en raison de leurs caractéristiques objectives (sociales et raciales), nécessitent une intervention particulière. Ensuite, à la base de leur action, une représentation de la délinquance qui diffère peu de la conception dominante — y compris dans la fraction « populiste » qui charge la conduite délictueuse d'un sens positif.

> Des auteurs s'étonnent qu'au fond les jeunes « se laissent conduire [dans l'asocialité] plus qu'ils ne la choisissent [85] » comme s'ils s'étaient attendus à ce que « le jeune délinquant, tel le héros de la tragédie classique, mène une délibération quasi rationnelle où s'opposent deux systèmes de valeurs, nettement opposés, placés sur le même plan, valeurs "conventionnelles" et valeurs délinquantes (...) [86] ».
>
> L'espoir d'empêcher les jeunes d'entrer dans la délinquance grâce à une relation, des loisirs, etc., recouvre une certaine méconnaissance des processus de constitution de la délinquance et sous-estime, comme tout le travail social, l'effet des conditions matérielles d'existence.

83. P. Bourdieu et J.-C. Passeron, *La reproduction, op. cit.,* p. 40.
84. Une petite minorité des professionnels se pose en partie ces problèmes ; sur ce point, et plus généralement sur les débats qui agitent la fraction la plus « à gauche » du milieu, cf. *Champ social,* choix de textes rassemblés par l'équipe de la revue *Champ social,* Paris Maspero, 1976.
85. *Clubs de prévention,* expériences de sociopédagogie en milieux urbains, Paris, Cujas, 1964, p. 124.
86. J.-C. Chamboredon, « La délinquance juvénile, essai de construction d'objet », *Revue française de sociologie,* XII, 3, 1971, p. 337.

Le désaccord porte sur le sens conféré à l'intervention, et les méthodes. Les éducateurs, reprochant aux pouvoirs publics leur volonté de contrôler ces populations, affirment vouloir leur donner « leurs propres possibilités d'expression » ; ce langage n'est pas seulement celui de la fraction contestataire, mais, aussi bien, celui de l'organisation professionnelle, l'A. N. E. J. I. « Nous sommes pour une attitude qui vise à mettre en œuvre les possibilités "intrinsèques" des populations concernées [87]. » Cet objectif demeure formel ; un ensemble de conditions concrètes ont ôté toute possibilité d'expression aux groupes sociaux en question et cette privation drastique ne peut être compensée par la bonne volonté d'un « médiateur » ; par ailleurs, le seul fait de s'exprimer n'a pas le caractère subversif qui lui est prêté ; enfin, ce respect à l'égard des « possibilités intrinsèques » des « marginaux » revient à conférer une valeur absolue à des conduites qui se sont constituées dans des conditions matérielles particulières et dans une position dominée. Ce discours peut parfaitement cohabiter avec un travail effectif de surveillance : contrairement à la conviction des professionnels qui réduisent le sens des actions qu'ils accomplissent à leur projet personnel, un quartier peut être repéré, balisé, contenu aussi efficacement par des éducateurs qui le refusent que par ceux qui s'accordent avec l'ordre établi.

La nécessaire méconnaissance que les professionnels entretiennent sur les conditions de leur pratique, et donc sur la vérité objective de ces pratiques et sur les mécanismes sociaux qui les déterminent, apparaît à propos de réalités immédiates telles que l'argent ou le rapport aux organismes de tutelle. Ces discours, qui doivent leur tonalité particulière à l'exaltation charismatique de la personnalité virile du véritable éducateur, permettent de dépasser toute interrogation sur la nature du financement reçu et sur sa contrepartie.

> « A partir du moment où vous acceptez de l'argent, vous êtes coincés, il faut exiger l'argent. Moi, j'exige mon budget, je ne l'accepte pas, et, si on me retire un

87. « A. N. E. J. I. et prévention spécialisée », *A. N. E. J. I.-informations,* n° 14, nov. 1976, p. 19.

tout petit peu sur mon budget, je m'assois dans le bureau jusqu'à ce que l'on me le redonne. Et je peux vous assurer qu'ils ne m'ont jamais retiré une petite goutte de mon budget, ça, je ne le permettrai jamais. »

« On attend, on attend les ordres, mais je ne sais pas, moi ! Je n'ai jamais eu d'ordre, je n'ai jamais écouté, je n'ai jamais entendu ! Mais qui va me donner des ordres, qui ? Qui est le cocu qui va se permettre de m'en donner [88] ? »

Par-delà les réalités économiques et politiques, l'éducateur entend s'affirmer pleinement autonome. Mais cette cécité se manifeste particulièrement à l'occasion des conflits quand est posée la question de l'instance à laquelle les éducateurs acceptent de rendre des comptes. Les affrontements portent sur des modalités d'intervention, des « choix pédagogiques » : contre les employeurs, l'autorité judiciaire, et parfois contre l'opinion, les éducateurs défendent une déontologie au cœur de laquelle se trouve la revendication du secret professionnel. En effet, ils ne sont pas visés par l'article 378 du Code pénal, mais seulement tenus à une obligation de discrétion. Réclamer un code de déontologie, c'est être disposé, peut-être, à s'imposer des obligations particulières (on sait combien tribunaux ecclésiastiques, militaires ou d'ordres professionnels peuvent être parfois vétilleux), mais c'est plus encore refuser d'être soumis au droit commun. Solidaires d'un éducateur condamné pour non-assistance à personne en danger, attitude qu'il justifiait en l'intégrant à sa pratique pédagogique, des éducateurs lui écrivent : « Le fait que nous travaillons dans la rue livre les relations que nous avons avec les individus et les groupes au regard et au jugement de tous. Mais la réalité de la relation alors engagée échappe aux critères d'appréciation habituels (...), il existe, dans chaque relation, un caractère fermé inaccessible à l'observateur extérieur, *dont les éducateurs sont seuls juges,* et sur lequel ils ne pourront

88. B. Emo, colloque sur « Ce qui fonde l'intervention en prévention spécialisée », document cité. Bernard Emo est directeur d'un club dépendant de l'Association rouennaise de patronage de la Liberté surveillée ; ancien ouvrier, ancien jociste et militant syndical, son recrutement en 1955 a été en partie l'institutionnalisation d'un état de fait existant (d'après *Clubs de prévention, op. cit.*, p. 75).

jamais rien dire [89]. » Ce droit exorbitant, ou dérogatoire, revendiqué ici par un courant contestataire, est tout autant exigé par les milieux traditionnels.

> Les directeurs et chefs de services éducatifs de Basse-Normandie, regroupés au sein de l'A. N. E. J. I., critiqués par d'autres travailleurs sociaux dénonçant certaines pratiques d'un foyer de semi-liberté (le recours aux sévices), répondent que : « Sur le plan professionnel, déontologique, et eu égard aux répercussions auprès des jeunes en difficulté, ils se sentent au premier chef et avant quiconque concernés et compétents (...) ; ils dénient dès lors à tous groupes ou structures n'ayant pas l'autorité pour le faire d'émettre un jugement de valeur, une décision ou des propositions à l'égard de l'établissement, de ses cadres, de ses jeunes, de ses méthodes ou à propos des mouvements qui se sont produits. » Dans ce cas, le G. I. T. S. leur reproche de se décerner « un certificat stupide d'autosatisfaction et de prétention », juge leur défense « corporatiste », et, exprimant son soutien aux jeunes, au comité de soutien et à la population, « leur *reconnaît, sans qu'il soit question de qualification, le droit de prendre position* et de faire toute la lumière [90] ».

Si la position des traditionalistes est simple — l'affirmation d'une autorité indiscutable des compétents suffisant à fonder leur exigence d'être au-dessus de la loi commune —, celle des groupes contestataires est moins évidente ; ils se réclament du caractère indicible de la relation éducative et donc du jugement des éduqués. « Nous ne pouvons et ne voulons détenir de mandat que de la population que nous contactons [91]. » Déjà peu réaliste, une telle revendication devient totalement formelle lorsqu'elle émane comme ici d'un groupe de prévention, travaillant auprès des populations les plus exploitées, les plus dominées. Bien qu'elle prenne la forme du discours politique, cette revendication est corporatiste ; elle veut faire légitimer le travail de

89. Lettre du 23 juillet 1973, in Groupe d'information des travailleurs sociaux (G. I. T. S.), *Le travail social contre qui ?* Paris, Solin, 1974, p. 149 (souligné par nous).
90. Position du 7 mars 1972, *ibid.*, p. 83 et Réponse du G. I. T. S., p. 84 (souligné par nous).
91. *Ibid.*, p. 156.

prévention par un milieu qui, en aucun cas, n'a souhaité être objet d'une telle action, imposer l'idée que la population avait « besoin » de cette intervention.

Le dépassement du droit libéral : « épanouissement » de la personne et défense sociale.

Afin de mettre au jour le caractère essentiellement arbitraire de la prévention, que le discours officiel de l'action sociale comme celui des agents d'exécution dissimulent avec une relative efficacité (l'accent mis sur la libre adhésion des sujets, l'indépendance à l'égard de l'appareil de répression, occultant à la fois cet arbitraire et le caractère ouvertement de classe de ces actions), on a été amené à l'opposer à certaines pratiques qui, parce qu'elles s'inscrivaient dans un cadre légal, devaient respecter des limitations (théoriques) qui disparaissent avec les actions de prévention. Cette distinction ne doit pas faire méconnaître les points communs : les actions de prévention comme celles qui se fondent sur le droit de l'enfance représentent des modes nouveaux d'intervention de l'Etat dans la sphère privée ; sous le couvert de l' « épanouissement » de la personne, et en même temps de la protection de la collectivité, l'Etat passe outre aux bornes que la conception classique du droit apportait à l'exercice de la domination.

La conception classique se base essentiellement sur le droit naturel, c'est-à-dire sur la reconnaissance d'un petit nombre de principes qui seraient universels, qui s'imposeraient à tous parce que tous les percevraient — « parce que tout homme les possède du fait même qu'il existe » — et dont les lois se déduiraient rationnellement [92]. En d'autres termes, ces principes du droit naturel s'imposent comme des rapports nécessaires et non comme des rapports contingents liés à une forme institutionnelle. Le droit naturel ne veut connaître d'autre absolu, d'autre transcendance que lui-même, d'autre norme que la raison ; on ne peut lui opposer ni le droit divin, ni celui de la société ou de

92. Dans ce qui suit, on s'appuie sur les développements de E. Cassirer, *La philosophie des lumières,* Paris, Fayard, 1970, chap. VI, p. 239-273.

l'Etat. Suivant cette conception, la fonction de l'Etat est précisément de donner à ces principes une sanction concrète et les instruments de leur réalisation. Au nombre de ces principes se trouvent l'égalité et la liberté, c'est-à-dire l'égalité des droits et la liberté de les exercer. De ces principes découlent les droits de l'Etat et ses devoirs : il est chargé de mettre en œuvre ces dispositions, par exemple, de faire respecter des contrats librement consentis ou d'annuler ceux qui ne le seraient pas, et dispose pour cela de moyens de coercition ; plus généralement, il doit assurer les conditions d'exercice des lois, par exemple, en donnant à chacun l'éducation nécessaire à la compréhension et au plein usage de ses droits [93].

C'est par rapport à ces principes, c'est-à-dire aux fondements traditionnels mais nullement universels des constitutions démocratiques, qu'il faut apprécier les formes nouvelles du droit et les modes nouveaux d'intervention de l'Etat. Il s'agit d'un mouvement qui dépasse le secteur de l'enfance et de l'adolescence (délinquante, en danger, ou inadaptée). Un ensemble de mesures judiciaires, dans l'application desquelles les travailleurs sociaux ont un rôle très important (dans la désignation des individus ou des groupes à traiter et dans les enquêtes justifiant la stigmatisation, etc.), montre que l'Etat libéral, abandonnant sans même le dire les bases sur lesquelles il prétendait fonder son rapport aux individus égaux et souverains, se donne un droit de regard critique et d'intervention toujours plus grand sur la sphère privée. Par exemple, une de ces bases était que l'Etat intervenait pour garantir à chacun la possibilité d'exercer ses droits, mais qu'il ne se reconnaissait pas le droit de contrôler comment les possibilités offertes étaient effectivement utilisées ; il s'interdisait d'apprécier si un propriétaire jouissait efficacement de ses biens ou si ceux-ci ne seraient pas plus utilement exploités par d'autres. Au contraire, avec la loi instituant la mise en tutelle aux allocations familiales, l'Etat intervient, non pour s'assurer que tous les individus qui ont droit aux allocations en bénéficient, mais pour vérifier si elles sont utilisées « à bon

93. Cette conception culmine dans la Déclaration des droits de l'homme. Cf. B. Groethuysen, *Philosophie de la révolution,* Paris, Gonthier, 1966, p. 151 sq.

escient », et il agit pour corriger, réadapter, si cette utilisation lui semble mauvaise. Ou encore, en matière pénale, il est prévu que sont sanctionnés des délits et crimes constitués et ceux-là seulement (cf. le « commencement d'exécution » de l'article 2 du Code pénal) ; au contraire, la loi sur le « traitement des alcooliques dangereux pour autrui » (15 avril 1954), comme la loi récente sur la « lutte contre la toxicomanie » (31 décembre 1970) organisent une intervention autoritaire, indépendamment de toute atteinte à autrui. L'alcoolique « dangereux pour autrui » n'est pas seulement, comme on pourrait le supposer, l'alcoolique ayant commis, parce qu'alcoolique, un délit contre autrui : en l'absence de tout délit, « l'autorité sanitaire peut également se saisir d'office à la suite du rapport d'une assistante sociale, lorsque celle-ci se sera rendu compte du danger qu'un alcoolique fait courir à autrui » (art. L. 355-2 du Code de la santé publique). De même, l'intervention du juge des enfants en matière d'assistance éducative n'est pas subordonnée à l'existence d'un délit caractérisé de la part des parents ou du mineur ; il peut, en particulier, prendre une mesure si « les conditions de l'éducation » d'un mineur « sont gravement compromises » (art. 375 du Code civil). Dans la pratique, les interventions plus fréquentes, les contrôles renforcés, sont justifiés par une nouvelle orientation : il ne s'agit pas de prendre des sanctions rétributives et intimidantes, mais des mesures visant à guérir, corriger, éduquer, réadapter. Par exemple, avant qu'un tribunal décide le placement en établissement d'un alcoolique signalé comme dangereux, l'autorité sanitaire « essaie par la persuasion de l'amener à s'amender » (art. L. 355-3 ; décret du 11 mai 1955, Code de la santé publique).

Il s'agit donc d'abord d'un droit catégoriel, qui vise des secteurs plus ou moins clairement définis de la société et s'applique en fait à des catégories sociales précises, et d'un droit conjoncturel, qui se dit motivé par l'apparition de nouveaux phénomènes sociaux : l'urbanisation accélérée, la montée de la délinquance ou de la toxicomanie, etc. Au-delà des notions canoniques (la liberté, l'égalité), ce nouveau droit se fonde sur des bases anthropologiques (par exemple, les fondements psychanalytiques de la notion d'épanouissement) ou socio-politiques (la défense sociale), c'est-à-dire élève au rang des absolus du droit des catégories institutionnelles et introduit de ce fait des normes contingentes, comme l'idéal auquel se réfère la notion d'inadaptation. Ce droit cesse donc d'être un droit « rationnel », non pas seulement parce que sa pratique est plus arbitraire, mais parce que ni les dispositions positives ni les réalisations concrètes (la jurisprudence) ne peuvent être ramenées à quelques principes compréhensibles par tous ; cela est manifeste dans l'obligation qui est faite de rechercher l'adhésion des sujets aux mesures qui les touchent, alors qu'il serait absurde de parler de l'adhésion du citoyen à ses libertés ou à ses droits.

> Un exemple remarquable des glissements qu'autorise cette absence de principes est fournie par la comparaison entre la loi sur les alcooliques dangereux pour autrui, où l'on fait appel aux dangers que fait courir pour autrui l'usage licite de l'alcool, et la loi sur les toxicomanes qui en reprend l'organisation, mais, en l'absence de menaces pour autrui, invoque le caractère illicite de l'usage de la drogue ; dans cette logique, l'autorité peut non seulement ordonner une cure de désintoxication mais encore : « Si, après examen médical, il apparaît à l'autorité sanitaire que l'état de la personne ne nécessite pas une cure de désintoxication, cette autorité lui enjoindra de se placer, tout le temps nécessaire, sous surveillance médicale, soit d'un médecin choisi par elle, soit d'un dispensaire d'hygiène sociale ou d'un établissement sanitaire agréé » (art. L. 355-17 du Code de la santé publique).

Conséquence logique, certaines procédures ne sont pas contradictoires, ni susceptibles d'appel (cas des toxicomanes, des multirécidivistes...). Les mesures ne sont pas codifiées : pour un multirécidiviste soumis à la tutelle pénale, à l'expiration de sa peine (loi n° 70-643 du 17 juillet 1970, art. 58-1, 58-2, 58-3 du Code pénal), l'affectation dans un établissement est décidée « compte tenu de sa personnalité » (art. 728-1 du Code de procédure pénale) ; elles peuvent ne pas être limitées, en particulier dans leur durée d'application (tutelle aux allocations familiales, assistance éducative, cure de désintoxication, etc.). La dernière distinction, qui est peut-être la plus nette, est que la mise en œuvre de ce nouveau droit ne s'appuie pas, de façon idéaliste, sur la connaissance que le sujet de droit est censé avoir de celui-ci, mais, de façon réaliste, sur l'ignorance où se trouve la personne, objet d'une mesure, de sa situation sociale réelle ; la mère de milieu populaire ne sait pas si elle peut refuser les services de la P. M. I., la ménagère d'une famille « socialement handicapée » n'a pas les moyens de repousser une « assistance éducative budgétaire », le jeune « délinquant potentiel » ne reconnaît pas pour ce qu'il est l'éducateur de prévention dont il est incapable d'apprécier la fonction.

Les principes libéraux délimitaient strictement la sphère privée par rapport à la société civile et les modalités d'intervention de celle-ci dans celle-là, en fondant cette capacité d'intervention sur la nécessité de faire respecter des droits, à l'exclusion de toute autre considération d'intérêt supérieur de l'individu ou de la société. C'est précisément en se basant sur ces intérêts supérieurs que l'Etat, « spiritualisant » en quelque sorte sa fonction, estime qu'un enfant « en danger » doit faire l'objet d'une mesure d'assistance éducative, qu'une famille « socialement handicapée » doit être mise en tutelle, qu'un pré-délinquant doit être soumis à une éducation spécialisée, qu'un alcoolique dangereux doit être désintoxiqué. La prévention porte à son maximum, mais, en fait, à l'intérieur d'un continuum, le droit de regard critique de l'Etat, l'arbitraire, le subjectivisme ; de façon explicite, ce regard n'est pas porté également sur toute la société, mais sur une partie bien délimitée, caractérisée. L'Etat appuie son opération de contrôle sur l'opinion consensuelle de l'autre partie de la société : celle qui élève bien ses enfants, s'inquiète des « bandes » dans les grands ensembles, celle qui dit qu'elle paie les allocations et entend que les pauvres ne les boivent pas, celle qui ne boit pas, ne se drogue pas. Il s'agit donc, au nom de valeurs telles que l'équilibre, l'épanouissement, la santé totale, c'est-à-dire finalement rien moins que le bonheur de l'individu, de justifier l'empiétement croissant de l'Etat dans la sphère privée, dont le respect reste pourtant l'objectif proclamé de la société libérale et, selon elle, la marque de sa supériorité.

C. L'ANIMATION SOCIO-ÉDUCATIVE OU SOCIO-CULTURELLE.

Selon ses promoteurs, l'animation vise « à faire naître et développer des activités éducatives et culturelles qui tendent à une éducation continue (...), facilitant un développement global » ; elle remplit « une fonction d'éducation permanente et d'innovation sociale » ; l'innovation est à son tour définie comme visant à « permettre à chacun d'être plus responsable de son destin, de mieux maîtriser le changement social, d'être créateur de nouveaux modes de rapports sociaux [1] ». L'animation dont l'existence devient officielle au début des années 1960 est particulièrement difficile à cerner ; il est impossible en particulier d'en préciser l'effectif, les évaluations variant de 10 000 à 60 000. Le chiffre des professionnels dépasse sans aucun doute aujourd'hui 10 000. L'animateur porte à son degré extrême la polyvalence dont les professions sociales se réclament ; tout est bon qui sert l'objectif — « la promotion de l'homme » — par lequel il entend définir sa fonction : activités sportives, artistiques, jeux, fête, tourisme social, sensibilisation ou initiation à des activités d'ordre civique, économique, information scientifique, etc. Quels que soient son activité spécifique, son niveau de responsabilité, son cadre d'intervention, l'animateur veut être défini par « une manière d'être dans une action à caractère socio-éducatif » ; il s'agirait d' « une attitude à l'intérieur d'une profession » beaucoup plus que d'une profession [1].

> Travaillant pour 90 % d'entre eux en milieu urbain, les animateurs interviennent essentiellement dans les maisons de jeunes, les foyers de jeunes travailleurs et les centres sociaux [2] et également dans des associations d'éducation populaire, des mouvements de jeunesse, comme animateurs municipaux, etc.

---

1. *Les carrières socio-éducatives en France,* document de l'Institut national d'éducation populaire (I. N. E. P.), juin 1973, ronéoté.
2. Selon une enquête récente, 55 % des animateurs travaillent dans ces trois types d'organisme : Fonds de coopération de la jeunesse et de l'éducation populaire (F. O. N. J. E. P.), *Unité et diversité de la fonction*

Alors qu'elle avait été investie de responsabilités quelque peu démesurées, l'animation semble avoir actuellement un avenir incertain. Les populations qu'elle était appelée de fait à encadrer, c'est-à-dire essentiellement les franges supérieures des classes populaires, apparaissent en effet de peu d'intérêt puisque peu menaçantes, au moment où après les Etats-Unis et en même temps que la Grande-Bretagne, la France redécouvre les « pauvres », les « exclus », nouvelles classes dangereuses. Déjà peu marquée à l'origine, la dimension « culturelle » de l'animation recule au profit d'une action officiellement réadaptative ou « sanitaire et sociale », comme on le voit par le nouveau diplôme institué en 1975, qui consacre la rupture totale avec une des sources de l'animation, l'éducation populaire.

Le diplôme de conseiller en éducation populaire (D. E. C. E . P.), institué en 1964 (arrêté du 24 août, *J. O.* du 16 septembre) était la première reconnaissance d'une activité bénévole, ancienne et multiforme, dont il est impossible de dater l'origine. Le terme même d'éducation populaire semblait vouloir rattacher cette spécialité à toute une tradition laïque, vivante à la fin du XIXe siècle, d'œuvres péri et post-scolaires, et aux entreprises de promotion et de diffusion de la culture, liées au mouvement ouvrier ; le Front populaire et la Libération avaient vu se multiplier les initiatives dans ce domaine et les avaient soutenues. En fait, dans l'esprit de ses promoteurs officiels, le conseiller en éducation populaire devait être autre chose, beaucoup plus proche de la conception catholique de l'animation qui, après avoir été expérimentée dans le tiers monde, s'essayait en France.

> La paternité de l'expression, ainsi que le mode d'activité qu'elle désigne, sont revendiqués à bon droit comme catholiques : « L'influence d'"Économie et humanisme", en particulier, et de plusieurs autres organismes marqués par son inspiration et celle du Père Lebret (I. R. A. M., I. R. F. E. D., C. I. N. A. M., etc.) dans les stratégies d'animation mises en œuvre dans les pays en voie de développement (Amérique latine, Afrique

---

d'animateur socio-éducatif, Paris, 1974, 60 pages. Il existe un peu plus de 4 000 maisons de jeunes, 500 centres sociaux et un peu plus de 600 foyers de jeunes travailleurs.

> francophone) ou encore au Québec, semble indéniable. La Vie nouvelle, mouvement d'éducation globale inspiré par le personnalisme communautaire et par la recherche d'Economie et humanisme, fut l'un des premiers à mettre en valeur les termes d'animation et d'animateur [3]. »

Alors que le premier mouvement se propose de donner « la » culture comme arme au peuple, le second, reposant sur une conception idéaliste des rapports sociaux, pense transformer ceux-ci par la mise en place de structures intermédiaires où l'homme pourra « s'épanouir ». Pour le premier courant, les changements de la société passent par la promotion ouvrière ; pour le second, les tensions et les inégalités renvoyant autant à une maladie de l'âme que du monde, l'action portera sur « les hommes » et leurs modes de communication. Dès ce moment, c'est la philosophie de l'animation qui domine et guide l'action d'animateurs « neutres », « ouverts », « respectueux », « disponibles » ; pourtant, une certaine confusion demeurant entre les deux courants, et la persistance du premier, ont exercé un effet de brouillage, prioritairement pour une partie des animateurs, mais aussi pour les organisations ouvrières.

Le D. E. C. E. P. se bornant à reconnaître une qualification, contrairement à ce que réclamaient les associations de jeunesse et d'éducation populaire, ainsi que les premiers personnels permanents, ne donnait droit à aucune fonction spécifique. En 1970, une nouvelle étape était franchie avec l'institution d'un *brevet d'aptitude à la promotion des activités socio-éducatives* (B. A. S. E.) et d'un *certificat d'aptitude à la promotion des professions socio-éducatives* (C. A. P. A. S. E. [4]). Ces diplômes ont déjà été remis en cause : le *diplôme d'aptitude professionnelle à l'animation sociale et socio-éducative* (D. A. P. A. S. E.) étend l'intervention des professionnels au secteur de l'action sanitaire et sociale, notamment aux centres d'hébergement, dont la vocation vient d'être élargie par une loi du 19 novembre 1974 ; son transfert du secrétariat d'Etat

3. H. Théry, « Le travail social d'animation », *Esprit*, n° spécial, *op. cit.*, p. 754-5.
4. Arrêtés du 5 février 1970, *J. O.* du 28 mars 1970.

à la jeunesse et aux sports au ministère de la santé consacre le changement de cible et de rôle de l'animation [5].

La coïncidence dans le temps des débuts officiels de l'animation avec la naissance d'une politique culturelle globale que marque la création du ministère des affaires culturelles en 1959 [6] a souvent conduit, à tort, à les rapprocher. Dès l'origine, il était clair que l'animation socio-culturelle ou socio-éducative avait peu à voir avec les « affaires culturelles ». Malgré les affirmations officielles, le nouveau ministère ne se préoccupait pas d'assurer « la participation individuelle ou collective de tous les citoyens aux satisfactions de la culture comme aux affrontements qu'elle engendre nécessairement [7] », il visait à conserver, au sens technique certes, mais aussi à protéger des mauvais usages, et à exalter à l'intérieur et à l'extérieur, un patrimoine artistique. La commission de l'*Equipement culturel et du patrimoine artistique* du Vᵉ Plan insiste sur cette œuvre de protection, rendue urgente par les menaces que font peser sur les valeurs culturelles « la civilisation technique » et « l'urbanisation accélérée », dénonçant « le gigantisme des groupes humains artificiels (...), l'isolement des zones demeurées rurales, la vulgarisation mercantile et erronée du savoir, « l'offre de plus en plus abondante de divertissements obsédants, faciles et vulgaires » (Dumazedier), la standardisation intégrale des mœurs et des formes (Chamson), la laideur hostile d'un habitat exigu et sonore, l'éloignement des lieux de travail, etc. [8] ». Cette politique renforce la coupure entre la Culture légitime, reconnue, savante, et des activités socio-éducatives, desti-

5. Décret nº 75-1165 du 15 décembre 1975, *J. O.* du 19 décembre 1975. Officiellement, il s'agit d'un diplôme du ministère de la santé et du ministère de la qualité de la vie, auquel le secrétariat d'Etat à la jeunesse et aux sports est maintenant rattaché. Mais, face au poids considérable du premier, le ministère de la qualité de la vie ne peut guère manifester de prétentions.

6. Il y avait seulement eu auparavant un éphémère ministère jeunesse, arts et lettres, en 1947, dans le gouvernement Ramadier, et un secrétaire d'Etat à la culture dans les gouvernement Guy Mollet (février 1956-juin 1957) et Bourgès-Maunoury (juin 1957-novembre 1957).

7. Vᵉ Plan, Commission de l'*Equipement culturel et du patrimoine artistique,* Paris, 1966, p. 6. Sur la politique des affaires culturelles, cf. J. Ion, *Les équipements socio-culturels et la ville,* Action concertée de recherches urbaines, document de travail, 1972, chapitre I.

8. Commission de l'*Equipement culturel..., op. cit.,* p. 6.

nées aux catégories inférieures, pour qui des formes inférieures de culture semblent suffisantes, et mieux à même d'en assurer l'intégration. L'animation, placée sous le patronage peu prestigieux du secrétariat d'Etat à la jeunesse et aux sports, sera cette culture au rabais, revendiquant, contre la Culture et ses œuvres, une culture qui n'est rien d'autre qu' « une manière de vivre quotidienne.

> « Tout l'art de l'animateur consiste, aidé par la vie associative, à faire que l'individu, à partir d'une activité librement choisie, dans le cadre sécurisant d'un petit groupe, prenne confiance dans ses forces, élargisse le champ de ses activités, apprenne à distinguer la complexité des problèmes, s'entraîne à la vie sociale [9]. »

Il s'agirait, face à la « dégradation de la vie urbaine », source de « malaises » (l'individu est isolé, passif ou violent, quand ce n'est pas voué à « la névrose, la drogue, le suicide ») et donc de coûts sociaux, de trouver des remèdes : grâce à des techniciens de la relation on va renouer les fils, recréer des communications dans un univers urbain déliquescent, anomique, sans que soit changé ce qui est à l'origine de cette dégradation constamment déplorée et qui apparaît comme une évolution universellement irrésistible [10]. On retrouve là une des constantes de la pensée libérale dans sa forme moderne : on ne nie pas les faits, simplement ils sont sans causes. On comprend dès lors pourquoi la définition de la profession d'animateur pose problème : il est censé apporter réparation à l'inéluctable.

La politique d'animation qui inclut la politique d'équipements socio-culturels, inaugurée par la loi-programme d'équipements sportifs et socio-éducatifs de 1960, est étroi-

9. VIe Plan, Commission sur *Les activités sportives et socio-éducatives,* p. 67.

10. En 1971 encore, le ministre de l'équipement demande aux préfets d'être « attentifs par-dessus tout au développement de la vie sociale dans les grands ensembles », en s'attachant à l'animation sociale, afin de remédier à l'incohérence de l'urbanisme, l'absence de choix en matière d'habitat et la mauvaise qualité architecturale (« ... aux géométries froides et à la répétitivité accablante qui déshumanisent la ville et tuent la vie sociale »). Lettre du ministre de l'équipement aux préfets, 15 décembre 1971, *Correspondance municipale,* n° 129, mars 1972, p. 27.

tement liée à la critique de la construction des grands ensembles, critique formulée à l'intérieur de la classe dominante.

Dans toute une partie de la presse, la vieille peur de la bourgeoisie — classes laborieuses, classes dangereuses — s'exprime vigoureusement. Michel de Saint-Pierre s'alarme. Ce qu'il a vu à Sarcelles : clochards, truands, vin débité à la tireuse, *delirium tremens,* organisation de jeux clandestins dont les acteurs sont presque des enfants, filles-mères toutes jeunes [11] ; promiscuité, isolement, tapage, délinquance, alcoolisme, dépression, immoralité, ennui, concourent à esquisser le tableau de la vie des Sarcellois. L'étroitesse des appartements est rendue responsable de deux fléaux majeurs, le « gangstérisme infantile [12] » et l'alcoolisme ; faute d'espace pour bricoler, le mari va au café, « salon du pauvre [13] ». Le « gantstérisme infantile » ne naît pas seulement de la forte concentration des enfants « condamnés » à jouer dehors, mais de ce que cet univers « manque d'âme [14] ». « La ville où les hommes ne chantent plus », constate Thierry Maulnier dans *Le Figaro* [15]. Les femmes s'ennuient, se désintéressent de leurs enfants, sombrent dans la dépression quand ce n'est pas dans le suicide ou la prostitution. La presse de droite s'inquiète de la ségrégation sociale et la condamne. Alors que les classes populaires disent préférer l'homogénéité de leur quartier, traduisant ainsi leur idéal et leur pratique de la solidarité, le discours antiségrégationniste de la bourgeoisie accompagne une pratique qui a toujours été ségrégationniste. Cette critique exprime la peur bourgeoise face au rassemblement des masses « dangereuses » ; l'hétérogénéité réclamée, c'est l'espoir d'une société enfin affranchie de la division de classes. *La Croix* espère que Sarcelles, grâce au brassage que permettra le bon usage des équipements collectifs, verra une « cohésion harmonieuse des différentes classes sociales [16] ». Peur de la

---

11. M. de Saint-Pierre, « Les grands ensembles immobiliers sont des fabriques de blousons noirs », *L'Aurore,* 2 juillet 1962.
12. *Science et vie,* juillet 1959, « Psychiatres et sociologues dénoncent la folie des grands ensembles ».
13. *Le Figaro,* 27 février 1962.
14. *La Croix,* 21 janvier 1961, « Les habitations ont besoin d'une âme ».
15. *Le Figaro,* 30 janvier 1962.
16. *La Croix,* 18 juin 1958.

> lutte des classes et volonté de la nier s'expriment clairement à propos de Sarcelles et plus généralement des grands ensembles. *C'est à cela que répond la politique d'équipement et d'animation.*

Aux tensions sociales, aux malaises enregistrés, on va donner des compensations dans un autre registre que celui qui est effectivement perturbé : on va créer de la « socialité » avec l'aide de techniciens et « sans aucunement négliger le but d'épanouissement individuel (...) l'accent est mis aujourd'hui sur la nécessité d'adapter l'homme à la société moderne [17] ».

La peur des grands ensembles est dépassé ; aujourd'hui, la classe dominante localise le danger du côté des « exclus ». L'animation n'a aucun sens auprès de ces populations qui se définissent essentiellement par l'absence de qualification, un niveau scolaire très bas, une distance immense aux normes bourgeoises. Mais, contrairement à d'autres secteurs du travail social, l'animation, secteur très peu professionnalisé, a été incapable d'effectuer sa conversion.

Les relations entre les professions sociales et les instances publiques qui les mandatent et les financent sont implicitement réglées par un modèle contractuel. La profession propose certains services, en fonction de l'évolution de la législation ou de la politique sociale des différentes institutions ; elle en négocie la prestation dans des termes qu'ultérieurement une réglementation peut venir sanctionner. L'adaptation se fait donc par tâtonnements : les professions anticipent les nouveaux problèmes sociaux, c'est-à-dire les problèmes que posent de nouvelles catégories sociales, elles ajustent par innovation et spécialisation les modalités des services qu'elles proposent. Ce schéma implique à la fois une relative autonomie des groupes professionnels capables de percevoir les nouvelles tendances d'un « marché » et une profonde communauté de vue avec les dominants. En dépit des « crises » locales qui accompagnent le processus, ce mode a l'avantage d'une grande souplesse, mais surtout d'une grande discrétion.

Dernière venue des professions sociales, l'animation n'a

17. VIe Plan, *Les activités sportives..., op. cit.*, p. 68.

pas pu régler sur ce schéma ses relations avec la puissance publique. Elle n'a pas été en mesure de préciser la nature des services qu'elle voulait promouvoir et notamment le type de populations auprès desquelles elle entendait intervenir. Dans le même temps, le climat général d'euphémisation interdisait aux instances mandatrices de définir trop précisément la nature du contrôle et les effets qu'elles en attendaient. Les directives se substituant aux ententes, il est compréhensible que la mise en œuvre de la politique dont les animateurs devaient être les agents ait suscité des malentendus et des dysfonctionnements graves. Des nouveaux objectifs — l'action « sanitaire et sociale » se substituant à l'action socio-éducative — sont alors imposés assez brutalement à la profession. Ce mode de relations et d'évolution marque donc une rupture avec un processus souple où l'adaptation aux besoins de la reproduction s'opérait naturellement comme « une orchestration sans chef d'orchestre ».

S'il est évident que l'orientation nouvelle abandonne son dessein socio-éducatif, il faut bien voir que celui-ci n'avait lui-même qu'un lien ténu avec une entreprise culturelle. Cela apparaît nettement dans un exposé, que fait le secrétariat d'Etat à la jeunesse et aux sports sur les caractéristiques du bon animateur, la nature de la formation mise sur pied et l'objectif qui, officiellement, lui est assigné : « établir entre lui et les autres un type de relation générateur de progrès, d'ouverture, de mouvement vers plus de compréhension, de participation, de solidarité [18] ». Etre animateur n'est pas un métier comme un autre : « le tempérament d'animateur est l'exigence de départ posée par cette promotion, et le tempérament « est une donnée » (I, p. 21). Cette affirmation oriente la formation.

Les arrêtés de 1970 prévoyaient une formation en deux cycles complémentaires : d'abord, le brevet d'aptitude à l'animation (B. A. S. E.), puis le certificat d'aptitude (C. A. P. A. S. E.). Le brevet s'obtient par l'examen d'un

18. Secrétariat d'Etat chargé de la jeunesse, des sports et des loisirs, *Document de travail sur la promotion des activités socio-éducatives,* 1972-1974, 3 volumes, 61, 55 et 71 pages. La citation est extraite du vol. I, p. 21

dossier (avec des attestations, des témoignages sur les activités du candidat), une observation du candidat « en situation d'animation », suivie d'un entretien. L'observation et surtout l'entretien ne cherchent pas à évaluer des compétences, mais à apprécier des motivations (... « si le candidat inscrit son action dans un projet consciemment mûri - I, p. 27) et des capacités psychologiques (« la conscience qu'a le candidat des limites de ses connaissances (...), s'il est capable d'autocritique (...), s'il a un désir de perfectionnement » - I, p. 27). Ainsi sélectionné dans la conscience de ses limites, le titulaire du B. A. S. E. ne devrait pas prétendre à des tâches qui ne lui sont pas demandées. « Le B. A. S. E. est le signe appelant l'attention sur ceux des animateurs du département qui méritent d'être perfectionnés, regroupés, choisis » (I, p. 21). Il s'agit ensuite de faire preuve de « l'aptitude à atteindre le niveau professionnel » (I, p 29). Le dossier (comprenant les comptes rendus de visites, d'entretien, et le procès-verbal de la délibération) établi par la commission départementale de la promotion socio-éducative (C. O. D. E. P. S. E.) sur chaque candidat dont le « tempérament » a été reconnu est transmis à l'échelon régional (C. O. R. E. P. S. E.). Le candidat subit alors une épreuve écrite et un entretien. Pour les deux épreuves, tant dans la nature des questions posées au candidat que dans les critères d'évaluation de ses réponses, on privilégie ce qui révèle des qualités de comportement au détriment d'un contrôle des connaissances.

> Exemple d'épreuve écrite : « La valeur respective, aux yeux du candidat, des différents aspects formateurs de sa personnalité » (I, p. 31) ; dans l'évaluation, il faudra « se déterminer par rapport aux possibilités de progresser » (I, p. 32). L'entretien devra permettre aux trois membres du jury de se faire une opinion sur : « Comment [le candidat] juge-t-il ses points faibles ? », « son degré d'énergie et de persévérance », « la solidité de ses motivations », « l'éventail de ses intérêts » (I, p. 32).

Bref, on demande une vocation bien contrôlée, une lucidité modeste et les vertus également modestes que sont la ténacité et l'ouverture. Si le candidat est admis, un « livret de promotion » est ouvert en vue du C.A.P.A.S.E. :

« Le C. A. P. A. S. E. est le contrôle permanent par l'Etat d'une formation au fur et à mesure qu'elle se déroule, contrôle qui est en même temps une aide apportée au bénéficiaire de la promotion dans la conduite de sa formation » (I, p. 35). La formation sera réalisée par l'addition de vingt-cinq unités de valeurs de formation, d'expérience pratique et de contrôle, portant sur des matières extrêmement disparates, souvent pratiques [19] ; elles doivent permettre d'enrichir et de vérifier un « savoir-faire », certaines qualités (« la maturité », la « sensibilité », etc.). Une seule épreuve est qualifiée de culturelle, mais ce terme aussitôt lâché est commenté, car il « peut prêter à équivoque ».

> « Il s'agit ici de la vérification d'une “voie de spécialisation” (...). [L'animateur] saura que, dans d'autres secteurs qui lui sont moins familiers, la démarche est la même (...). Il n'aura pas la tentation de s'y aventurer seul, car il sait qu'il ne possède pas lui-même les moyens nécessaires (...). La C. O. R. E. P. S. E. n'exigera pas un haut niveau de connaissances, encore moins d'érudition (...). Ici encore, c'est de sa capacité à progresser que le candidat devra faire la preuve » (I, p. 57).

L'animateur doit avant tout se connaître, et deux unités de valeur sont des entretiens-bilans : « un regard sur le passé » et « un regard sur l'avenir » ; il doit « connaître ses limites », « vouloir progresser », « être capable d'élever son propre niveau », etc. La redondance des instructions officielles est sur ce point remarquable. Destiné à l'origine à travailler auprès des fractions supérieures des classes populaires, l'animateur ne doit pas en être trop distant. On lui veut certaines qualités de comportement : à l'aise, mais simple, lucide, plutôt « primaire et confus » qu'ayant une « compréhension figée et rigide » ; le document du

19. Liste des unités de valeur de formation : Expression orale et écrite, Psychopédagogie, Vie des groupes, Connaissance des milieux, Etude des aspects d'une civilisation, Initiation aux méthodes d'administration et de gestion, Moyen d'expression autre que l'expression écrite et orale, Initiation à l'économie, Application de l'étude du milieu à une ville, à une époque, etc., Activités sportives de loisirs et sports de plein air, Aménagement de l'espace urbain et naturel, Institutions nationales et internationales. Pour chaque unité de valeur, un large choix de stages est proposé.

secrétariat d'Etat à la jeunesse insiste sur la modestie, la capacité d'autocritique ; il valorise la sensibilité à l'événement, la plasticité, l'aptitude au changement... L'extrême attention portée à la formation des animateurs s'accompagne d'une représentation peu valorisante de l'activité que les intéressés ne semblent pas percevoir : les visées de cette politique rencontrent de manière harmonieuse le système de valeurs d'individus qui trouvent dans cette voie le moyen de tirer le meilleur parti possible d'un faible capital scolaire. Il s'agit, pour les individus d'origine moyenne ou supérieure qui n'ont pas pu atteindre le niveau que leur origine leur permettait d'espérer, d'éviter de tomber dans le travail manuel, et, pour ceux qui sont d'origine populaire, de prolonger l'ascension de leur père d'une manière rapide et peu coûteuse. Les uns et les autres, distants de la culture cultivée qui ne leur a pas réussi, trouvent dans cette activité qui ne leur donnera qu'un statut de cadre moyen une manière de vivre qui les rapproche de celle de la classe cultivée, ou tout au moins de l'image qu'ils s'en font (absence d'horaires rigides, de contraintes quotidiennes, initiative...). L'origine idéologique d'une fraction importante d'entre eux (leur catholicisme et, plus encore, l'appartenance à un mouvement de jeunesse) explique qu'ils aient pris cette voie, marquée d'une sorte d'utilité sociale, plutôt qu'une autre, pour résoudre le problème de leur rang social.

Les animateurs. — Les données retenues pour analyser les caractéristiques des animateurs concernent des élèves, et non la population en exercice, dont l'extension et le flou rendent la connaissance ou même simplement le dénombrement quasi impossible. Promis au statut de cadres moyens, les animateurs ont un recrutement social très voisin de celui des cadres supérieurs [20].

---

20. M. Simonot, *Les animateurs socio-culturels, étude d'une aspiration à une activité sociale,* Paris, P.U.F., 1974, tableau 4, p. 195. Sont exclus de ce tableau : les non-réponses, les inactifs, décédés et divers. Si on rectifie de la même manière l'origine sociale des élèves des écoles de service social en 1970, on voit que 14,2 % d'entre eux ont un père ouvrier et 27,6 %, un père cadre supérieur - profession libérale, ce qui, rappelons-le, marquait une baisse par rapport à l'origine des professionnelles en exercice.

C. S. P. d'origine	Animateurs en formation		Cadres moyens		Cadres supérieurs	
Agriculteurs	6,9		8,8		7,8	
Ouvriers	16,2		33,5		14	
Artisans, petits commerçants	16,2		12,7		17,6	
Employés	13,7		17,1		14	
Cadres moyens, techniciens	14,5		15		12,3	
Cadres supérieurs, professions libérales	28,2	32,6	8,1	12,9	25,9	34,2
Industriels, gros commerçants	4,4		4,8		8,3	

Les animateurs peuvent suivre leurs études soit dans des centres privés, — au nombre de 48 en 1974 —, soit dans des instituts universitaires de technologie (I. U. T.), mais ceux-ci ne contribuent à la formation des animateurs que pour une part très faible : parmi la population de 5 000 animateurs étudiée par le F. O. N. J. E. P., 4 % seulement avaient été formés dans un I. U. T. ; les centres privés en avaient formé environ dix fois plus. Il faut donc s'intéresser préférentiellement aux élèves des centres privés.

Il va de soi qu'on observe certaines différences dans le recrutement des établissements :

C. S. P. du père [21]	I. U. T.		Répondants Centres privés	
Non-réponse, inactifs, décédés	15 %		18,5 %	
Agriculteurs	3,7		9,2	
Ouvriers	14,7		10,4	
Artisans et petits commerçants	14,1		11,6	
Employés	12,5		8,7	
Cadres moyens, techniciens	11		13,3	
Cadres supérieurs et professions libérales		27,6	20,8	24,8
Industriels et gros commerçants	3,4		4	
Armée, police, clergé	1,5		3,5	

21. M. Simonot, *op. cit.*, données extraites du tableau 1, p. 193 (I. U. T. = population totale 1969-70 ; 8 centres privés = répondants à l'enquête, 78 %).

Quel que soit le type d'établissement, les filles sont plus souvent issues des couches supérieures que les garçons [22] ; c'est un fait général, les femmes cadres moyens sont plus souvent issues d'un milieu de cadres supérieurs que les hommes [23].

	I. U. T.	Centres privés
Catégories supérieures : Hommes	18,9	20,7
Femmes	32,9	29,6

Terme d'une ascension culturelle et sociale pour une partie de la population, le métier d'animateur, comme celui de formateur d'adultes avec lequel il a beaucoup de traits en commun [24], est, pour une autre, un déclin ou plutôt une manière de limiter et dissimuler en partie la réalité du déclin grâce à cette issue marginale. Pour les enfants des classes populaires dont le capital scolaire est le plus faible — ce sont les seuls à n'avoir aucun diplôme d'enseignement supérieur —, l'orientation prise est finalement bénéfique. Pour les enfants des classes supérieures dont les difficultés scolaires ont été les plus importantes, l'animation représente une des meilleures manières de rentabiliser un faible capital scolaire ; elle offre, malgré son statut social médiocre, un mode de vie qui échappe aux contraintes caractérisant les métiers subalternes. Le flou et l'éclectisme de la formation, comme plus tard l'imprécision des tâches et la fantaisie des horaires, leur permettent de continuer à vivre selon les valeurs de leur milieu d'origine. De manière très marquée, beaucoup d'élèves animateurs sont arrivés là à la suite d'une mauvaise carrière scolaire, dont témoignent le passage de l'enseignement classique aux enseignements moderne et technique [25] et le

22. *Ibid.*, p. 88. Alors que le pourcentage de filles est élevé parmi les élèves (46,8 % des élèves des centres privés ayant répondu à l'enquête de Michel Simonot, 56 % de l'effectif des élèves animateurs en I. U. T.), les professionnels en exercice sont très majoritairement des hommes : 78 % d'après l'enquête, citée, du F. O. N. J. E. P.

23. L. Thévenot, « Les catégories sociales en 1975 : l'extension du salariat », *Economie et statistique*, n° 91, juil.-août 1977, p. 27.

24. Cf. P. Fritsch, *L'éducation des adultes*, Paris-La Haye, Mouton, 1971, 176 p., Cahiers du Centre de sociologie européenne, 7.

25. Les enfants d'agriculteurs, qui n'entrent dans une section classique que dans une faible proportion, ont un taux d'abandon nul ; ce taux passe à 20 % pour les enfants d'ouvriers ; et, pour les catégories supérieures (dont plus de la moitié des enfants suivent une section clas-

redoublement ; élevé pour l'ensemble de la population, celui-ci s'accroît également quand on monte dans la hiérarchie des catégories socioprofessionnelles [26]. Plus encore, les tentatives d'accès à l'Université ont été fréquentes : alors que seulement 7,6 % de la population étudiée possède un diplôme d'enseignement supérieur, 31 % y ont passé au moins un an et le pourcentage de ceux qui s'y sont inscrits est de 40,8. Ce chiffre varie très nettement selon l'origine sociale : alors que seulement 26,9 % des élèves originaires des classes populaires ont tenté de suivre des études universitaires, ce pourcentage est de 68,5 pour ceux qui sont originaires des classes supérieures [27].

> La différence est nette également selon le sexe : 49,4 % des filles et 33 % des garçons, mais les filles sont aussi plus diplômées que les garçons ; 45,7 % de celles qui sont dans un centre privé ont le baccalauréat, ce n'est le cas que de 38 % des garçons ; 16 % d'entre elles ont un diplôme d'enseignement supérieur, pour seulement 7,6 % des garçons [28].

La succession d'échecs qui a marqué la carrière scolaire des enfants issus des catégories supérieures permet de comprendre l'intensité de leur ressentiment contre l'école, sa pédagogie « autoritaire », son savoir « figé », et plus généralement contre la culture. D'autant que ces expériences malheureuses s'accompagnaient d'une « aspiration » à la culture — liée à l'ambiance culturelle familiale —, dont témoigne l'importance des essais de rattrapage au moyen de cours du soir ou par correspondance (22 %). De ce ressentiment, les expressions sont nombreuses : qu'il s'agisse de l'engouement pour les techniques non

---

sique en 6e), le taux d'abandon est de 42,5 % pour les enfants de cadres supérieurs et professions libérales, et de 40 % pour les enfants d'industriels et gros commerçants (données calculées pour les éléves animateurs des centres privés, d'après M. Simonot, *op. cit.*, tableau 12, p. 199).

26. Le total des redoublements est de 64,3 %. Ont redoublé : 40 % des enfants d'agriculteurs ; 55,5 % des enfants d'ouvriers ; 75,5 % des enfants de cadres moyens et techniciens ; 72 % des enfants de cadres supérieurs et professions libérales ; 72,7 % des enfants d'industriels et de gros commerçants.

27. Données extraites des tableaux 9, p. 198 ; 10, p. 198 et 16, p. 201.

28. Données extraites des tableaux 16, p. 201 et 9, p. 198.

directives, du désintérêt pour les disciplines jugées scolaires, savantes, comme la littérature ou l'histoire de l'art [29], de la préférence accordée, de manière massive, à une sélection sur des critères psychologiques, et non sur un niveau culturel ou une formation[30], de la distance affichée à l'égard du futur diplôme ; encore que le mépris du diplôme, s'il s'inscrit bien dans l'idéologie de l'animation socio-culturelle, doit, comme le souligne Michel Simonot, « compter avec les valeurs propres à l'origine culturelle des sujets [31] ».

Ayant trouvé dans l'animation un moyen à la fois de masquer et de freiner le déclin qui les atteignait [32], les élèves-animateurs issus des classes supérieures parviennent à se dissimuler les réalités qui les ont conduit là ; alors que, on l'a vu, 68,5 % d'entre eux avaient tenté des études supérieures, 63,9 % des hommes disent avoir choisi ce métier par « vocation [33] ». Cet oubli des raisons du « choix » et des fondements de la critique du système scolaire donne à leur discours contre la culture toute sa force et leur permet d'abord de remplir naturellement le projet conservateur qui sous-tend, au début des années 1960, la mise en œuvre d'une politique d'animation : donner à chacun ce qui lui suffit.

---

29. Choix des matières pour la formation, extrait du tableau 30, p. 210.

	Elèves du privé 1er choix	Elèves des I. U. T. 1er choix
Histoire de l'art	0,6	0
Littérature	0	0,6
Technique de groupe	35,8	50,9
Psychologie	35,8	18,3

30. 73,4 % des élèves des centres privés et 69,2 % des élèves d'I. U. T. déclarent qu'on doit se baser sur des critères psychologiques dans la sélection des animateurs. Quel que soit le type d'établissement, personne ne mentionne la formation, le diplôme. *Ibid.*, tableau 37, p. 215.

31. M. Simonot, *op. cit.*, p. 137. Si un quart de ceux dont le père avait le baccalauréat trouve ce diplôme dérisoire, ce pourcentage tombe à 6,6 % chez ceux dont le père ne l'avait pas.

32. Parmi la population mariée, les hommes ont épousé dans 45,2 % des cas une femme cadre moyen (dont la moitié est dans l'enseignement ou exerce une profession sociale), issue des classes moyennes. Seulement 3,8 % ont épousé une femme cadre supérieur. La position moyenne est donc bien fixée (*ibid.*, p. 112).

33. *Ibid.*, tableau 32, p. 211 ; les filles parlent un peu plus souvent de vocation que les garçons, sauf dans les catégories supérieures : hommes, 63,9 % et femmes, 44 %.

Le fait que les élèves se déclarent majoritairement à gauche, voire à l'extrême-gauche, ne remet pas en cause cette harmonie [34]. La revendication d'une position de gauche s'accompagne d'un discours sur l'école, la vocation, la société, la psychologie, etc., qui, en raison de l'origine sociale et idéologique des agents, reste conservateur, quand il ne prend pas des accents restaurateurs à la Illich. Ce marquage à gauche s'observe aussi dans les écoles de service social après 1968, mais le révolutionnarisme reste verbal, les remises en cause aboutissant à des remises en selle : on abandonne le *case-work* pour faire du « travail de communauté », on nomme Lacan au lieu de se référer aux analystes-maison ; de telles audaces ne changent pas fondamentalement le mode d'appréhension de la « clientèle », la vision du monde et la conception de ce qui doit être modifié.

Le système de valeurs des animateurs se construit à partir de leur passé scolaire malheureux mais aussi de leur histoire professionnelle décevante, retraduite dans le langage positif de l'expérience ; nombreux à avoir occupé un ou plusieurs emplois (c'est le cas de 82,6 % des hommes et 61,7 % des femmes dans les centres privés), les élèves animateurs ont été le plus fréquemment employés (38 %), ouvriers (31 %), quelquefois cadres moyens (17,5 %), jamais cadres supérieurs. Les enfants de cadres supérieurs eux-mêmes ont toujours été employés ou cadres moyens. En outre, une forte instabilité caractérise cette expérience : près du tiers de ceux qui ont travaillé quatre ans ont occupé au moins trois emplois, et la majorité de ceux qui ont travaillé deux ou trois années ont occupé au moins deux emplois [35]. Arrivés là à l'issue d'une série d'échecs ou tout au moins d'erreurs de parcours et de tâtonnements, les garçons issus des classes supérieures parviennent majoritairement à présenter ce point d'arrivée comme un choix. Les fils et filles d'ouvriers, qui ont réalisé là une ascension,

34.

		Gauche-extrême-gauche	Centre-droite
H.	Privé	60,8	32,5
	I. U. T.	82,2	6,6
F.	Privé	59,2	30,9
	I. U. T.	65,8	13,9

(le reste : refus, etc. ; il n'y a pas d'extrême-droite. Données calculées à partir du tableau 52, p. 228).

35. *Op. cit.*, p. 122.

— accentuant l'ascension assez fréquente de leur père qui avait à la fois élevé leur niveau d'aspiration et leur chance objective de l'atteindre [36] —, sont beaucoup plus distants à l'égard de l'idée de vocation ; seulement 28,3 % l'invoquent, mais leur cécité propre est à l'image de ce qui pèse spécifiquement sur eux : ils sont les plus nombreux à dire être venus à ce métier par « sens social », pour des raisons sociales. Ils expriment leur intention de rester attachés à leur classe, à laquelle ils entendent s'adresser prioritairement, alors que les futurs animateurs issus d'autres catégories sociales pensent beaucoup plus fréquemment que « tout le monde » a besoin d'animation, ce qui est la traduction du rapport bourgeois aux classes sociales : leur négation. La référence des fils d'ouvriers à leur groupe s'exprime encore par une syndicalisation plus fréquente, trois fois supérieure à celle des élèves issus de familles de cadres supérieurs et de professions libérales : 39,6 % au lieu de 13,3 %.

Justifiée par ses promoteurs comme un remède aux conséquences négatives des phénomènes économiques et sociaux, — compensation qui doit agir sur les comportements des hommes et leurs relations —, l'animation attire particulièrement une population d'origine catholique qui a la même conception du monde social : 51,7 % des élèves sont pratiquants, régulièrement et occasionnellement ; dans le secteur privé qui, on l'a dit, est beaucoup plus intéressant à étudier, puisqu'il forme près de dix fois plus d'animateurs que les I. U. T., cette pratique s'élève considérablement : elle est de 67,4 % pour les hommes et 74,1 % pour les femmes [37]. Si, dans la plupart des cas, il est pertinent de distinguer les pratiquants réguliers des pratiquants occasionnels, il semble qu'ici un seul clivage soit décisif, être catholique ou pas. L'important est d'avoir été élevé dans le catholicisme. Mais, plus encore que la pratique, l'expérience d'un travail antérieur d'animateur

36. Sur 100 pères ouvriers lors de la naissance du futur animateur, seulement 54,8 % le sont demeurés ; il s'agissait d'une population fortement qualifiée, dont la trajectoire est tout à fait exceptionnelle.

37. Ensemble des élèves : 26,6 % de pratiquants réguliers et 25,1 % de pratiquants occasionnels. Secteur privé : pratiquants réguliers : 35,9 % des hommes et 45,7 % des femmes ; pratiquants occasionnels : 31,6 % des hommes et 28,4 % des femmes (*op. cit.*, tableau 53, p. 228).

bénévole dans le secteur confessionnel donne de façon durable à cette population des dispositions particulières : c'est le cas de 28,8 % des garçons et de 49,4 % des filles, élèves des centres privés, dont l'expérience, dans la majorité des cas, était combinée avec une action bénévole dans un autre secteur. Ce militantisme, plus fréquent chez les filles, est aussi plus marqué quand on s'élève dans la hiérarchie sociale [38].

Cette expérience militante des futurs animateurs, acquise dans les cercles restreints de l'action catholique, est déterminante pour les familiariser avec un langage, leur imposer une vision du monde et former durablement une grille de perception et de dispositions qui fonctionnera de façon efficace, non pas sur le mode de la doctrine appliquée, mais sur celui, camouflé, des évidences de la seconde nature. En d'autres termes, cette étape du militantisme catholique est le stade décisif d'une formation que le passage par une école spécialisée ne fera que confirmer et légitimer.

Le brassage des groupes sociaux, que l'animation se donne pour objectif et pour raison d'être, renvoie les anciens militants à des expériences connues : ces échanges « fructueux », ils les ont effectivement pratiqués, mais dans les conditions biaisées d'activités décontextualisées. Au cours de ces expériences-fictions, la résolution des problèmes posés — celui de la faim dans le monde, par exemple — ne progresse pas concrètement, mais les modes d'intervention symboliques sont durablement intériorisés. De ces rencontres avec des aînés plus compétents, les futurs animateurs ont retiré un « enrichissement » qui leur a masqué le profit symbolique que ce groupe des aînés en retirait. De la même façon, l'apparente spontanéité des échanges (« nous avons tous à apprendre ») dissimulait l'orientation, toujours la même, qui était imprimée. Débarrassés des aspects rebutants de l'imposition, de l'autorité

38. L'expérience de l'animation dans le secteur confessionnel est, comme on s'y attendait, plus rare chez les élèves d'I. U. T. : 15,8 % des garçons et 21,6 % des filles. En ce qui concerne le militantisme selon l'origine sociale, l'auteur ne distingue pas, malheureusement, selon le type d'établissement fréquenté. Pour l'ensemble des élèves (ce qui est moins significatif), le militantisme passe chez les hommes de 15,1 % en milieu populaire à 30,6 % dans les classes supérieures, et, chez les femmes de 24,2 à 38. (D'après le tableau 35, p. 214).

en particulier, ces modes d'intervention seront spontanément reproduits par les animateurs dans les conditions réelles de la rencontre avec les dominés. Ce mode d'inculcation assure en premier lieu la diffusion d'un langage : s'opposant aux codifications imposées du langage savant, le discours, marqué par l'imprécision, le paralogisme et l'exaltation — qui le font paraître incompréhensible ou vide de sens pour le profane, alors qu'il est aussi exactement réglé que, par exemple, la rhétorique militaire —, ne sera pas reproduit scolairement, mais cultivé comme une disposition (à la ressemblance de l'improvisation sacrée chez les quakers). La pratique de ce langage et les conditions de cette pratique — la discussion sérieuse de thèmes fictifs, la décontextualisation et l'oubli systématiques des éléments pertinents, le climat d'effusion et le don de soi où sont mis de côté les positions propres et les stratégies — entraînent l'adhésion aux valeurs proclamées, leur intériorisation : opération inconsciente où se forge la seconde nature. S'interroge-t-on sur le facteur commun à l'animateur en formation, à l'éditorialiste de la démocratie chrétienne, au haut fonctionnaire pénétré de ses responsabilités « sociales » ? On trouvera l'invocation naturelle des mêmes thèmes dans des circonstances données, la même attention à des éléments mineurs, l'oubli des déterminants importants, et par-dessus tout l'affirmation qu'il y a quelque chose à faire, qu'il suffit d'un peu d'effort de la part de chacun pour que la face du monde soit changée, ici et maintenant.

Le rendement de ces notions est décisif aux échelons d'exécution et de diffusion idéologique qui sont ceux des travailleurs sociaux et en particulier des animateurs, eux dont la cible n'est ni expressément désignée ni objectivement marquée. L'appartenance à cette communauté dans la communauté des dominants, importante mais non essentielle pour un dirigeant, devient déterminante au niveau des groupes délégués, parce qu'elle est pour eux le signe manifeste de leur mandat. Mais, pour les travailleurs sociaux, le poids vis-à-vis des « clients », leur légitimité, s'enracinent dans le bien qu'ils veulent pour ces hommes.

Quelle que soit leur position politique, les élèves animateurs « croient » au changement social. Ceux qui se situent eux-mêmes à droite pensent que l'élimination des inégalités se fera par la connaissance, la découverte réciproque et la mise en commun de valeurs, dans une rencontre de bonne volonté entre des milieux différents. Pour une partie de ceux qui se disent à gauche aussi, l'animation contribue au changement, puisqu'elle aide l'individu à l'analyse, à la prise de conscience qui en est le point de départ ; cette prise de conscience est conçue comme une sorte de délibération intime qui peut être facilitée, mais qui exprime en dernier ressort une liberté humaine « en recherche », indépendamment, semble-t-il, des conditions matérielles d'existence. Assistant, aidant l'individu dans sa prise de conscience, l'animateur se refuse à l'influencer, il le respecte : il est *neutre*.

La notion de neutralité a fait l'objet de longs débats au sein d'une commission nationale qui, réunie par le secrétariat d'Etat à la jeunesse et aux sports en 1968-69, a déclaré : « L'animateur a ses convictions mais respecte le libre choix de chacun et favorise l'information et la confrontation. » La commission a élaboré une distinction entre une laïcité de protection, pour les jeunes, et une laïcité de confrontation, « qui répond aux aspirations et aux besoins des adolescents et des adultes » et dont l'échange, la compréhension, le pluralisme sont la base [39].

A la directrice du centre social d'une ville ouvrière qui signalait le « succès » représenté par l'entrée d'associations d'usagers au conseil d'administration, nous avons demandé d'en préciser les caractéristiques ; elle donna la liste des associations qui avaient été candidates : les deux associations de parents d'élèves, l'Association populaire des familles, l'Association syndicale des familles, l'Association de la maison des jeunes, l'Association des travailleuses familiales, les Grisards — association philantropique —, Couple et famille, l'Amicale des jardiniers, Plein air et loisirs [40]. Il y avait donc élimination totale de tous les regroupements constitués à partir de déterminants fondamentaux. Le brassage qu'est censé permettre l'animation, la « confrontation », se passent entre des individus dont on peut savoir qu'ils ont ailleurs un engagement (« dans l'Union des femmes fran-

39. F.O.N.J.E.P., *étude citée,* p. 53.
40. Directrice de centre social, province, entretien de novembre 1974.

çaises ou dans des mouvements paroissiaux »), mais la règle du jeu, la bienséance et l'exigence d'harmonie veulent que ces engagements, ces déterminations, soient tus dans ce lieu de « rencontre ».

Contre cette position dominante, un courant s'est dessiné ces dernières années, qui dénonce l'idée que l'animateur serait un médiateur neutre : « Directement ou indirectement, il s'agit pour l'animation, par ses pratiques, par ses institutions, de faire accepter ou/et de faire supporter l'idéologie de l'exploitation et, partant, l'exploitation elle-même [41]. » Comme dans les autres professions sociales, les éléments les plus critiques n'envisagent ni de partir ni de lutter pour la disparition de la fonction ; ils pensent pouvoir en inverser le sens, aider les travailleurs à « prendre conscience de leur exploitation et [à] s'organiser pour changer, renverser ou transformer radicalement l'ordre capitaliste [42] ». Ils se retrouvent encore dans une sorte de position de guide, d'éclaireur si l'on peut dire, sans s'arrêter au fait qu'ils n'ont pas prise sur le monde de la production, sans voir que leur situation extérieure à la classe ouvrière en fait de simples « conseilleurs » qui risquent d'être peu entendus. On se tromperait en appréciant l'importance numérique des tenants de telles analyses à l'écho qui leur a été donné à l'extérieur du champ professionnel ; le bruit n'a été si fort que parce qu'il a éclaté dans un univers consensuel, « neutre », plein de bonnes volontés et de bons sentiments. Ce qui demeure dominant, c'est une action tournée vers « l'homme », qu'on se propose d'épanouir sans attendre et dans les limites de ce qu'il a, idéologie qui concourt discrètement à la conservation de l'ordre.

Après avoir analysé les formes suivant lesquelles l'action idéologique du travail social se diversifie actuellement, il est nécessaire de revenir au schéma développé précédemment pour voir à quelles modalités nouvelles de l'opposition de classes répondent l'organisation des nouvelles professions

41. M. Mangenot, *Des animateurs se rebiffent,* Paris, Editions Universitaires, 1973, p. 76.

42. Motion d'animateurs en grève en mars 1971, citée par M. Mangenot, *op. cit.*, p. 174. Cf. aussi *Champ social,* en particulier n° 10, « Origine de la profession d'animateur — Evolution de la profession dans le système », p. 26-31.

et la dynamique de leur évolution. On observe un changement significatif dans les objectifs assignés au travail social, changement qui n'est pas imposé sous forme de directives mais indiqué comme la tendance d'un marché professionnel destinée à se concrétiser rapidement sous l'action de groupes professionnels : apparition de nouvelles professions, réorientation de professions anciennes. En l'opposant à la phase précédente, caractérisée par l'ambition universaliste et un certain idéalisme, on peut définir la tonalité de la phase actuelle par un certain réalisme. Alors que les pionnières du service social marquaient ouvertement leur bon droit de classe, leur certitude quant au bien-fondé d'un projet pédagogique conçu comme la civilisation apportée aux barbares, alors que les agents s'employaient, dans la phase de mise en place, à présenter comme naturels et universels les objectifs et les méthodes de leur entreprise d'intégration, on ne trouve plus, de la part des responsables, que le projet défensif de contenir les « exclus », ce qui se traduit, dans les rationalisations que se forgent les professionnels, par l'acceptation, voire l'exaltation du droit à la différence. Né, on l'a vu, de l'échec relatif des méthodes destinées à traiter individuellement des « inadaptations » toujours renaissantes, et accompagnant un changement global des perspectives socio-économiques (on passe d'une expansion supposée entraîner la solution progressive de tous les problèmes matériels à une stagnation inévitable dont on doit prendre son parti), le nouveau cours de l'action sociale est également réaliste dans les méthodes qu'il préconise. Parallèlement à l'entreprise éducative, au traitement psychologique des cas, se développe une action de masse, préventive plutôt que curative, moins coûteuse à mettre en œuvre et plus facile à étendre ; l'ancien objectif de moralisation des couches dominées, d'imposition de normes, s'efface progressivement dans une pratique qui cherche plus modestement à savoir ce que font ces couches et à être à tout moment en mesure de prévoir leurs réactions et de les prévenir. La logique de ce redéploiement tendanciel des forces du travail social n'inspire pas seulement les textes législatifs et discours officiels, par exemple dans l'apparition des thèmes de la défense sociale à côté de ceux de l'humanisme chrétien ou de l'anthropologie analytique, mais les formes les plus quotidiennes de l'activité des agents et de leur mode d'être, comme la tenue banalisée de l'éducateur de prévention opposée à la correction marquée du costume de l'assistante sociale ; la même opposition se retrouve entre le respect que celle-ci porte aux valeurs culturelles et la suspicion que leur témoigne l'animateur socio-éducatif.

chapitre 4

la cible du service social et son image dans le discours officiel

conditions matérielles d'existence et "inadaption"

Après avoir retracé la genèse, puis l'évolution du service social, on a analysé comment s'était développé tout un ensemble de spécialisations qui ne cessent de se transformer et de rechercher leur légitimation, en s'ajustant à de nouveaux problèmes posés à la classe dominante par telle ou telle fraction de dominés. Chemin faisant, on a signalé à quelle catégorie de population s'adressait chaque spécialisation. On doit revenir sur les caractéristiques des populations auprès desquelles opère le travail social, et plus précisément sur celles qui constituent la cible du service social. L'étude de cette cible et des critères selon lesquels sont découpées des populations assistables et d'autres, infra-assistables, vient compléter l'analyse des fonctions objectives telle qu'elle avait été menée par l'étude critique des documents produits, à différentes époques, par le service social. En suivant les changements de quelques thèmes centraux du discours officiel de l'action sociale — celui qu'élaborent les responsables et qui oriente les pratiques des agents —, on fait bien plus que de suivre l'évolution du rapport de forces entre les classes, de repérer le déplacement de ce que la classe dominante perçoit comme menaces ; ce langage, par son indétermination, par la manipulation apparemment désordonnée de notions, dissimule, en même temps qu'il contribue à la rendre possible, la manipulation matérielle des individus étiquetés : ce ne sont pas des O. S. et des manœuvres qui sont relégués dans des cités de transit, mais des « inadaptés », des « marginaux », des familles « à problèmes », « à risques élevés ». Le repérage et la stigmatisation par le travail social de certaines couches de la classe ouvrière les isolent et les infériorisent.

Disqualifiés à leurs propres yeux par les conditions dans lesquelles ils vivent, ces éléments le sont aussi pour l'autre partie de la classe ouvrière, qui ne les reconnaît pas et ne les perçoit que comme un repoussoir, une zone inquiétante où il est toujours possible et dramatique de tomber, une incitation aussi à la bonne conduite. Si l'encadrement des classes dominées que réalise le travail social apporte une contribution importante au maintien de l'ordre établi, le discours qui couvre et guide cette action joue un rôle actif lui aussi dans la lutte entre les classes, la reconnaissance ou la négation des classes et leur définition étant un enjeu fondamental de la lutte idéologique qu'elles poursuivent en permanence.

Pourquoi les travailleurs sociaux adhèrent-ils si largement aux thématiques de l'inadaptation ? On a répété que leur origine, redoublée par une formation particulière, leur ôte les moyens d'appréhender la réalité de la classe ouvrière, son style de vie spécifique, les particularités de ses différentes fractions. Mais il faut aussi prendre en compte l'état du champ du travail social : concurrence, conflits des professions, découpage rigide mais néanmoins mouvant du réel, selon le rapport de force entre les professions, de « clientèles » réservées, etc. A partir d'une spécialisation et d'une intervention fragmentaire (tranche d'âge ou catégorie de problèmes de la « clientèle », extension ou limitation de l'action selon le niveau de la formation des professionnels, etc.), les travailleurs sociaux perçoivent une population émiettée ; ils ne saisissent que des « cas », des comportements dépourvus de rationalité, puisque coupés des conditions objectives qui les suscitent et dont seule la connaissance peut restituer l'intelligibilité. A l'état du champ du travail social sans cesse étendu, mais redécoupé, et éclaté, répond l'image d'une « clientèle » brisée, et ressentie comme d'autant plus menaçante, d'autant plus à contrôler et à contenir qu'elle demeure incompréhensible.

Le repérage des assistables.

Tout au long de son histoire, l'assistance sociale s'est trouvée associée à l'image des « pauvres », des « cas », des zones misérables et vicieuses de la société. Pourtant, s'étant constituée à partir d'une critique explicite de l'inefficience de la charité et de l'assistance publique, elle avait défini sélectivement la population qu'elle se proposait de prendre en charge, celle auprès de laquelle une action éducative lui paraissait rentable. L'accent était mis, dès l'origine, sur cette spécificité de l'assistance sociale : promouvoir l'ouvrier par une pédagogie de « relèvement ». Cette affirmation du primat du spirituel, c'est-à-dire de l'action rééducative, permettait de méconnaître l'origine socio-économique des problèmes et justifiait la relative indifférence portée à leur solution matérielle. Ce primat est conservé dans les énoncés actuels qui s'attachent aux troubles « relationnels », aux problèmes psycho-psychiatriques ; devenu primat de l'affectif, il s'accompagne toujours de la dépréciation des secours matériels.

Le décalage entre la perception de l'assistance sociale comme une aide universelle et le caractère discriminant de ses interventions prend aujourd'hui de nouvelles formes, dans la mesure où circulent des images contradictoires (et inexactes) de la « clientèle ». Un lieu commun — sans doute en déclin, mais encore très repérable et politiquement comme socialement situé — tend à présenter les « clients » du service social comme autant de chômeurs chroniques, parasites vivant d'aides et de secours, quémandeurs se satisfaisant de leur sort, et pesant lourdement sur la collectivité. A l'opposé en apparence — il s'agit, en fait, d'une autre variante du conservatisme —, la conception officielle de l'action sociale est que toute la société est actuellement concernée, car le « nombre de gens perturbés ne cesse de croître (...) ; aucun milieu, aucune classe n'est indemne [1] ». Ce discours qui s'inquiète de la généralité de l'inadaptation et affirme le caractère aléatoire de sa progression dit en même temps que les classes sociales n'existent pas, qu'on trouve de l'inadaptation dans toutes les classes sociales, et décrit comme manifestations d'inadaptation des comportements qui se retrouvent dans des populations ouvrières. En définissant le rapport numérique idéal assistante sociale/population — une assistante polyvalente pour 5 000 habitants —, la « sectorisation » veut instituer cette mise à la disposition de tous du service social. La

1. *La prévention des inadaptations sociales, op. cit.*, p. 8.

proposition a été d'autant mieux reçue par les praticiennes qu'elle venait redonner vie à la notion de neutralité, encore centrale dans l'idéologie professionnelle [2], mais, surtout, elle a paru propre à apporter à la profession une amélioration de statut qui était recherchée depuis vingt ans à travers des revendications corporatives et des tentatives de « technisation [3] ».

Se décrire comme intervenant auprès de toutes les catégories de population, c'est tenter de mettre fin à l'image de « l'assistante sociale courant les chemins, montant au huitième étage pour voir une famille miséreuse, apportant des sous [4] », comme si les caractéristiques des populations « déshéritées » clientes, rejaillissant sur la profession, étaient seules responsables du peu de considération dont elle jouit. S'efforçant de promouvoir une nouvelle image de marque, les assistantes sociales répètent le cas d'un cadre venu demander « de l'aide », ou celui du fils de P. D. G. pour lequel une mesure d'assistance éducative en milieu ouvert aurait été ordonnée, et, surtout, elles affirment le caractère essentiellement « relationnel » et psycho-psychiatrique des problèmes des familles, dans tous les milieux. « Le fils du P. D. G. peut être un mongolien. Rien n'est plus démocratique que la débilité mentale », déclarait une éducatrice, qui disait ne pas voir de lien entre « le problème des inadaptés » et la lutte des classes [5].

> Au cours des entretiens, c'est encore l'égalité devant les troubles psychologiques, promus au premier rang des problèmes, qui est mise en avant.
>
> « La maladie mentale n'épargne aucun foyer ; les femmes déprimées, les femmes suicidaires, les femmes éthyliques, les femmes agitées, les hommes qui investissent tout dans leur boulot, il y a des paranoïaques

2. « Je ne me sens pas du tout réservée à une catégorie sociale de gens (...). Je ne me sens pas plus d'une classe sociale que d'une autre. Je me sens sur ce plan humain où l'on parle. » 27e congrès de l'A.N.A.S., 1972, *Le Service social, ses fondements théoriques,* Paris, Editions E. S. F., 1973, p. 75.

3. Par exemple : demande de paiement à l'acte qui apparenterait la profession à celle d'avocat ou de médecin, demande d'intégration à l'Université... ; références aux sciences humaines et particulièrement à la psychologie, multiplication des formations post-diplôme.

4. Surintendante d'usine, industrie chimique, banlieue parisienne, entretien de septembre 1974.

5. *Esprit,* « Pourquoi le travail social ? », *op. cit.,* p. 573.

partout, des schizophrènes partout et des familles très huppées où il y a un petit mongolien » (Assistante sociale, service de prévention, banlieue parisienne, entretien d'octobre 1974).

La responsable d'un service d'aide à l'enfance affirme que les « familles détériorées » dont elle a à connaître ne sont pas issues d'un milieu social déterminé : « Nous avons un éventail de milieux sociaux et des problèmes extrêmement variés. Bien sûr, il y a des milieux où il y a plus d'inadaptation, ce sont les milieux de migrants : dans les milieux prolétaires, il y a un type de problèmes (...) mais comme nous avons énormément maintenant de problèmes psychologiques, des parents déséquilibrés, de vrais malades mentaux, ça, nous le retrouvons absolument dans tous les milieux » (Service d'aide à l'enfance, Paris, entretien d'octobre 1974).

C'est par une suite de glissements que les assistantes sociales produisent de la « clientèle » une image centrée sur la santé mentale et les troubles familiaux. Le service social, ni par définition, ni dans la réalité, n'est voué à l'action auprès des malades mentaux ; ceux-ci, de toute façon, ne sont pas répartis également dans tous les milieux ; si les troubles « relationnels » sont ce que majoritairement les assistantes sociales auraient à traiter, elles ne peuvent ignorer que les familles « détériorées » qui relèvent de leur action ont des caractéristiques sociales bien définies et homogènes.

Si, comme les assistantes sociales, on croit à la valeur scientifique de la mesure de l'intelligence par la méthode du Q. I., on ne peut pas ne pas tenir compte du résultat majeur auquel aboutit la construction d'échelles métriques de l'intelligence : la corrélation entre le quotient intellectuel et la catégorie socio-professionnelle. Leur pratique les amène à voir quotidiennement dans les classes de perfectionnement, les instituts médico-pédagogiques et médico-professionnels et les centres de rééducation pour caractériels, essentiellement des enfants des classes populaires. De même, la maladie mentale aboutissant à une hospitalisation ne frappe pas indifféremment toutes les classes. Le suicide n'est pas non plus « démocratique ou aléatoire [6] » ; la clientèle de l'aide sociale à l'enfance ne provient pas de « tous les milieux ».

6. G. Calot, M. Febvay, « La mortalité différentielle suivant le milieu social », *Etudes et conjoncture,* n° 11, novembre 1965, tableau 9.

Au moment où le discours officiel de l'action sociale affirme le caractère trans-classe de la « clientèle », celle-ci se trouve définie de plus en plus précisément. Pour en appréhender les caractéristiques, il faut écarter tout un genre de récits internes à la profession, pathétiques — s'ils relèvent de mode traditionnel — ou « cliniques » — s'ils émanent des modernistes —, qui ont en commun de s'attacher à des cas singuliers et spectaculaires. L'idéologie du service social, inculquée efficacement à travers une formation centrée sur l'apprentissage et la valorisation de la « relation duelle », s'oppose en effet à toute appréhension synthétique des problèmes : l'assistante ne connaît que des individus, et retient non des situations moyennes mais le cas extrême ou aberrant, le fait divers tragique ou sordide au détriment du quotidien, comme en témoigne au cours des entretiens, la place faite au proxénétisme, à la drogue, aux viols incestueux, à la prostitution.

L'empirie, héritée du bénévolat, qui continue de caractériser, massivement et à tous les niveaux, le service social, la multiplicité des organismes et l'hétérogénéité de leurs statuts, rendent impossible une évaluation globale du flux annuel, ou du stock de population suivie à un moment donné, c'est-à-dire de la *cible* du service social, mot mieux approprié que le mot indigène clientèle qui, conformément à l'idéologie professionnelle, veut prétendre qu'il y a choix. Le mot client « caractérise bien une relation où l'aidé fait appel à l'aidant, en conservant sa liberté comme sa responsabilité. Le client requiert un service qui correspond à une fonction, comme il choisit son architecte ou son boulanger[7] ».

Pour décrire cette cible, on ne dispose que d'un matériel limité, dont, sauf exceptions, on ne connaît pas les conditions de recueil. Ces études ne donnent que quelques critères : catégorie socio-professionnelle, revenu, nombre d'enfants essentiellement, et, rarement, niveau d'instruction et statut du couple. Au moins permettent-elles, contre le culturalisme et le psychologisme à l'œuvre dans la pratique et le discours des assistantes, de définir des conditions socio-économiques, dont ce qu'elles autonomisent sous le nom de « conceptions culturelles »

7. M.-H. Bousquet, *Le service social,* Paris, P.U.F., 1971, p. 19.

n'est que la retraduction obligée. Ainsi, parlant d'une famille ayant « des conceptions culturelles assez frustes », des assistantes étayent ce jugement par des paroles de M. et Mme V. : « On vit au jour le jour », « on fait n'importe quel métier », etc., comme s'il s'agissait d'un choix philosophique [8].

Il va de soi qu'on écarte les données sur la population « officiellement couverte », et qu'on s'intéresse à la *population suivie,* infiniment plus restreinte : enquêtant dans une banlieue du sud de Paris, Jacotte Bobroff et Micheline Luccioni ont constaté que, pour une population officiellement couverte de 87,7 % de la population globale, la population effectivement objet d'une intervention n'était que de 7,6 % [9], ce qui est un peu moins que le chiffre généralement admis : 10 à 12 %.

Ce qui ressort immédiatement des enquêtes existantes, c'est la *sur-représentation de la population ouvrière, et particulièrement des ouvriers spécialisés et des manœuvres.*

Enquête de l'Union nationale des caisses d'allocations familiales, 1961 : ouvriers, 80,4 % dont 66,7 % d'O. S. et de manœuvres. Au recensement de 1962, les ouvriers dans leur ensemble constituaient 36,7 % de la population active, les O. S. et manœuvres seuls 20,6 % [10].

Enquête de l'Union nationale des caisses d'allocations familiales sur un échantillon de familles en tutelle aux allocations familiales, 1963-1964 : ouvriers, 75,1 % dont 67,5 % d'O. S. et de manœuvres. Les ouvriers agricoles sont également surreprésentés : 14,7 % [11].

8. Coordination des services sociaux de Bagnolet, *Problèmes d'adaptation des familles et perspectives dynamiques d'aide et de prévention, op. cit.*, p. 298.

9. J. Bobroff, M. Luccioni, *La clientèle du travail social,* Paris, Editions E. S. F., 1975, p. 54.

10. Union nationale des caisses d'allocations familiales, *La clientèle du service social des caisses d'allocations familiales* (1961-1962), 1963, 97 p. ronéotées. Il aurait été intéressant de pouvoir analyser le caractère des interventions : les 19,6 % des « clients » non ouvriers qui ont affaire ici au service social ont-ils les mêmes « problèmes » que les ouvriers ? Sans pouvoir répondre à cette question, on a remarqué, dans un grand nombre de cas, que les interventions prolongées et faisant appel à de multiples travailleurs sociaux concernent surtout les ouvriers, tandis que l'intervention auprès des autres catégories est plus souvent brève et ne met en jeu qu'un travailleur social.

11. Union nationale des caisses d'allocations familiales, *Les familles en tutelle aux allocations familiales, op. cit.*

Enquête d'une assistante sociale dans une circonscription du Vaucluse, 1968-1969 : ouvriers, 51,1 %. Au recensement de 1968 les ouvriers constituaient 35,5 % de la population du département [12].

Enquête d'assistantes polyvalentes dans sept circonscriptions d'action sanitaire et sociale du Val-de-Marne, 1971-1972 : O. S. et manœuvres, 73 %, alors qu'ils représentent 18,6 % de la population active du département [13].

Enquête sociologique dans une banlieue du sud de Paris, 1971-1972 : ouvriers, 60 % [14].

Continuant donc, contrairement à ce qu'il s'efforce de donner à entendre, à agir auprès de la classe ouvrière urbaine, le service social se concentre maintenant sur la partie inférieure, essentiellement définie par *l'absence de qualification.*

On remarque, sans pouvoir affirmer la généralité du phénomène, que deux études font apparaître une surreprésentation des travailleurs du bâtiment et des travaux publics ; selon l'étude faite par l'U. N. C. A. F. en 1963-64, alors que 9,8 % des pères de famille faisant l'objet d'une mesure de tutelle exercent un métier de la métallurgie, 41,2 % travaillent dans le bâtiment et les travaux publics, et 31,3 % des chefs de familles « clientes » du service social de l'U. N. C. A. F. sont également dans ce cas. A la même époque, les ouvriers de ce secteur ne constituaient que 17,8 % des ouvriers et 6,5 % de la population active masculine (recensement de 1962). Cette situation rejoint ce qui avait été relevé par Jean-Claude Chamboredon à propos des jeunes délinquants : un grand nombre étaient issus de groupes professionnels, notamment les métiers du bâtiment, qui s'opposent aux métiers de l'industrie en ce qu'ils ne comportent pas de formation institutionalisée, et offrent peu de perspective de carrière et peu de stabilité d'emploi [15].

---

12. « Essai de recherche à partir de l'étude d'une circonscription d'assistante de service social », *Feuillets de l'A. N. A. S.*, n° 84, 4e trimestre 1969.

13. L. Mallet-Dufour, J. Perlès, *Le service social en polyvalence de secteur,* Paris, Editions E. S. F., 1975.

14. J. Bobroff, M. Luccioni, *La clientèle du travail social, op. cit.*

15. J.-C. Chamboredon, « La délinquance juvénile... », *art. cit.*, p. 344.

Les données sur le niveau d'instruction sont trop rares pour qu'on puisse savoir si la population prise en charge par le service social a systématiquement un capital scolaire inférieur à celui des catégories socio-professionnelles auxquelles elle appartient. C'est seulement dans le cas des familles en tutelle que cette caractéristique est manifeste ; dans l'enquête de 1963-1964, seulement 15 % des hommes avaient un niveau égal ou supérieur au certificat d'études primaires, alors que ce pourcentage est de 60,3 % pour l'ensemble des ouvriers [16]. On trouve également un pourcentage élevé d'analphabètes complets : 9,8 % des hommes et 10,2 % des femmes.

Comme on pouvait s'y attendre, les catégories « favorisées » (cadres supérieurs, professions libérales, sont totalement absents, les cadres moyens quasi inexistants) échappent au service social. Moins évidente est la grande rareté des « marginaux économiques », chômeurs chroniques, pauvres en marge de la production ; les plus « nécessiteux » sont renvoyés, plus ou moins explicitement, aux œuvres confessionnelles et privées. Si être intégré à la production est une condition nécessaire, ce n'est pas une condition suffisante. Le second terme pris en compte est le revenu : il ne faut pas gagner « trop » (et ce trop est en fait modique) ni trop peu. Deux frontières semblent difficile à franchir. *Une frontière supérieure :* « La majorité des chefs de famille auxquels je m'adressais, qui s'adressaient à moi et pour lesquels je pouvais relativement intervenir, ne dépassaient pas 1 600 F par mois ; dès que la famille atteint 1 700-2 000 F de salaire, c'est impossible d'aider, même pour des familles nombreuses » (chiffres d'octobre 1974). *Une frontière inférieure :* « Les gens qui crèvent de faim d'un bout de l'année à l'autre, tout en ayant un père qui travaille, ces gens-là, nous ne pouvons malheureusement pas faire grand-chose [17]. »

16. Cf. R. Salais, « Les niveaux de diplôme dans chaque catégorie socio-professionnelle », *Economie et statistique,* n° 9, février 1970, p. 49-57.

17. Assistante municipale, banlieue parisienne, entretien d'octobre 1974. Cette assistante expose un dossier alors récent : une demande d'allocation mensuelle pour une femme qui, seule avec deux enfants, gagnait 1 300 F et habitait en H. L. M. (donc un loyer relativement élevé), avait été refusée. Le S. M. I. C. était, à Paris, sur la base de 40 heures par semaine : 1 031,34 F en mai 1974, 1 170 F en décembre 1974.

> Ceci coïncide avec ce qui avait été constaté dans l'étude, précédemment citée, sur une banlieue du sud de Paris : le revenu des familles prises en charge ne dépassait pas 1 500 francs et était en moyenne légèrement supérieur au S. M. I. C. ; il faut noter que ce salaire est un salaire familial, incluant les prestations familiales [18].

Il s'agit là essentiellement de la « clientèle » des services polyvalents ; les services d'aide à l'enfance s'adressent à une population encore plus « démunie », comme le montrent l'inventaire des motifs d'admission et l'examen des budgets familiaux. Selon une étude du ministère de la santé, les ressources moyennes, par individu, des familles des « recueillis temporaires » étaient, en 1971, de 199 F à Lille, 181 F à Bobigny, 167 F à Montpellier [19] : ces réalités étant bien connues, la revendication des assistantes sociales d'apporter autre chose et « plus » qu'une solution économique et d'entendre « au-delà de la simple demande d'aide matérielle », un besoin de communiquer, d'être reconnu, prend tout son (non)-sens.

Il faut donc gagner (un peu) plus que le S. M. I. C., mais ne pas dépasser environ 1 600 F (en 1974) : cette frange ne semble varier que légèrement d'un service à l'autre. Le service social s'accorde donc pour laisser en marge de son action une frange d'ouvriers ayant un travail régulier, mais percevant un salaire ne permettant pas à une famille de vivre. Cette population avait été désignée, dans le rapport de l'*Intergroupe handicapés-inadaptés* du VIe Plan comme étant « en situation d'inadaptation [20] ».

La population ouvrière cible est donc définie par un revenu bas, attaché à un emploi non qualifié stable, ou tout au moins ne comportant que des ruptures de brève durée — car, si les discontinuités sont trop longues, la perte corrélative de prestations liées au salaire entraîne la famille sur une pente qu'elle ne peut remonter et elle échappe alors, le plus souvent, au service social. Elle présente quelques autres traits communs, en particulier les

---

18. J. Bobroff, M. Luccioni, *La clientèle..., op. cit.*, p. 69.
19. *La prévention des inadaptations sociales, op. cit.*, p. 74.
20. VIe Plan, *Rapport de l'intergroupe handicapés-inadaptés,* Paris, La Documentation française, 1971, p. 160.

familles nombreuses y sont sur-représentées : l'étude sur la banlieue sud a rencontré essentiellement des familles de quatre et cinq enfants, celle sur Bagnolet et celle sur le Val-de-Marne relèvent que 31 % des familles ont plus de quatre enfants. Ce caractère se trouve accentué chez les « clients » des services d'aide à l'enfance : alors que la moyenne est de 2,4 enfants par famille, l'étude sur les « recueillis temporaires » de Lille, Bobigny et Montpellier signale 4,2 enfants en moyenne. Parmi les familles en tutelle, 88,3 % ont quatre enfants et plus, et 63 % en ont six et plus [21]. Ce taux de natalité élevé s'explique, on le sait, par l'ensemble des caractéristiques économiques et sociales des familles. L'anomie familiale est également soulignée, sans que ces études fournissent des données utilisables sur la fréquence des couples dissociés et non légaux ; elle est, de toute façon, dans les classes populaires, « une caractéristique générique liée, en même temps que d'autres, à la position particulière de ces classes [22] ».

Evoquées sur un mode catastrophique, décrites souvent en termes de pathologie, ces familles sont assez banales ; ce que, à un moment où à un autre, les services ont fini par constater lorsqu'ils ont mené des enquêtes distinctes du travail d'intervention : « Cette clientèle se présente dans sa grande majorité comme une fraction de population d'un type courant, sans distorsions spécifiques, mais il s'agit d'une fraction de la population particulièrement fragile par son statut professionnel relativement bas, la modicité de ses ressources, la charge que constituent des jeunes enfants et des naissances très rapprochées, un état sanitaire médiocre », concluait l'enquête, un peu ancienne, de l'U. N. C. A. F. [23]. Douze ans plus tard, une enquête menée dans le Val-de-Marne sur une population restreinte mais représentative de la clientèle du service social polyvalent de secteur dans la région parisienne s'exprime dans des

21. Les familles de quatre enfants et plus représentent 20,3 % de l'ensemble des familles et 21,6 % dans la catégorie ouvriers. Les familles de six enfants et plus représentent 7,4 % de l'ensemble des familles et 8,4 % des familles ouvrières. Cf. G. Calot et J.-C. Deville, « Nuptialité et fécondité selon le milieu socio-culturel », *Economie et statistique,* n° 27, octobre 1971.

22. J.-C. Chamboredon, « La délinquance juvénile... », *art. cit.,* p. 345.

23. Union nationale des caisses d'allocations familiales, *La clientèle du service social des caisses..., op. cit.,* p. 53.

termes très voisins : « Sans être marginales, ni même victimes de handicaps physiques ou mentaux particuliers, les 100 familles étudiées, relativement jeunes et chargées de jeunes enfants, sont, pourrait-on dire, tout à fait "sous-équipées" pour faire face aux aléas de l'existence et, plus encore, pour construire un avenir solide et épanouissant [24]. »

A l'image donc d'une clientèle de marginaux se substitue celle d'une clientèle appartenant à la fraction non qualifiée de la classe ouvrière, recevant des revenus très bas mais non les plus bas à l'intérieur de cette fraction, population relativement jeune (puisque productive), ayant un nombre d'enfants supérieur à la moyenne.

Les infra-assistables ou banalité de la marginalité.

La contradiction, dont la reconnaissance demeure sans effet concret, entre les « impressions » des assistantes et ce qu'une étude qualitative révèle, déjà patente en ce qui concerne la cible, se retrouve *a fortiori* dans le cas des familles dites « socialement handicapées » (ou « déficientes », ou à « problèmes multiples », etc.). *Comment se fait ce découpage* entre population prise en charge et fraction laissée à l'écart ? Les assistantes invoquent la « lourdeur », le « pourrissement », l' « hermétisme » des familles et leur insuffisance personnelle, l'inadéquation de leurs connaissances et de leurs techniques pour affronter ces milieux.

> « Plus c'est pourri, plus c'est difficile, plus il faut y être à plusieurs et on n'est pas aidés » (assistante sociale, service de prévention, banlieue parisienne, entretien d'octobre 1974). « Les assistantes les laissent en rade en disant : on a beaucoup d'autres choses à faire, oui, et elles sont découragées, et c'est tellement lourd, ce contact permanent avec la vraie misère, c'est très difficile à supporter » (assistante sociale chef, caisse d'allocations familiales, province, entretien de novembre 1974).

En réalité, que la population la plus « démunie » soit largement à l'écart de l'action des services sociaux résulte

24. L. Mallet-Dufour, J. Perlès, *op. cit.*, p. 109.

des modalités de la politique sociale : l'aide prend des formes complexes, réglementaires, elle s'appuie sur des droits, exige dans certains cas que des conditions soient remplies, des documents fournis, etc., ces modalités répondant elles-mêmes aux intentions d'une politique. Mais la diversité des services, leurs divergences, permettent aux agents d'ignorer que l'institution obéit à une logique cohérente. Ils recherchent donc dans la population rejetée elle-même ce qui « met en échec » les formes d'action sociale habituelles, ce qui la rend *infra-assistable,* pourrait-on dire, par analogie avec l'expression d'infra-psychiatrisable dont l'usage se répand dans l'action sanitaire et sociale. Ils la décrivent comme une masse repoussante, un peu effrayante, attardée, aux comportements opaques et figés.

> « Pratiquement, ni les travailleurs sociaux, ni les pouvoirs publics, ni les élus, ni personne n'a vraiment pris cette affaire en main, parce que, la misère, ça repousse. Aller tous les jours chez des gens qui ne sont pas malins, qui sont sales, qui sentent mauvais, dont vous sortez quelquefois avec des poux, des puces ou des punaises et chez qui vous pouvez retourner pendant très longtemps avant de voir quoi que ce soit qui bouge, si tant est que vous voyiez quelque chose bouger un jour... [25] »

Cependant, les familles « à problèmes multiples » se banalisent aussi quand on les approche. Une enquête menée par l'U. N. C. A. F., pour tenter de trouver des formes d'accès à ces populations et des méthodes de traitement, aboutit à admettre qu'elles sont non seulement moins « asociales » et « désintégrées » qu'il n'apparaissait dans les récits initiaux des assistantes, mais qu'elles présentent des éléments positifs.

> « On est surpris de voir l'importance des éléments positifs (...). On nous avait assuré en effet que les hommes vivaient d'expédients et étaient des chômeurs professionnels. Or les assistantes ont pu observer de près : des pères courageux travaillant régulièrement,

25. Entretien cité, assistante sociale chef, C. A. F. (Notre interlocutrice traduisait ainsi un sentiment très répandu, mais n'exprimait nullement une hostilité ou un mépris personnels.)

des pères qui ne s'inscrivent pas au chomâge quand ils perdent ou quittent leur emploi, parce qu'ils préfèrent se débrouiller eux-mêmes, ils cherchent activement et retrouvent rapidement une activité, des pères qui sont fiers de leur travail (...). Du côté négatif, nous relevons : un manque certain de qualification professionnelle dans la majorité des cas, un manque de régularité au travail (...)[26]. »

Tandis que les agents du service social s'efforcent de décrire les comportements « culturels » aberrants, les modes de vie qui décourageraient toute action, ceux qui ont en charge la gestion de l'inadaptation proposent des théorisations.

Définitions :

« Sont inadaptés à la société dont ils font partie, les enfants, les adolescents et les adultes qui, pour des raisons diverses, plus ou moins graves, éprouvent des difficultés plus ou moins grandes à être et à agir comme les autres. » François Bloch-Lainé, *Etude du problème général de l'inadaptation des personnes handicapées,* rapport présenté au Premier ministre, décembre 1967, p. 1 du document ronéoté.

« Les inadaptés sociaux se définissent d'abord par leur manque. » *Rapport de l'intergroupe handicapés-inadaptés, op. cit.,* p. 154.

« On entend en général par inadaptés sociaux un groupe humain en discontinuité avec l'environnement social et qui mobilise non seulement de nombreux travailleurs sociaux, mais encore un nombre élevé de places dans les maisons d'enfants, dans les modes de placement... » *Ibid.,* p. 156.

Dans l'étude « modèle » sur le centre de Buzenval[27],

---

26. G. Gemaehling, *Service social et familles socialement handicapées, op. cit.,* p. 80-81.

27. *Recherche active et prévention sociale. L'expérience du centre de Buzenval.* Travaux du colloque organisé par la Société internationale de criminologie, U. N. E. S. C. O., juin 1967. Le centre comprenait un peu plus de 100 familles, dont 60 étaient considérées comme les « plus intéressantes », « nécessitant une aide constante » (p. 24) ; l'équipe comprenait : 1 directrice, 2 secrétaires, 2 auxiliaires familiales, 4 moniteurs-éducateurs, 1 éducatrice, 1 animateur à temps partiel, 5 assistantes sociales, auxquels s'ajoutait un personnel vacataire : 2 superviseurs, 2 sociologues, 2 psychiatres, 1 psychologue, 1 tuteur aux allocations familiales.

faute de pouvoir définir l'inadaptation, le sociologue en a relevé quarante-sept signes extérieurs, en s'en tenant à « ce qui apparaît des premiers contacts avec les travailleurs sociaux » ; ils ont été regroupés en neuf catégories, auxquelles a été associé un système de cotation numérique : maîtrise du temps ; attitude à l'égard de la société comme institution ; attitude à l'égard de la société comme collectivité ; attitude à l'égard de la société comme autrui en général ; attitude à l'égard d'autrui à distance ; attitude envers les choses matérielles qui composent le cadre de la vie familiale ; attitude envers le travail, telle qu'elle s'exprime non seulement chez l'ouvrier mais aussi chez sa femme ; attitude réciproque des deux membres du couple parental ; attitude réciproque des parents et des enfants.

De quelques causes de l'inadaptation :

« L'urbanisation d'une partie de plus en plus grande de la population semble engendrer des troubles nerveux ou psychiques plus fréquents, imputables tantôt à la promiscuité physique, tantôt à l'isolement moral. » François Bloch-Lainé, *op. cit.,* p. 11.

« Ce qui paraît néanmoins certain, c'est que, parmi les causes sociales des inadaptations de toutes sortes, il y a ce dépérissement du foyer qui résulte de la libération de la femme, dont la légitimité et les bienfaits ne sont pas niables par ailleurs. » *Ibid.,* p. 79.

« Il apparaît à la plupart que le mouvement spontané de notre société entraîne des risques croissants d'inadaptation. » « Il est clair qu'à proportion de l'élévation du seuil des exigences sociales et de l'accélération du rythme des changements, la société "produit" immanquablement un contingent supplémentaire de personnes inadaptées à cette double exigence. » *Rapport de l'intergroupe, op. cit.,* p. 155.

« Pourquoi l'inadaptation ?... Il est évident qu'après plusieurs centaines de milliers d'années de guerres, de viols, d'incestes et de meurtres, le psychisme de l'homme n'est pas intact. » René Lenoir, *Les exclus,* Paris, Le Seuil, 1974, p. 17.

« Il faut se demander (...) si le phénomène de l'inadaptation n'est pas inéluctable dans toute société complexe. » *Ibid.,* p. 9.

Typologie de l'inadaptation :

> Elle permet de distinguer trois situations :
> — « C'est l'ensemble des aspects de l'existence quotidienne qui se trouve atteint (...). »
> — « Le problème principal consiste dans l'incapacité du chef de famille à se maintenir dans un emploi stable (...). »
> — « Les chefs de famille sont, dans leur grande majorité des travailleurs stables et réguliers. Pourtant, les ressources familiales sont considérablement insuffisantes[28]. » *Rapport de l'intergroupe..., op. cit.,* p. 160.

La multiplicité et le caractère hétéroclite des causes données à l'inadaptation (libération de la femme, complexité de la société urbaine, ou poids de millénaires de violence...) manifestent avant tout la non-pertinence de la question posée (un système de classement des élèves produit nécessairement des derniers de classe), en même temps qu'ils témoignent des présupposés implicites de l'analyse : l'occultation des relations causales existant entre l'aisance des mieux « nantis » et les « difficultés » des moins « favorisés ». Ainsi, cette littérature sur l'inadaptation relève que « le problème principal consiste dans l'incapacité du chef de famille à se maintenir dans un emploi stable », sans tenir compte du fait que l'existence d'un « taux structurel de chômage » est admise comme une donnée de l'économie actuelle et comme un de ses mécanismes régulateurs, et donc que ce chômage doit assez peu aux caractéristiques personnelles des chômeurs. De même, si l'on constate que certains chefs de famille, « travailleurs stables et réguliers », perçoivent des ressources « considérablement insuffisantes », sans remettre en question les mécanismes de fixation des salaires, il est vain d'espérer qu'une «leçon de budget » puisse compenser ce manque de ressources. Refusant de tirer les conséquences de ces données simples, l'analyse ne peut produire que des énoncés tautologiques (« c'est l'ensemble des aspects de l'existence qui se trouve atteint »), ou s'épuiser dans l'énumération

28. Le rapport suggère que ces cas sont « vraisemblablement exceptionnels ».

interminable de causes et d'effets interchangeables, dans la constitution d'une nosographie sociale jamais complétée (les maux de l'urbanisation, les dangers des grands ensembles, le dépérissement du foyer...) ou encore dans la quantification et la hiérarchisation de « signes ».

Incapables de saisir la spécificité des infra-assistables par rapport aux assistables, les uns et les autres étant « inadaptés », les travailleurs sociaux ne parviennent guère mieux à trouver les descripteurs qui permettraient à coup sûr de distinguer l'inadapté de l'homme normal. *Ultima ratio,* on fait appel aux vieilles catégories morales : l'inadaptation est affaire de caractère, de faiblesse, de manque de volonté.

> « Ils végètent (...). Il faudrait qu'ils ne boivent plus, pour la plupart, et qu'ils n'aient pas autant d'enfants. C'est encore une histoire de volonté, tout ça [29]. »
>
> « Ça correspond à un manque de rigueur personnelle ou à une absence d'effort, qui se traduit aussi bien par la façon de dépenser que dans la façon de vivre en tant que parents ou époux » (Assistante d'entreprise, sidérurgie, province, entretien de novembre 1974).

L'idée que c'est en lui que l'inadapté a quelque chose qui ne va pas sera ennoblie dans le langage de la psychologie : « Je pense, pour ma part, ce n'est encore qu'une hypothèse, que l'inadaptation et l'exclusion reposent sur un blocage de la spontanéité, qui ne fraye plus un chemin jusqu'à la réalité [30]. » Une famille étant étiquetée inadaptée, quelquefois à partir d'une « impression » (par exemple, « le comportement extérieur qui choque et fait problème [31] »), tous ses comportements vont dès lors être pris comme autant d'indices, de preuves contre elle, selon un processus semblable à celui qui a souvent été décrit à propos du malade mental ou du délinquant, quitte à ce qu'il faille admettre qu'une attitude et son contraire sont également des signes. Les analyses de l'inadaptation multiplient ce que certains psychiatres ont appelé *double-bind,* c'est-à-dire que l'individu étiqueté inadapté devrait remplir

29. Cité dans G. Duchatelet, *Action sociale et familles socialement handicapées, op. cit.,* p. 451.

30. G. Mury, « L'exclusion », *Droit social,* n° spécial, novembre 1974, p. 22.

31. G. Duchatelet, *Action sociale et familles socialement handicapées, op. cit.,* p. 212.

de façon satisfaisante, s'il veut échapper à ce diagnostic, des exigences contradictoires. Ainsi un des critères centraux dans l'évaluation de l'inadaptation est l'instabilité dans l'emploi ; or une équipe de prévention, repérant dans une cité une grande stabilité dans l'emploi, la nomme aussitôt *hyperstabilité,* et en souligne l'aspect négatif : « Les structures de la société moderne impliquent une certaine mobilité de l'emploi. La fuite devant cette nécessité traduit donc un phénomène pathologique [32]. » A partir de cet exemple, un sociologue a dégagé deux types d'inadapté : « l'inadapté passif qui, par peur de se présenter à nouveau sur le marché du travail, se cramponne à son poste, ne se fait remarquer par personne, et reste douze ans, vingt ans à un poste », alors que l'inadapté « agité », lui, se fait remarquer, etc. [33].

Ce qui est remarquable dans les cas dits lourds, c'est non seulement la banalité des comportements incriminés mais leur intelligibilité et leur adéquation, si on les rapporte aux conditions socio-économiques qui les engendrent. Les discours les décrivant reproduisent fidèlement le discours tenu il n'y a pas si longtemps sur l'ensemble de la classe ouvrière. Le grief majeur demeure l'imprévoyance, la mauvaise utilisation de l'argent, l'irrationalité des dépenses, le relâchement, le goût pour la facilité. Car, comme par le passé, les agents du service social peuvent bien reconnaître que le budget est « strict », mais ils n'en décident pas moins qu'il est « suffisant ». C'est ainsi que, dans un examen des « raisons » de la médiocrité des ressources et de l'importance des dettes, une étude de la C. N. A. F. énumère : « l'instabilité au travail, les arrêts de maladie et accidents de travail fréquents, le chômage ; le manque de prévision, l'insouciance, le gaspillage, les dépenses inconsidérées souvent mal adaptées aux besoins, l'absence d'organisation, le tiercé [34] », sans que soit mis en question le niveau du salaire et des ressources.

> « Elles ne savent pas s'organiser, se paient des fantaisies, prennent un taxi pour aller en ville * » (p. 214).

32. *Recherche active et prévention sociale, op. cit.,* p. 85.
33. G. Mury, « L'exclusion », *art. cit.,* p. 24.
34. G. Gemaehling, *Service social et familles..., op. cit.,* p. 77.
* Sauf indications contraires, les citations qui suivent sont extraites de : *Action sociale et familles socialement handicapées.*

« On achète non pas au jour le jour, mais à l'heure » (p. 214).

« Ils ont trop d'envies... » (p. 218).

« Dès qu'ils ont les moyens quelconques, ils achètent n'importe quoi, une télévision, des meubles » (p. 238).

« L'émulation entre en jeu : on veut être aussi bien équipé que le voisin. On achète la photo des enfants faite à l'école en expliquant qu'on ne pouvait pas laisser dans les mains d'étrangers le portrait de J.[35]. »

A ce grief est associé celui d'incompétence ménagère : « manque de compétence ou d'organisation par laisser-aller ou impulsivité », les repas sont critiqués (irréguliers, « mal équilibrés », « peu rationnels », « fantaisistes » ...), l'intérieur est jugé « sans attrait », etc.[36]. Autre trait qui a toujours été reproché aux classes populaires : l'absence de sens éducatif. Manque d'autorité, manque de règles, incohérence des conduites parentales, sont déplorés.

« Les enfants font ce qu'ils veulent, c'est une éducation très très libre, les parents n'ont pas à contrôler. »

« Ils sont terribles dès qu'on touche à leurs enfants. Ceux-ci ont droit de faire tout ce qu'ils veulent. »

« Elles sont bonnes mères mais n'ont aucun sens de l'éducation de leurs enfants » (p. 215) (jugement qui prend toute sa saveur si on l'inverse : elles sont mauvaises mères mais elles ont un tel sens de l'éducation).

On retrouve aussi l'instabilité au travail, longtemps invoquée contre l'ensemble de la classe ouvrière, de même que « l'instabilité des comportements familiaux ». Les notations moralisatrices sur le concubinage étaient surabondantes dans l'entre-deux-guerres ; si la tonalité a changé, si on évite de condamner, on n'en est pas moins assuré que c'est une situation préjudiciable aux intéressés eux-mêmes, qu'il faut les aider à en sortir, alors que le mariage est « source d'épanouissement et de sécurité[37] ». Comme

35. *Service social et familles...*, p. 76.
36. *Ibid.*, p. 74, 76 et 88.
37. « Une assistante cite le foyer illégitime, bénéficiaire d'un séjour en maison familiale de vacances qui, dans l'atmosphère de cette maison,

les prolétaires hier, les « inadaptés » d'aujourd'hui sont frustes, primaires, enfermés dans l'instant, sans capacité d'organiser, de maîtriser l'avenir, d'où ces comportements qui déconcertent : l'inadapté ne réfléchit pas, réagit brusquement, explose, est changeant, etc.

> « Ils ont des réactions primaires. Ils ne comprennent pas l'intérêt d'une chose, ils ne voient que le résultat immédiat. »
>
> « Ce sont des gens sans mesure dans leurs réactions » (p. 214).
>
> « On ne peut pas compter sur eux. Ils veulent bien mais ne bougent pas » (p. 453).

Tous ces traits sont autant d'évidences quand on les replace dans le système de contraintes que ces familles subissent ; profiter de l'instant, vivre au jour le jour, s'accorder des « fantaisies », est le mode le plus adapté pour qui sait qu'il n'y a pas d'issue, et qui est trop raisonnable pour croire que « l'effort soutenu » que lui réclame le travailleur social changera vraiment quelque chose à son sort, ou qui, s'il a pu le croire, en a vite constaté l'inefficacité.

Ces descriptions présentent toutes un décalage important entre le caractère anodin des traits incriminés et le ton dramatique, angoissé, pris pour les exposer. Chez les agents d'exécution comme chez les gestionnaires de l'action sociale, de tels énoncés renvoient aux ambitions universalistes de la bourgeoisie ; les uns et les autres oublient que la rationalité qu'ils voudraient trouver dans la tenue d'un budget ou l'éducation des enfants n'a aucun sens en dehors des conditions qui l'ont produite. A la fin, le travailleur social ne peut qu'avouer son ethnocentrisme et reconnaître que l'inadaptation se définit par rapport à lui-même.

---

en contact avec d'autres foyers, a pris conscience de sa situation difficile, des problèmes qu'elle pose, puis a manifesté le désir de régulariser. On reconnaît là un des meilleurs gestes d'assistante, celui qui, sans discours, est éclairant, compréhensif, discret (...). Elle favorise un contact avec des familles légitimes, mais c'est le client seul qui déterminera s'il doit assurer à son foyer la stabilité, source d'épanouissement et de sécurité qu'il vient d'observer de près. » *Feuillets de l'A. N. A. S.*, n° 30, janvier 1956.

> « Ce sont des gens difficiles à aider, parce qu'ils vivent d'une façon différente » (p. 450).
>
> « On est vraiment perplexe devant ces familles très changeantes » (p. 454).
>
> « Elles ont des réactions qui ne sont pas les nôtres » (p. 456).
>
> « Je suis gênée quand je vois la façon de vivre des familles » (p. 451).

Cette distance est profondément ressentie par les familles qui, interrogées sur l'aide que pourraient leur apporter des travailleurs sociaux, s'accordent pour répondre qu'elles n'ont besoin de personne, qu'elles « se débrouillent [38] ». On parle alors d'inertie, de défaitisme. Mais, si ces familles formulaient beaucoup de demandes, elles seraient rapidement désignées comme quémandeuses : le retrait comme l'attitude revendicative sont indices d'inadaptation.

Finalement, le partage entre la population assistable et celle qui ne l'est pas ne se fait pas en raison de comportements spécifiques de cette dernière, mais à partir du critère des ressources (sans ignorer bien sûr la part d'aléatoire liée d'abord à l'implantation très inégale des services sociaux) : si, malgré un travail régulier, la famille « crève de faim » chroniquement, le service social ne peut rien. Rien ne montre mieux le travail de tri opéré sur une base économique que le refus de faire prononcer une mesure de tutelle aux prestations sociales quand des familles sont trop endettées. Depuis la réforme de 1966, la mise en tutelle est *présentée* comme un service fourni, une protection ; il est remarquable dans ces conditions que soit justifié par un manque de ressources le refus d'exercer une tutelle sur une famille qui devrait y avoir « droit » prioritairement.

> « Nous n'acceptons pas, dit la directrice d'un service de sauvegarde, les familles qui ont deux millions de dettes et deux enfants en tutelle, parce que, avec 130 francs par mois, on ne peut pas régler le loyer en cours et puis encore deux millions de dettes (...). Vis-à-vis de la famille, on lui ferait croire qu'on va faire

38. « On garde sa peine et on se débrouille. » « Je me suis toujours débrouillé tout seul. » « Je ne me suis jamais plainte (...), c'est à moi de me débrouiller toute seule. » « J'ai pris l'habitude de toujours me débrouiller » (p. 501), etc.

quelque chose pour elle, or on ne peut rien faire. Question : Qui peut faire quelque chose dans ce cas-là ? Personne » (Région parisienne, entretien de novembre 1974).

Un minimum économique est requis pour qu'on puisse poser un diagnostic favorable d'intégration à la production-consommation. Les populations retenues, la cible, sont semi-intégrées ou intégrables et l'action du service social soutient, facilite la marche à l'intégration. Ce soutien est indispensable, car le moindre imprévu — un accident de travail, une naissance, etc. — risque à tout moment de les rendre incapables de garder un équilibre précaire et de les faire tomber dans la marge des improductifs et des travailleurs dont les ressources sont « considérablement insuffisantes ». Le service social fonctionne donc comme un *cran d'arrêt* au bas d'une fraction de la classe ouvrière. On comprend pourquoi les travailleurs retraités, parfaitement « assistables » et dont l'existence s'est déroulée à l'intérieur de la sphère de production, ne sont pas assistés, ou peu [39]. Le rôle d'étai de ces services n'apparaît sans doute jamais mieux que dans la multiplication sans fin des interventions au sein d'une même famille ; souvent comprise comme quadrillage quasiment policier, cette présence massive exprime seulement l'impuissance des travailleurs sociaux à régler par l'action éducative des difficultés qui sont d'abord matérielles et qu'aucune « écoute », aucun entretien, fût-il bien conduit, « acceptant », « chaleureux », ne peut supprimer ou atténuer.

La demande faite implicitement aux assistantes de « s'occuper » d'une population qui pose des problèmes parce qu'elle en a coïncide avec la conception qu'elles-mêmes se font de leur métier : améliorer si possible le sort d'une famille ou au moins la maintenir dans sa situation, même si on la sait mauvaise, pour éviter le pire qui la menace. C'est parce qu'elles craignent pour une famille le licenciement, le chômage, l'expulsion, la dislocation, etc., que les assistantes sociales prennent en charge le problème (posé au patronat) d'un absentéisme ouvrier croissant dans

39. Il existe, avec sa législation propre, une « aide sociale aux personnes âgées » ; les responsables de l'action sociale s'accordent à dire que cette population est particulièrement mal informée de ses droits.

les travaux non qualifiés et participent à des mesures de licenciements collectifs.

> « D'une mère célibataire qui posait un problème d'absentéisme, le chef de service me disait : "Je ne vais pas pouvoir la garder dans mon service." Je lui ai dit : "Dans un premier temps, il vaudrait peut-être mieux une attitude de fermeté, lui faire récupérer son temps d'absentéisme, lui faire un avertissement oral, et discuter avec elle des difficultés dans lesquelles elle vous met face au service" » (Assistante sociale, sidérurgie, province, entretien de novembre 1974).
>
> Evoquant le rôle actif d'une assistante dans une opération de licenciements collectifs, Madeleine Bernard, assistante en exercice, écrit [40] : « Il ne lui appartient pas de prendre parti sur le fond du problème, cela regarde la direction, les représentants du personnel, de même que l'inspection du travail » (p. 36) ; elle intervient pour « atténuer les répercussions sociales des décisions rendues nécessaire par l'évolution technique », elle participe au reclassement du personnel. A propos d'un cas précis où l'assistante a « eu le courage de se proposer pour expliquer aux intéressés le caractère inéluctable des licenciements », elle souligne combien les reproches faits par certains syndicalistes (avoir « favorisé » les licenciements) ont été ressentis comme « douloureux » et réaffirme le caractère « inéluctable » des licenciements et le rôle humanitaire de l'intervention (éviter l'arbitraire, aider au reclassement, etc.) (p. 41). Penser que les licenciements sont inéluctables, c'est ne pas concevoir d'alternative à l'ordre existant, c'est, sans le savoir, prendre parti pour lui.

Pour les mêmes raisons, les assistantes sociales se transforment en encaisseurs pour les offices de H. L. M. [41] — quand ce n'est pas pour des commerçants —, afin d'évi-

40. M. Bernard, *Le service social dans l'entreprise,* Paris, Le Centurion, 1966.

41. « Il y a énormément de difficultés au moment du paiement des loyers ; nous avons un système de relations avec l'office d'H. L. M. qui transmet régulièrement les dettes de loyer ; on est arrivé à obtenir que l'office nous fasse part dès qu'il y a un retard de deux ou trois mois, de façon à pouvoir intervenir tout de suite (...). Moi, par moments, je me demande si je ne suis pas l'assistante de l'office d'H. L. M. » Entretien, assistante municipale, banlieue parisienne, octobre 1974.

ter une expulsion ou une saisie, font des placements d'enfants, offrent la mise en tutelle comme une « chance », « un coup d'épaule », et poussent sans cesse à développer, en plus d'un arsenal légal déjà lourd, de nouveaux types d'intervention, par exemple, « l'assistance éducative budgétaire ». C'est également pour éviter à une famille les difficultés qu'elle rencontrerait en entrant dans un logement trop cher pour elle que des assistantes sont amenées à donner un avis défavorable à une demande de relogement en H. L. M. : pensant agir au mieux de l'intérêt d'une famille, elles servent avant tout l'office en se chargeant de lui garantir une clientèle solvable. « C'est au niveau du "bien de la personne" que nous nous situons quand nous aidons les clients à accepter des normes sociales qui concourent à leur mieux-être [42]. » Le bien de la personne coïncide naturellement avec les intérêts concrets des dominants.

Comme toujours, l'opération de sélection a deux faces : si les assistantes aiment à penser à ceux qu'elles « ont aidés », elles écartent le cas des « recalés » et le rôle qu'elles ont joué auprès d'eux : repérage, étiquetage, pour la mise à l'écart, la cité de transit, l'intervention judiciaire, etc. ; concernant les mises en tutelle, par exemple, environ 80 % des signalements sont le fait des services sociaux. Une fonction clé des assistantes sociales est de désigner la population à ségréger et à traiter, à la fois en danger et dangereuse. En danger : celui de glisser dans la marge avec ces « irrelevables » improductifs et gênants dont le nombre ne peut croître indéfiniment. Dangereux, parce qu'ils peuvent créer le désordre, annonciateur de la subversion, la menace semblant être contenue rien que dans leur nombre, indépendamment de leurs actes.

Opérant désormais le plus souvent comme un cran d'arrêt, le service social continue de s'illusionner sur son rôle ; dépassant ses ambitions éducatives, elles-mêmes sans rapport avec les résultats atteints, il se pense œuvrant à la libération, à l'épanouissement des personnes. Mais faute de percevoir les familles « clientes » comme membres d'une collectivité qui a ses normes, son conformisme,

42. *Expérience d'un travail d'équipe en service social de prévention*, Paris, Editions E. S. F., 1970, p. 158.

son éthos propre, il déchiffre chaque famille comme un « cas », chaque comportement comme un symptôme, et les descriptions par les agents des fractions de la classe ouvrière qui constituent presque exclusivement leur « clientèle » ressemblent aux récits effrayés, incohérents et péjoratifs du début du siècle sur le peuple des faubourgs — inconsciemment, c'est-à-dire en toute bonne conscience. L'incapacité même à nommer ces « clients » ce qu'ils sont, c'est-à-dire, dans la très grande majorité des cas, des ouvriers, le fait de les désigner comme : inadaptés, exclus, asociaux, socialement handicapés, explique qu'on ne puisse trouver leur existence « signifiante, sensée, normale[43] ». Faute de reconnaître l'existence d'une classe ouvrière dont le statut, les conditions matérielles et culturelles, sont, en dépit de changements, radicalement autres, faute de comprendre le sens de la distance qui la sépare des normes dominantes, l'action du travail social ne peut que chercher à s'étendre, et les agents ne peuvent qu'éprouver un « échec » : ils sont ressentis comme d'un autre monde, monde dont on se défie, auquel on résiste. En parlant de résistances, on ne désigne rien d'identique aux résistances structurées et offensives que la classe ouvrière a progressivement et collectivement élaborées contre l'exploitation (formes d'associations, de luttes, etc.). Il s'agit seulement de formes larvées d'opposition mises en œuvre individuellement, qui vont de la distance au refus, en passant par la surdité, l'acquiescement poli ou opportuniste, la réappropriation, la réinterprétation sélective de ce qui est demandé, la manipulation de l'agent manipulateur (ou, tout au moins, la tentative).

Rationalisant son intervention dans les termes positifs de l'aide, l'assistante sociale ne peut que voir dans ces refus, critiques et réticences, un signe de plus d'inadaptation. Or les familles reçoivent très peu d'aides matérielles, alors qu'elles les acceptent, mais doivent subir une action d'imposition symbolique.

---

43. « Je pensais, et je pense encore, qu'il n'est pas de groupe — qu'il s'agisse de prisonniers, de primitifs, d'équipages de navires ou de malades — où ne se développe une vie propre, qui devient signifiante, sensée et normale dès qu'on la connaît de l'intérieur. » E. Goffman, *Asiles,* Paris, Editions de Minuit, 1968, p. 37.

> « Pour qu'on ne l'ennuie pas d'une part, et de l'autre, pour obtenir ce qu'il désire, le client "manipule" l'assistante, manœuvre entre elle et les autres travailleurs sociaux (...) ; il ne se rend pas compte de ce que l'assistante peut lui apporter, il ne sent pas qu'elle est quelqu'un de solide qui l'aide à prendre conscience de ce dont il a besoin [44]. »
>
> « Elle nous utilise comme moyen de faciliter ses démarches et d'obtenir un résultat positif. Quant à l'aide éducative que nous pourrions lui apporter, Mme C. détourne facilement la conversation [45]. »

Les conditions objectives minima ne sont pas remplies pour que les familles puissent adopter, intérioriser, reproduire les modèles que veulent diffuser les travailleurs sociaux. Plus une famille est économiquement et culturellement démunie, plus elle résiste, passivement, à l'intention pédagogique du travail social ; seules des transformations effectives de ses conditions permettraient l'adoption de nouvelles attitudes. L'emprunt des signes les plus extérieurs de la modernité (comme la télévision) n'implique aucune connaissance et reconnaissance des conduites et valeurs dominantes. L'accès à de nouvelles consommations ne constitue par un bouleversement du style de vie, puisque restent inchangées la nature du travail et la situation de travail qui définissent la classe ouvrière, à la fois condition matérielle d'existence et statut dévalorisé.

Rendement idéologique de la thématique de l'exclusion.

Les assistantes sociales sont mal à l'aise, « paralysées », face aux familles à « problèmes multiples ». Leurs difficultés liées à leur origine, redoublée par une formation qui les a dotées d'un ensemble de dispositions spécifiques, ont été renforcées par toute une idéologie du début des années 1960 qui, célébrant la « société de consommation », a affirmé la fin, l'embourgeoisement de la classe ouvrière. Ces propos que les travailleurs sociaux ont accueilli sans examen leur ont rendu incompréhensibles les conditions

---

44. G. Gemaehling, *Service social et familles...*, *op. cit.*, p. 122.
45. *Ibid.*, p. 135.

de vie, les problèmes matériels d'une partie importante de la population : dans le cadre de la société de « bien-être », en effet, ces difficultés et besoins multiples des familles deviennent des anomalies dont l'explication est à chercher du côté d'une analyse psychologique, caractériologique.

Le début des années 1960 a été dominé par les débats autour de l'expansion et l'homogénéisation des modes de vie, donc de la fin de la classe ouvrière, par un double mouvement d'élévation de son niveau de vie et de qualification croissante de son travail. Faisant comme si la condition ouvrière se définissait simplement par une moindre richesse, on voulait voir dans l'accroissement de la consommation ouvrière — accroissement d'ailleurs plus vanté que mesuré — le règlement de la question ouvrière elle-même. Ne se posait plus alors que le problème des inégalités — économiques, culturelles, géographiques... — et celui de leur réduction, problème quasiment technique. Les conditions d'exploitation du travail ouvrier étaient tus ou écartés impatiemment comme archaïques. Hommes politiques et sociologues découvraient des « ressemblances », se livraient à des prévisions hardies, décrivaient la société, certes inégale et divisée encore, mais tendant irrésistiblement vers l'uniformité à travers un confort partagé : puisque « tout le monde » allait en vacances, avait une voiture et regardait les mêmes émissions de télévision, les questions qui se posaient à la « société d'abondance » n'avaient plus rien à voir avec celles qui se posaient dans une société définie par la rareté et donc l'antagonisme des classes.

De cette imposition réussie d'une nouvelle vision des rapports sociaux témoignent à la fois la grande diffusion du langage en termes de partenaires sociaux, consensus, participation, disparités..., et l'apparition ou la réapparition de vocables comme sous-prolétariat, quart monde, ou, dans une autre sphère, peuple et plèbe, pour désigner en fait la masse des ouvriers sans qualification, masse qui, n'ayant pas le niveau de vie, les modes et les « aspirations » qu'on décrit comme étant désormais ceux des ouvriers, n'est pas reconnue pour ce qu'elle est. L'idéologie dominante s'est efforcée d'imposer l'idée qu'aux antagonismes d'hier s'est substituée une coopération (localement conflictuelle, à propos du partage des fruits de l'expansion) entre des partenaires sociaux qui n'ont plus de perspectives radicalement opposées. L'assimilation, toute relative, et d'une partie seulement de la classe ouvrière, à la sphère de la consommation est identifiée à une intégration politique. Une telle thématique ignore les conditions dans lesquelles s'est opérée cette assimilation relative de la fraction de la classe ouvrière qui, parce que qualifiée, était en position de négocier la cession de sa force de travail, et le prix payé par l'autre fraction, non qualifiée (et dont la déqualification est accélérée au cours du processus d'expansion), donc strictement interchangeable et incapable pour cela de négocier les conditions de son exploitation, d'autant plus qu'elle est largement non organisée.

Adhérant à l'optimisme officiel des débuts de l'expansion, il restait aux agents du service social à comprendre ceux dont le niveau de vie demeurait résolument bas et dont le style de vie ignorait le modèle fourni par les classes supérieures. Certes, les planificateurs savaient, dès le début, que certains resteraient « en arrière » : « les moins aptes, les moins adroits, les moins chanceux [46] », mais ils pensaient pouvoir assurer que « le très faible pourcentage [de salariés payés au S. M. I. G.] qui subsisterait traduirait une inadaptation résiduelle des entreprises ou des hommes [47] ». Pour les assistantes sociales, tous ces « laissés pour compte » n'ont été compréhensibles qu'en invoquant l'inadaptation : au jour le jour, tant bien que mal, grâce au *case-work* et à une vulgate psycho-psychanalytique, elles ont fait de l' « écoute » et du soutien psychologique auprès d'une population qui exposait des demandes matérielles, et dont les autres « difficultés » étaient le plus souvent la conséquence. Cette nouvelle pratique avait d'abord visé à la valorisation de la profession, car : « En donnant de l'argent (...), on craint de n'être bonne qu'à "faire l'aumône" et on doute de sa compétence [48] », mais de surcroît, les agents y trouvaient des raisons (scientifiques) de ne pas répondre (ou de ne répondre que partiellement) à ces problèmes auxquels ils n'avaient pas les moyens (matériels) de répondre.

---

46. P. Massé, *Le plan ou l'anti-hasard,* Paris, Gallimard, 1965, p. 95.
47. IVe Plan, *Rapport général,* 1962, p. 34.
48. C. de Béchillon, « Techniques de base dans l'aide psychosociale individualisée », *Informations sociales,* avril-mai 1966, p. 59.

La problématique de l'inadaptation semble avoir déjà partiellement reculé ; son caractère normatif trop voyant, sa connotation psychiatrique, en la marquant « à droite », la rendaient vulnérable. Dans la phase actuelle, l'ampleur numérique de ces « laissés pour compte », infiniment plus nombreux que ce qui avait été prévu et accepté, et qui se traduit par une extension des demandes au service social, amène à se reposer la question des causes, c'est-à-dire des causes autres que la surexploitation de la frange inférieure, et a conduit à multiplier les études cherchant à introduire « la justice dans l'économie » ou à « humaniser la croissance ». A défaut de résoudre le problème, mais faute de pouvoir l'occulter plus longtemps, il est apparu indispensable de lui conférer un statut. C'est à ce stade qu'est apparu le « problème » de l'exclusion, qui a connu une diffusion remarquable : en apparence distinct du langage de l'inadaptation, qui met l'accent sur la faiblesse du sujet ou du groupe, le langage de l'exclusion, en désignant aux yeux de tous, et en déplorant un processus social de rejet — c'est nous, c'est le « pays, plus préoccupé de routes et de téléphone que de la place de l'homme dans la cité », qui les avons rejetés [49] — se veut généreux, avancé et il a su en convaincre des secteurs politiques diversifiés, voire opposés.

> Le numéro spécial de *Droit social* (précédemment cité) consacré à l'exclusion dans lequel se retrouvent des responsables de la politique gouvernementale (René Lenoir, Lionel Stoléru), des porte-parole du parti socialiste (Jacques Attali, Jacques Delors), mais aussi des représentants de diverses extrêmes-gauches (le C.E.R.F.I., Gilbert Mury...), sans oublier ceux qui sont « ailleurs », comme le fondateur d'« Aide à toute détresse », en est un bon exemple.

En fait, cette problématique énonce le caractère irrationnel et donc illégitime d'une position d'exclusion, de fait ou d'intention, vis-à-vis de la sphère production-consommation-consensus social. Il est intéressant de rechercher les schèmes générateurs qui organisent l'ancien dis-

49. R. Lenoir, *Les exclus, op. cit.*, p. 103.

cours sur les inadaptés, et se retrouvent dans le nouveau sur les exclus. L'artifice qui consiste à présenter symétriquement des arguments appartenant à des registres différents permet d'échapper aux conséquences logiques des énoncés. Il est présent dans l'argumentation de tel responsable du Plan, qui parle dans la même phrase des « moins aptes » et des « moins chanceux » ; le premier mot renvoie à une perspective déterministe — on choisit de sélectionner les plus aptes — tandis que le deuxième relève d'un point de vue probabiliste — il y aura toujours une distribution aléatoire des chances individuelles. Ce décalage fait passer pour naturelles les conséquences d'une intervention qui modifie la structure des probabilités. Il sous-entend que l'expansion est un processus volontaire, mais que ses conséquences néfastes sont fatales, c'est-à-dire que ses promoteurs, et ses bénéficiaires, n'en portent pas la responsabilité. Le même schème opère dans telle proposition de René Lenoir : « La marche de notre société de consommation (...) reprend de plus belle avec ses aspects positifs, certes, mais aussi ses aspects négatifs et aliénants : le consommateur-roi, devenu plus exigeant que jamais, occupé par sa boulimie de consommer, en oublie la douceur de la vie, néglige la convivialité, se désintéresse du sort d'un grand nombre d'exclus [50] (...). » Il ne faut pas comprendre qu'aux effets économiques positifs de l'expansion — l'enrichissement des riches — s'opposent des effets négatifs — l'appauvrissement des pauvres — ; les effets négatifs ne sont que moraux : le durcissement du cœur des nantis. Dans ce schéma, l'existence des « exclus » échappe apparemment à la causalité économique. Alors que, depuis plusieurs années, les écrits se multipliaient sur le sujet et que la notion d'exclusion elle-même n'était pas neuve, c'est le livre de René Lenoir, *Les exclus,* paru en 1974, qui a imposé ce problème : en fait, comme si le titre avait été trouvé après coup pour assurer la vente d'un discours de plus sur l'extension de l'inadaptation, en le faisant passer pour une marchandise nouvelle et progressiste, l'ouvrage ne parle pas d'exclus, mais, de façon plus plate, d'inadaptés, et, en passant, de pauvres. Cette pensée

50. R. Lenoir, « Si chacun redécouvrait l'action sociale », *Preuves,* n° 20, hiver 1974-1975, p. 40.

fournit aux agents de l'action sociale un cadre dans lequel ils peuvent comprendre leur rôle ; elle reconnaît des problèmes, elle apporte un langage, des réponses : « les difficultés » du « client », devenues compréhensibles, sont tolérables. Parce qu'il véhicule des hantises, des émotions et des schèmes explicatifs qui étaient déjà répandus à propos de larges fractions de populations déclarées inadaptées, et qu'il a pu malgré cela être reçu comme neuf et contribuer à donner à un ensemble de lieux communs, un nouveau statut, cet ouvrage doit retenir l'attention. Il ne s'agit pas d'en faire un exposé systématique ; le fait de « substituer une chaîne d'arguments hiérarchisés et organisés selon un ordre d'allure déductive à la succession souvent anarchique des thèmes et des variations » constitue une « mise en forme » qui les dénature et masque le ressort de leur efficacité [51]. Il s'agit de relever les glissements, les décalages, les incohérences, les approximations qui permettent de donner à ce qui s'est dit (et a été accueilli comme) un plaidoyer pour les « exclus », son véritable sens.

Dès la première page, l'affirmation, devenue pensée officielle, du caractère absolument général de l'inadaptation est posée : « Aucune classe sociale, aucun âge ne sont indemmes. » Elle est reprise sans que des preuves soient avancées : « Elle n'épargne aucune classe sociale et aucun âge de la vie (...), la gangrène menace donc le corps social tout entier » (p. 36). Cette pétition de principe est ensuite totalement laissée de côté, et un lien est découvert entre inadaptation et pauvreté : « Le manque de ressources constitue un handicap important et un facteur non négligeable de l'inadaptation » (p. 27). Le problème de la pauvreté est posé alors, brutalement, dans toute son ampleur : « ... Actuellement 15 millions de personnes au moins vivent encore dans les zones de pauvreté et de dénuement » (p. 28). Dès lors, on pourrait penser qu'une bonne partie des inadaptés appartient à ces pauvres, et que, pour en dresser le bilan, il sera fait appel à des critères comme les ressources et l'emploi. Or la liste des inadaptés trouve ses références dans des registres tout autres : « mineurs

51. P. Bourdieu, L. Boltanski, « La production de l'idéologie dominante », *Actes de la recherche en sciences sociales,* n° 2, juin 1976, p. 5.

en danger, délinquants, drogués, fugueurs, malades mentaux, suicidaires, alcooliques, délinquants adultes, marginaux ou asociaux, une fraction des Français musulmans » (p. 15 et 16). Cette liste, perçue d'abord comme hétérogène, est en fait caractérisée par une orientation *médico-judiciaire* qui évoque le registre de la défense sociale.

Il s'agit de la doctrine défendue par les positivistes italiens ; ils affirmaient la nécessité d'envisager « en premier lieu, des *mesures d'intimidation* (...), en deuxième lieu, *des mesures de préservation et de défense sociale* (...), en troisième lieu, *des mesures de correction et d'amendement* destinées à récupérer le délinquant pour la société [52] ». Ce sont des conceptions très proches que l'école française de défense sociale a adoptées.

Parce qu'elle insiste sur la rééducation et qu'elle entend largement écarter la notion de blâme, cette école se présente et est accueillie comme une forme progressiste de droit ; mais on voit aussi comment l'abandon du couplage délit/mesure judiciaire permet une extension de l'intervention judiciaire. Il n'est pas besoin d'avoir commis un délit pour tomber sous le coup de la loi sur les alcooliques dangereux ; de même, le multirécidiviste qui est maintenu en prison à l'expiration de sa peine, depuis la loi du 17 juillet 1970, n'a-t-il commis aucun nouveau délit. L'article 34 de cette loi énonce : « La tutelle pénale a pour objet de protéger la société contre les agissements des multirécidivistes en offrant à ceux-ci la possibilité de se reclasser au sein de la collectivité. » La rédaction même ne laisse aucun doute sur ce qui est prioritaire pour le législateur, à savoir, la défense de la société.

Tout le livre de René Lenoir s'inscrit dans ce mouvement d'extension du contrôle, dont le caractère arbitraire est accentué : les « exclus » retiennent l'attention et doivent faire l'objet d'un traitement, non pas parce qu'ils sont « malheureux » et que leur sort est indigne d'une société avancée et prospère, mais parce qu'ils sont une menace pour la société. Il faut se protéger des « exclus ».

---

52. J. Fabre de Morlhon, article « Défense sociale », in R. Lafon, *Vocabulaire de psychopédagogie* »..., *op. cit.*, p. 221.

La présentation des inadaptés est intéressante aussi par ce qu'elle ne dit pas, et tient à taire : on ne saurait en effet prendre pour une raison sociale le fait d'être suicidaire ou alcoolique. La lecture du livre en son entier ne permet pas de saisir mieux cette population. On y relève les termes :

> « Des marginaux, des inadaptés, des immigrés, des prostituées, des délinquants, des fugueurs, des familles en difficulté, des enfants en danger » (p. 101) ;
> « La jeune fille qui commençait à se prostituer, le jeune délinquant, le névrosé à la recherche de la drogue » (p. 86) ;
> « Vagabonds, ex-détenus, prostituées, mères célibataires » (p. 87) ;
> « Individus perturbés ou dans le désarroi » (p. 107) ;
> « Les milieux perturbés, les groupes fragiles et les familles à risques élevés » (p. 115) ;
> « On les retrouvera plus tard aigris, voire inadaptés » (p. 122),
> expressions auxquelles s'ajoutent quelques litotes en honneur dans le langage politico-administratif, « démunis », « défavorisés », « groupes vulnérables ».

La juxtaposition de groupes disparates a pour vertu de faire disparaître en tant que tel le principe de classement économico-politique, en même temps que de faire rejaillir sur l'ensemble des groupes énumérés la coloration « criminologique » de certains termes. Le décalage entre le caractère « inoffensif » d'une grande partie de ces inadaptés et l'inquiétude exprimée (« cette frange doublement inquiétante, par sa nature et son volume... » p. 10) oblige à s'interroger sur le sens de cette inquiétude. Comment une telle vision catastrophique, débouchant sur l'image d'une France « sombrant » avec « l'Autre France » (p. 37[53]), ghettoïsée à la ressemblance de New York (« La France connaîtra dans dix ou quinze ans des ghettos équivalents à ceux de New York », etc., p. 36), pourrait-elle s'enraciner dans l'accroissement des « aigris », des enfants

53. En parlant de l'Autre France, René Lenoir se réfère sans le nommer à *The Other America* de M. Harrington (1962, trad. fr., Paris, Gallimard, 1967), livre qui est censé avoir poussé l'administration Kennedy-Johnson à déclarer « une guerre inconditionnelle à la pauvreté ». (Cf. Johnson, Message à la nation, de janvier 1964).

fugueurs, des mères célibataires, des suicidaires ? La menace, qui appelle « des mesures de très grande ampleur », est, une fois encore, pour la classe dominante, « les pauvres ». « Révoltés ou inadaptés », écrit, à un tournant de phrase (p. 16) René Lenoir, qui, ailleurs, expose à un public restreint : « Les noyaux d'inadaptés peuvent se multiplier, amener peut-être l'intervention plus fréquente des forces de l'ordre [54]. » On voit comment l'idée que nous avons suggérée — plutôt qu'un plaidoyer en faveur des « exclus », le livre est dans la lignée de la doctrine de la défense sociale — est fondée sur une multiplicité d'indices, entre autres, la disproportion entre la nature des menaces et l'intensité de l'inquiétude. Cela est confirmé par le décalage entre la nature des problèmes, leur ampleur et le type de réponses et leur modestie. Le programme de réformes recouvre une vieille philosophie sociale et de vieilles recettes d'un vernis ostentatoirement « radical » : c'est Illich en plus de *Mater et Magistra,* c'est le couplet sur l'interpénétration des classes [55], complété par l'hymne à la convivialité. Le caractère modeste de ces réformes devient patent si on les sort du commentaire, se voulant personnel, qui les habille [56]. Pour lutter contre la « lèpre », pour éviter des lendemains apocalyptiques, René Lenoir propose tout au long de son livre des mesures justifiées, certes, mais bien limitées : par exemple, modifier les horaires des bureaux et des usines, des magasins, des administrations et des services publics, des crèches (p. 50-51) ; faire que l'école soit « littéralement envahie par la vie » (p. 55), maintenir les personnes âgées à domicile (p. 90), donner un enseignement bilingue aux enfants nord-africains (p. 96), etc., et, tout de même, apporter « des modifications sensibles, sinon radicales, dans notre système de transferts sociaux et notre système fiscal » (p. 133). Mais l'essentiel est l'exhortation

54. R. Lenoir, « Si chacun redécouvrait l'action sociale », *art. cit.*, p. 40-41.

55. « Il est bon que l'école, le jardin public, le stade, le foyer socio-culturel soient les lieux de brassage des enfants et des jeunes de toutes les catégories sociales. De la tribu aux empires, le mariage a toujours constitué le meilleur moyen de coexistence pacifique », *Les exclus, op. cit.*, p. 48-49.

56. « ... Etre passé, malgré moi, d'une description technique et quasi clinique à un ton personnel, d'avoir laissé parler mon cœur et mes tripes, *ibid.*, p. 144.

au sursaut moral, l'appel au surcroît de cœur, seul capable de faire « qu'on retrouve le sens de la convivialité » (p. 70). Aux quinze millions de pauvres, aux trois ou quatre millions d'inadaptés, il est proposé le silence, l'aménité, « un sourire derrière chaque guichet », « un jardin devant votre maison » (p. 139), la participation, la prévention et l'*extension du travail social*. Il n'est pas question de se donner les moyens d'une « guerre à la pauvreté », en procédant par le canal de l'Etat à des transferts importants de revenus, et encore moins en s'attaquant à la cause majeure, la faiblesse des salaires.

Directement concernés, les travailleurs sociaux ont à peu près exclusivement réagi aux suggestions favorables au bénévolat, pour s'y opposer, et défendre l'action compétente, c'est-à-dire leur croissance et leur pérennité, d'ailleurs nullement mises en cause. En attendant la récession « souhaitable » du travail social, la nécessité présente d'une extension est affirmée, en même temps qu'est accordée à l'inadaptation un caractère éternel : il subsistera toujours « des enfants ou des adultes perturbés ou inadaptés » (p. 81), même dans la société « la plus accueillante, la plus libre ». « Qu'advient-il des parents, des frères et sœurs de l'enfant dont une encéphalite détruit le cerveau ? Qu'advient-il, plus banalement, de l'adolescent repoussé par la fille qu'il aime, de l'enfant ou de l'adulte mal aimé, ou qui se croit tel ? » (p. 102). Par cette curieuse redéfinition des tâches du travail social, René Lenoir clôt l'interrogation, dont il vient pourtant de dire qu'elle mérite examen, de nombreux travailleurs sur le sens de leur travail et le problème de sa transformation.

On peut s'interroger sur les raisons du succès du livre. Une des explications est sans doute que, bien loin d'être original, il prend en charge des thèmes, ou même de simples motifs, en circulation dans des sphères opposées. Des publics variés ont pu s'y reconnaître grâce à l'aisance avec laquelle il parle une multiplicité de langages à la fois, avec, bien sûr, une prédilection marquée pour un conservatisme solide se présentant comme une morale du bon sens [57], et

57. Exemples : « L'échec a toujours été formateur pour ceux qui en ont été victimes comme pour ceux qui en ont fait le constat » (p. 57). « S'intéresser à la qualité de la vie, c'est inventer une nouvelle pauvreté

une absence de taille : le langage de la lutte des classes et de l'exploitation. L'ouvrage entend opérer une réconciliation, mieux, une fusion, entre des exigences très dispersées dans le champ politique : la défense (libérale) des libertés, l'amour (chrétien) du prochain, le sens (de gauche) de la justice, le stoïcisme (conservateur), la convivialité (« radicale »), etc. Bien loin que la juxtaposition d'énoncés les plus « à droite » et les plus « à gauche » ait démonétisé l'analyse de la société qu'il proposait, elle en a assuré la crédibilité, et la position officielle de l'auteur, alors directeur de l'action sociale au ministère de la santé publique, lui a conféré un sceau supplémentaire de sincérité et de vérité.

Le nombre des « inadaptés » inquiète, mais aussi le coût qu'ils représentent. Tout se passe comme si le processus croissance/fabrication de « laissés pour compte », après avoir été vu comme un profit accompagné d'inconvénients (« blessures inévitables », « rançon inévitable (...) qu'il n'est pas en notre pouvoir d'éliminer... ») était désormais vu comme lourd de potentialités subversives et coûteux — mettant en question le profit lui-même, exigeant donc pour cette double raison l'intervention de l'Etat.

Ce discours, comme tout discours de pouvoir, « a pour fonction première d'orienter une action et de maintenir la cohésion des exécutants en renforçant, par la réaffirmation rituelle, la croyance du groupe dans la nécessité et la légitimité de son action [58] ». La fiction de la fin de la classe ouvrière devient impossible à maintenir ; l'intergroupe handicapés-inadaptés parlait de l'accroissement d'une « "frange prolétaire", très largement exclue de la croissance économique et de la participation sociale », comme de « l'un des effets spontanés du développement [59] ». Il s'agit alors de (se) procurer une idéologie pouvant s'y substituer, et permettant comme elle de dissimuler les questions des conditions de l'exploitation. Forme neuve d'un nœud décisif de

---

et une nouvelle richesse » (p. 142). « Nous devons réapprendre à nos enfants que la civilisation des sentiments est supérieure à toutes les autres » (p. 143). « Il est mauvais, au nom d'un égalitarisme étroit, de brimer les forts, de les empêcher de chercher, d'innover, de bâtir » (p. 145), etc.

58. P. Bourdieu, L. Boltanski, *art. cit.*, p. 6.

59. VIe Plan, *Rapport de l'intergroupe handicapés-inadaptés, op. cit.*, p. 156.

l'idéologie dominante, moderniste et célébrant sa propre capacité d'aggiornamento, elle fera passer pour des attardés, des nostalgiques, ceux qui reconnaissant sous ces « inadaptés » des prolétaires, rappelleraient que la question de la classe ouvrière n'est pas close.

Le service social dans sa maturité a mis au point des modes qui lui permettent d'intervenir sélectivement auprès d'une cible dont les caractéristiques de classes sont précisément définies (et pratiquement reconnues). Comment les agents qui œuvrent au contact direct de cette fraction de la classe ouvrière parviennent-ils majoritairement à maintenir la vision d'individus, de « malheureux », de « malchanceux », de « blessés par la vie » ? C'est que la retraduction nécessaire des phénomènes et de leurs causes a atteint, grâce aux techniques psycho-analytiques, un haut degré de dissimulation. A l'issue d'une enquête qui a mobilisé des moyens importants pour préciser les causes de l'inadaptation, la nouvelle méthodologie fait apparaître que, pas plus que par le passé, les mécanismes socio-économiques n'entrent directement en jeu, mais qu'aux « desseins de la Providence » il faut substituer les indépassables « ratés » de la formation du moi : « Nous avons compris que la cause essentielle de l'inadaptation sociale de nos clients résidait dans des déviations ou une "fixation" à un stade primitif du développement de leur personnalité (...)[60]. »

L'étude de la clientèle du service social permet d'appréhender les conditions matérielles d'existence de fractions de la classe ouvrière ; elle amène à voir que ce qui a été célébré comme sa fin, son embourgeoisement, est en fait une cassure dans la classe ouvrière. Contrairement au discours officiel qui promettait, grâce à la croissance, la disparition des inégalités et l'homogénéisation des modes de vie, il semble qu'il n'y ait même pas eu simple maintien des inégalités grâce à une translation vers le haut de la structure de la distribution des revenus. En ce qui concerne les seuls ouvriers, c'est la structure de la distribution elle-même qui a été modifiée, élargissant l'écart entre les revenus et les modes de vie de ses fractions extrêmes.

60. G. Gemaehling, *Service social et familles socialement handicapées*, *op. cit.*, p. 31.

Alors que jusqu'en 1967 il y a pénurie de certaines qualifications ouvrières, l'abondance d'une main-d'œuvre sans qualification fournie par l'immigration, l'exode rural, le développement du travail des femmes, permet de limiter la hausse des salaires des travailleurs non qualifiés, la faiblesse liée à leur interchangeabilité étant encore renforcée par leur moindre syndicalisation.

Sur 100 manœuvres, on comptait : en 1962, 27,9 femmes et 17,5 étrangers ; en 1968, 30,1 femmes et 22,7 étrangers.

Selon l'enquête formation-qualification professionnelle de l'I. N. S. E. E., en 1970, 25,9 des ouvriers et 26,7 % des ouvrières étaient d'origine rurale [61] ; or, les agriculteurs, qu'ils soient exploitants ou salariés, deviennent pour la plupart manœuvres ou ouvriers spécialisés [62].

On peut prolonger le constat qui avait été dressé en 1965 en ce qui concerne les salaires ouvriers : « L'analyse de l'évolution des salaires horaires semble indiquer, comme celle des rémunérations annuelles, une tendance à l'accroissement des disparités pour les années les plus récentes (au moins par rapport à 1954), aussi bien pour les gains que pour les taux horaires par zone, branche d'activité ou qualification [63]. » L'écart entre le salaire moyen d'un manœuvre et celui d'un ouvrier hautement qualifié était en 1972, malgré la réduction opérée en 1968, supérieur à ce qu'il était en 1964, passant pour les hommes de 66 à 76 % et pour les femmes de 25 à 37 % [64].

---

61. R. Pohl, C. Thélot, M.-F. Jousset, Enquête formation-qualification professionnelle de 1970, *Collections de l'I. N. S. E. E.*, D 32, tableaux 19.5 et 19.6.

62. D'après M. Praderie, « Changements d'emploi et changements dans l'emploi », in Darras, *Le partage des bénéfices*, Paris, Editions de Minuit, 1966, p. 243.

63. C. Seibel et J.-P. Ruault, « La participation aux bénéfices », in Darras, *op. cit.*, p. 80.

64. Cf. M. Perrot, « Salaires, prestations sociales et pouvoir d'achat de 1964 à 1966 », *Etudes et conjoncture*, n° 1, janv. 1967, p. 106 et, pour 1972, Rapport du groupe d'étude *Rémunération des travailleurs manuels*, Paris, La Documentation française, 1976, Annexes.

> D'une manière générale, depuis 1950 (écart : 59 %), date de l'instauration du S. M. I. G., l'écart entre le salaire horaire moyen des ouvriers qualifiés et celui des manœuvres a eu tendance à s'accroître ; des mesures de soutien aux bas salaires, prises en 1954-55, avaient réduit très momentanément ces disparités, qui se sont ensuite accrues légèrement mais continûment jusqu'en 1968 ; les accords de Grenelle, qui relèvent le S. M. I. G. de 35 %, réduisirent à nouveau l'écart, particulièrement en province, mais l'effet n'a pas été durable. L'écart des salaires horaires moyens des ouvriers qualifiés et des manœuvres, qui était de 71 % au 1er janvier 1968, réduit à 68 % en 1969, était remonté à 76 % en 1972 ; une nouvelle majoration importante du S. M. I. C. en juillet 1973 a été de même vite effacée [65].

L'écart entre le salaire moyen d'un manœuvre et celui d'un O. S. est assez faible : 19 % en 1962, 20 % en 1972 pour les hommes, et, pour les femmes, 15 et 16 %.

Le discours dominant ne cesse d'annoncer la diminution des emplois non qualifiés, il en promettait même la quasi-disparition dans l'euphorie de l'expansion : « Le manœuvre devient ouvrier spécialisé, l'ouvrier spécialisé ouvrier professionnel, l'ouvrier professionnel contremaître, le technicien ingénieur. Il ne s'agit plus ici de la fortune singulière de quelques hommes, mais d'une promotion générale [66]. » Or ces emplois représentaient, en 1962, 56,3 % des emplois ouvriers et 55,6 % en 1968, avec, il est vrai, une légère diminution du nombre des manœuvres (— 0,5 %), alors que l'effectif global des ouvriers augmentait de 9 % et celui des O. S. de 13 %.

Partis de plus haut, les ouvriers qualifiés ont obtenu une augmentation plus marquée de leur salaire ; elle leur a permis d'améliorer leur situation dans un certain nombre de domaines : logement, vacances, accès à certains biens d'équipement..., tandis que les manœuvres restaient très largement à l'écart de ces changements, ne les connaissant

65. Cf. *Documents* du Centre d'étude des revenus et des coûts (C. E. R. C.), n° 25-26, 1er et 2e trimestre 1975, et M. Perrot, « L'évolution récente des salaires jusqu'en 1974 », *Economie et statistique*, n° 63, janvier 1975.

66. P. Massé, *Le plan ou l'anti-hasard, op. cit.*, p. 95.

qu'avec un net retard temporel et dans une bien moindre proportion. La distinction qualifié/non-qualifié renvoie à une partition réelle ; certes, la qualification recouvre des réalités très hétérogènes et dissimule les processus complexes qui conduisent à une certaine désignation sur le bulletin de paie ; si certains éléments sont objectifs — la durée d'une formation conduisant à un C. A. P., par exemple —, d'autres, comme le contenu des tâches, le sont moins ; également, cette classification est relative à un éventail de qualifications réelles des tâches à une phase déterminée de la division du travail, et elle dépend en partie des rapports de force à l'intérieur d'une branche d'activité. On aboutit cependant à la constitution de deux populations, se distinguant fortement par leurs conditions matérielles, l'acquisition ou non d'une certaine sécurité, leur position dans la structure sociale, la possession ou non d'un minimum de capital scolaire. C'est ce capital, tout relatif, des ouvriers qualifiés qui, leur permettant d'obtenir de meilleures conditions économiques, leur permet aussi d'en tirer pleinement parti.

> En 1970, seulement 28,7 % des ouvriers qualifiés n'ont aucun diplôme ; 24,7 % ont le certificat d'études primaires ; 40,9 % ont un C. A. P., ou le B. E. P. C., ou un niveau équivalent ; 4 % ont un niveau supérieur ; 69,9 % des manœuvres n'ont aucun diplôme, 21,9 % ont le certificat d'études ; 7,9 % ont un C. A. P. ou le B. E. P. C. ; 0,1 % ont un niveau supérieur [67].
>
> En 1962, le taux de scolarité pour les garçons âgés de 15 à 19 ans était de 45,8 % pour les fils d'ouvriers qualifiés et de 29,6 pour les fils de manœuvres ; et, pour les filles, 54,2 et 40,7 [68].

Les conditions économiques qui les font vivre pour la plupart presque au jour le jour [69], l'insécurité d'emploi qui les caractérise (maximum de risque de chômage, minimum

67. *Enquête formation-qualification..., op. cit.,* tableau 14.1.
68. Une enquête sur la formation et la qualification des Français (1964), *Etudes et conjoncture,* n° 2, février 1967, tableau 8.
69. 66 % des manœuvres gagnaient moins de 1 200 F en 1973 ; ce n'était le cas que de 21 % des ouvriers qualifiés.

de protection dans ce cas [70]), la précarité de leur scolarisation, maintiennent les travailleurs non qualifiés à une distance considérable des valeurs et normes dominantes ; elles les éloignent aussi de la fraction qualifiée dont les attitudes et les pratiques se transforment à mesure qu'elle conquiert des conditions matérielles meilleures, dont une certaine sécurité autorisant l'organisation de l'existence, des projets — faisant, notamment, qu'un fils d'ouvrier qualifié devient très rarement manœuvre. Cet éloignement de fait est accentué, aggravé par le fait que l'action sociale désigne ouvertement, disqualifie la fraction non qualifiée, met en œuvre sa ségrégation. Cette action peut passer par un dispositif matériel : c'est, par exemple, l'habitat de transit ou d'urgence, pour des populations que les assistantes sociales ne jugent pas « aptes » à habiter en H. L. M. : « incapacité de s'adapter à la vie collective », « gênes pour les voisins », « capacités ménagères réduites », « familles difficiles »... De façon plus ou moins systématique, le travail social met en œuvre un mécanisme à double effet qui produit, à l'extérieur, une stigmatisation visible (mise en tutelle, mesure d'assistance éducative...) et l'invalidation du sujet qui intériorise sa disqualification. Ce double effet est obtenu par l'action conjuguée d'un dispositif concret et visible et par des moyens de pression symboliques s'exerçant, de l'extérieur, par la honte publique, et, surtout, de l'intérieur, par

70. INEGALITE DEVANT LE CHOMAGE/ INEGALITE DE PROTECTION

	% parmi les salariés	% parmi les demandeurs d'emploi (sept. 75)	% parmi les D. E. des bénéficiaires de: Aide publique	ASSEDIC	% des bénéficiaires de l'A. S. A. parmi les bénéficiaires des AS.S.E.D.I.C.
Manœuvres	8,5 %	12,4 %	—	32,4 %	19 %
Employés non qualifiés	22,0 % (Employés non qualifiés et qualifiés)	15,6 %	—	39,2 %	24,7 %
Employés qualifiés ..		26,1 %	—	16,8 %	36,3 %
Maîtrise - techniciens	10,3 %	4,3 %	—	61,1 %	43 %
Cadres	7,6 %	4,8 %	—	37,6 %	47 %

A. S. A. = allocation supplémentaire d'attente.
D'après Préparation du VIIe Plan, rapport de la commission *Emploi et travail,* 1976, p. 213.

la dégradation de l'image de soi qu'entraîne la reconnaissance de ses errements.

> « Au cours des neuf mois, la famille a pris conscience de sa dégradation profonde. Elle attribuait ses difficultés à la société qui ne fait rien pour les pauvres [71] ! »
> « Entendre cet homme, Marocain, s'exprimer ainsi devant sa femme et deux autres femmes, travailleurs sociaux, reconnaître ses torts et analyser son comportement, très simplement et très lucidement (...) [72]. »

C'est en se réclamant de la psychologie, nouvel habillage de pratiques que les Eglises avaient su porter à un haut degré d'efficacité, que les assistantes sociales ne se bornent pas à une rectification des comportements mais recherchent l'adhésion du sujet, c'est-à-dire s'efforcent de l'amener à accepter la représentation négative de lui-même — qui légitime l'intervention —, à reconnaître qu'il est personnellement responsable (coupable) de sa situation. Cette reconnaissance de son indignité par le sujet doit exercer sur ses conduites un effet durable, se prolongeant après la cessation de l'intervention.

Consacrée anormale, déviante, inadaptée, toute une fraction de population ouvrière devient pour les autres ce dont il faut se garder, se démarquer, une incitation à l'intégration. En même temps, et quelle que soit la véhémence qu'elle met parfois à protester contre sa relégation dans une cité de transit ou les contrôles dont elle est l'objet, cette population est dévalorisée à ses propres yeux et elle peut être amenée à se modifier sous les effets des interventions qui la visent ; par exemple, proche au départ d'une famille qui « accède » à un H. L. M., celle qui est désignée pour la cité de transit s'en éloigne à mesure qu'elle subit les effets de l'environnement, des conditions matérielles et des stigmates qui lui sont imposés ; son sentiment d'être dans le monde de la déchéance influe sur le rapport qu'elle a aux autres, confirmant ceux-ci dans leur verdict.

Les différenciations réelles à l'intérieur de la classe ouvrière sont donc renforcées, attisées, leur sens même est

---

71. G. Gemaehling, *Service social..., op. cit.*, p. 140.
72. « Assistance éducative budgétaire », *Techniques d'actions sociales, op. cit.*, p. 20.

transformé par l'action sociale, les différences devenant division, opposition. La solidarité devient impossible de la part de ceux qui ont durement obtenu quelques avantages, une certaine stabilité et qui ont peur d'être entraînés dans l' « inadaptation » dont on ne cesse de leur donner une image angoissante. On soulignera ici que ce recul relatif de l'efficacité défensive de la solidarité ouvrière n'est pas la conséquence indirecte de phénomènes tels que l' « embourgeoisement » supposé de la classe ouvrière mais le produit direct de la transmutation idéologique opérée sur les données du problème : la forme de solidarité qui s'était définie dans des cadres sociaux précis et à l'occasion d'affrontements caractérisés devient inopérante lorsque ces affrontements sont transposés dans un domaine où les principes qui fondaient cette solidarité perdent leur sens.

Pendant que les agents de l'assistance (assistantes, tuteurs, conseillers en économie, etc.) déplorent bruyamment leur « échec » — qui se résume finalement pour eux au fait qu'ils n'ont pas pu inculquer de « bonnes habitudes », de « bonnes manières » —, l'assistance comme institution a rempli le but ultime que se donnaient ses initiateurs qu'effrayait au début du siècle, le mouvement d'auto-organisation, de solidarité ouvrière : elle a entretenu et renforcé la division à l'intérieur de la classe ouvrière. Si cette action a pu s'exercer avec une particulière efficacité pendant la phase d'expansion, c'est parce que celle-ci agissait déjà au niveau des conditions économiques.

La production surabondante et hétéroclite de « réflexions » sur les pauvres, la délinquance, la violence, l'exclusion, l'inadaptation sociale, etc., qui constitue un aspect de l'action sociale, l'importance croissante de celle-ci dans le discours politique, l'essor exceptionnel de certaines professions comme celle d'éducateur et le caractère de plus en plus public de ce type d'action exercent cette invalidation des conduites des dominés qui, à chaque moment, entend légitimer leur exploitation. Alors que, dans le passé, cette opération concernait la totalité de la classe ouvrière, la concentration qui s'est effectuée progressivement et, surtout, spontanément, sur la partie non qualifiée produit une véritable coupure qui, réduisant les capacités offensives de la classe ouvrière, renforce l'assise de la domination.

index des thèmes et des noms[1]

A

Action éducative, 15, 17, 18, 21, 29, 44, 47, 48, 51, 55, 66, 104, 121, 126, 127, 130, 136, 139, 140, 141, 142, 163, 169, 176, 177, 214, 219, 240 ; — budgétaire, 117-119, 192, 240.
Action idéologique, 13, 57, 58, 68-82, 90, 100, 111, 121, 122, 131, 140, 168, 169, 213, 259.
Action socio-culturelle ou socio-éducative, (V. Animation socio-culturelle).
Adaptation (ou intégration), 18, 51, 52, 53, 104, 119, 152, 164-165, 175, 176, 194, 199, 214.
Adaptation des professions (ou évolution), 23, 58, 78, 100, 105, 106, 108, 111, 123, 130, 131, 132, 133, 142, 143, 171, 176, 199-200, 217.
Adhésion des sujets, 78, 102, 103, 104, 105, 118, 139, 151, 154, 179, 181, 183, 188, 190, 191, 258.
Affectivité (primat de l'), 89, 92, 95, 134, 135, 219.
« Aide », 18, 45, 51, 53, 83, 85, 86, 96, 219, 220.
Aide médico-psychologique, 143, 166, 171-2.
Aide psychosociale individualisée, (V. Case-work).
Aisance naturelle, 105, 169, 202
Alcoolisme, 21, 40, 43, 179, 180, 192, 198, 248 ; alcooliques dangereux (loi sur les), 190, 191, 192, 248.
A. N. A. S. (Association nationale des assistantes de service social), 49, 50, 52, 64, 68-82, 89, 220.
Animateurs (formation des), 200-203 ; idéologie des —, 208-9, 211-13 ; recrutement des —, 204-5.
Animation socio-culturelle ou socio-éducative, 103, 105, 193-215.
Anomie, 197, 227.
Antagonismes de classe, (V. Classe).
Anti-intellectualisme, 134-5, 146-8, 157 ; (V. aussi Ecole, et Savoir),
Appert (Général), 27.
Aptitudes naturelles (ou personnalité), 57, 62, 64, 78, 95, 101, 109, 120, 128, 147, 156, 158, 159, 166, 174, 200, 201 ; (V. aussi Etre).
Arbitraire, — de l'imposition, 11, 84, 91, 140, — du contenu imposé, 10, 67.
Armand-Delille (Dr P.), 40, 46, 48.
Ascension (sociale), 168, 203, 205, 209.
« Assistance éducative », (V. Education. V. aussi Droit de l'enfance et mandat (judiciaire)).
Assistance publique, 15, 16, 219.
Attitudes à l'égard du travail social, 11, 44, 49, 71, 77, 126, 138-9, (V. aussi Résistances).
Auto-analyse, auto-évaluation, rôle de l'— dans la formation, 94-95, 157, 173, 201-203 ; rôle de l'— dans la pratique, 159, 161, 162, 164.
Auto-justification des professionnels, (V. Rationalisations).
Autonomie (relative) des agents, 9, 49, 99, 107, 108, 120, 184, 199 ; Illusion de l'— absolue, 54, 181, 183, 186.

1. Les pages auxquelles renvoie cet index peuvent traiter du thème sans contenir le mot même qui le désigne ici.

B

Barbares, (V. aussi Civilisation, Domestication), 45, 68, 214.
BARBEY (L.), 158.
BARNOLA (E.), 152.
BARRAU (P.), 145.
BASSOT (M. J.), 20, 115.
BAUDIN (P.), 14.
BAUDOUIN (E.), 48.
BEAUCHARD (J.), 156.
BÉCHILLON (C. de), 85-87, 96, 98, 244.
BEIRNAERT, s. j. (L.), 90, 91.
Bénévolat, bénévoles, 9, 21, 42, 69, 101, 102, 127, 129, 136, 194, 210, 222, 251.
BERNARD (M.), 239.
BEYSSAGUET (A. M.), 148.
Bienfaisance, (V. Charité).
BIESTECK, s. j. (F. P.), 84, 88, 91, 95.
BLOCH-LAINÉ (F.), 230, 231.
BOBROFF (J.), 223, 224, 226.
BOLOTTE (P.), 53.
BOLTANSKI (L.), 58, 73, 121, 247, 252.
BOUGÉ (Y.), 43.
BOURBON-BUSSET (J. de), 74.
BOURDIEU (P.), 35, 58, 67, 87, 90, 100, 105, 184, 247, 252.
BOURGEOIS (L.), 16, 28.
Bourgeoisie, 14, 32, 41, 88, 176, 198, 236 ; (V. aussi Classe).
BOUSQUET (M.-H.), 222.
BOWERS, o. m. i. (S.), 91.
BRAMS (L.), 59, 61, 97.
BRUNSCHVICG (C.), 27, 28.
Budget ouvrier, 39, 139-40.
BURET (F.), 21.

C

CADART (J.), 79.
CADOUX (A.), 157.
Cadres moyens, 60, 127, 203, 205, 208.
CALOT (G.), 221, 227.
Capital, — culturel, 10, 65, 66-7, 68, 100, 105, 171 ; — scolaire, 65, 66, 171, 203, 205, 225, 256 ; — symbolique, 73, 105, 107, 108, 142, 143.
Carrière scolaire, 64, 105, 148, 174, 205-6, 208.
CARSIGNOL (M.), 22.
« Case-work », 51, 63, 82-100, 208, 244 ; (V. aussi Psychologie).
CASSIRER (E.), 188.
CASSIRER (M.), 83.
Catholicisme, 14, 33, 52, 71, 74, 75, 79, 82, 88, 92, 100, 101, 112, 117, 127, 132, 134, 135, 145, 146, 148, 155, 194, 203, 209 ; militantisme catholique, 10, 57, 61-62, 203, 209-10 ; homologie, de fonction entre — et psychanalyse, 90-91 (V. aussi Humanisme chrétien).
Cécité (structurelle) des agents, 51, 58, 139, 185, 189, 209.
Célibat, 14, 59, 60.
Centre social, 115, 116, 117 (V. aussi Résidence sociale).
C. F. D. T., 66, 77.
C. G. T., 16, 54, 66, 77.
CHAMBOREDON (J.-C.), 134, 184, 224, 227.
Champ du travail social, 9, 103, 105-9, 111, 132, 142, 169, 171.
CHAPTAL (L.), 19.
Charisme, 64, 166, 172, 185.
Charité, critique de la —, 15, 16, 219.
CHAUVIÈRE (M.), 148.
Chômage, 93, 219, 225, 229, 232, 234, 256-7.
CHOMBART DE LAUWE (P. H.), 81-82.
Cible (du service social), 20, 217-228, *passim*.
Civilisation, (mission civilisatrice), 18, 41, 67, 68, 214 ; (V. aussi Barbares, Domestication).
Classe, —s dominantes, 10, 13, 14, 16-8, 30, 57, 105, 106, 108, 109, 111, 121-2, 165, 177, 198, 217 ; (V. aussi Bourgeoisie) ; — d'origine des professionnels, 13, 19, 29, 45, 49, 58-60, 65-6, 71, 82, 88, 112, 127, 129-32, 142-143, 168, 169, 170, 203-4, 205 ; —s populaires (ou dominées), 9, 10, 13, 16, 17, 18, 48, 71, 105, 109, 111, 113, 116, 122, 125, 137-9, 176, 198, 217-28, *passim*, 234, 238, 241, 253-8 ; V. aussi Ouvriers) ; allégeance des agents à la — dominante, 9,

11, 25, 26, 34, 44, 46, 58, 60, 68, 82, 146, 168, 199, 211 ; collaboration entre les —s, 14, 16, 22, 36, 46, 61, 198, 243, 250 ; (V. aussi Paix sociale) ; ethnocentrisme de —, (V. Ethnocentrisme) ; ethos de —, (V. Ethos) ; fins des —s, 41, 45-6, 84 ; intermédiaire entre les —s, 79 ; rapports de force entre les —s, 10, 11, 13, 15, 16, 18, 22, 23, 42, 46, 55, 57, 68, 71, 82, 83, 111, 141, 199, 217, 218, 220 ; représentation des —s populaires, (V. Représentation) ; solidarité de — des —s populaires, 198, 259.
Classement, classification, 30, 125, 144, 179.
« Clientèle », (V. Cible).
COCKERILL (E.), 88, 89.
Code civil, 104, 150, 151, 190.
Code de la santé publique, 121, 190, 191.
Code de procédure pénale, 191.
Code pénal, 186, 190, 191.
Coercition, 14, 18, 52.
Colonie sociale, (V. Résidence sociale, (V. aussi Centre social).
Compétence technique, (V. Technique).
Conditions socio-économiques, élimination ou méconnaissance des —, 17, 50, 52, 62, 78, 83, 85, 87, 99, 120, 141, 184, 212, 219, 253 ; rôle des —, 93, 185, 217, 258, *passim*.
Conflits de compétence ou concurrence, 78, 106, 109, 123, 132, 143, 165, 175-6, 218.
Conscience de classe, 17, 30, 55, 170.
Conseiller en économie sociale et familiale, 111-120 ; (V. aussi Enseignement ménager) ; — en éducation populaire, 194-5 ; (V. aussi Animation socio-culturelle).
Contrôle, 9, 11, 17, 68, 106, 131, 177, 184, 192, 248.
CORDELIER (S.), 24, 41, 113.
Costume (prescriptions relatives au), 59, 163, 170, 177-8, 215.
COURTECUISSE (N.), 59, 61, 97.
Couverture technique (et absence de), 13, 18, 26, 29, 58, 62, 108, 121, 141.
CRAPUCHET (S.), 121.
« Crise » des professions, 53, 78, 109.
CROZIER (M.), 77, 82.
CRUCHON, s. j. (P.), 93.
Culture, rapport à la —, 58, 64, 65-67, 68, 69, 73, 80, 174, 203, 206-7, 215.

D

« Danger », (V. Enfance en danger).
DARRAS, 254.
DARBEL (A.), 67.
DAUJAT (J.), 93.
DAUSSET (L.), 20.
DAVID (Dr M.), 83, 89, 97.
DEBOFFE (Mlle), 84.
Déclin social, 203, 206, 207.
« Défense sociale », 188, 190, 214, 248, 250.
DELBRÊL (M.), 41, 47.
Délégation (tacite), 26, 35, 38, 46, 183, 184 ; (V. aussi Mandat).
Délégué à la tutelle, (V. Tutelle aux prestations sociales).
Délinquance juvénile, 106, 143, 148-9, 180, 184, 189, 190, 192, 198, 224, pré—, 144, 192 ; (V. aussi Droit de l'enfance, Education, Prévention).
Demande sociale solvable (absence de), 9, 105, 107.
Déontologie, 69, 75, 104, 186.
DEROY (H.), 39.
Désintéressement, (idéologie du), 9, 103, 175.
DEVILLE (J. C.), 227.
« Diagnostic social », 40, 85, 89, 121.
DIEMER (M.), 27, 115.
DIESBACH (Mme R. de), 30, 112.
Diplôme professionnel, 37, 102, 112, 122, 127, 131, 133, 144, 155, 167, 168, 171, 195, 207 ; taux de —és, 152, 167, 206, 252, 253.
Disqualification, (V. Invalidation, V. aussi Stigmatisation).
Domestication, 18, 20, 21, 111, 177.
Domination (rapports de), 10, 57, 68, 83, 84, 100, 103, 108, 111, 176.

Donzelot (J.), 7-9.
Droit, — de l'enfance, 103, 136, 138, 145, 148-52, 188, 179, 189 ; — naturel, 105, 188-92.
Dubreuil (H.), 48.
Ducasse (Y.), 164.
Duchatelet (G.), 130, 233.
Dupeyrat (E.), 20, 41.
Dupont-Fauville (A.), 107.
Durkheim (E.), 16.

E

Eck (Dr M.), 91.
Ecole, critique de l'—, 146-7, 148, 206-7. (V. Anti-intellectualisme) ; —s professionnelles, 16, 28-9, 62-3, 102, 155, 172.
« Ecoute », 85, 86, 120, 124, 175, 238, 244.
Educateurs, — de jeunes enfants, 131-35, 143 ; — de l'éducation surveillée, 172-6 ; — spécialisés, 78, 134, 144, 152-165 ; — techniques spécialisés, 143, 168-71 ; moniteurs—, 144, 167-8.
« Education », (rééducation), 143-152 ; — surveillée, 106, 172-176. (V. aussi Prévention spécialisée).
Education, — des filles, 30, 31, 60, 64, 113 ; prime —, 132, 134-5.
Education populaire, 193, 194-5. (V. aussi Animation socio-culturelle).
Emo (B.), 186.
Encadrement (des classes populaires), 27, 60, 101, 102, 106, 109, 120, 121, 127, 131, 142, 144, 176, 218.
Enfance en danger, 106, 136, 149, 180, 189 ; service social de l'—, 145 ; (V. aussi Droit de l'enfance).
Enquête sociale, 38, 39, 40-41, 135, 145.
Enseignement ménager, 21, 47, 111-113, 114, 136. (V. aussi Conseiller en économie sociale et familiale).
Entretien, 83, 85, 86, 130, 175, 238. (V. aussi Case-work, et Techniques non directives).
« Epanouissement » des personnes, 79, 104, 114, 116, 117, 130, 131, 134, 142, 143, 152, 167, 170, 188, 190, 192, 195, 199, 213, 240.
Escrivan (J. d'), 69.
Etat, rôle de l'— dans la formation, 102, 103, 104 ; financement par l'—, 102 ; intervention de l'— dans la sphère privée, 105, 188, 189, 192.
Ethnocentrisme de classe, 29, 33, 34, 84, 89, 116, 179, 236.
Ethos de classe, 59, 241.
Etre (primat de l'), 10, 78, 93, 95, 101, 108, 142, 156, 158, 159, 172. (V. aussi Aptitudes naturelles).
Examen, (V. sélection).
« Exclus », 77, 163, 194, 199, 214, 233, 242-53 *passim,* 259.

F

Fabre de Morlhon (J.), 248.
Faye (J. P.), 23.
Febvay (M.), 221.
Fécondité, 113, 129, 137, 227.
Féminisation des professions, 13, 60, 69, 105, 109.
Fleury (D.), 174.
Folliet (J.), 71, 81.
Force, rapports de — entre les classes, (V. Classe).
Formation (modalités de la), 15, 57, 123, 127, 137, 157, 168, 172, 200-03, 222 ; — comme confirmation, 10, 29, 33, 88, 210 ; — en cours d'emploi, 154, 169, 172.
Fourastié (J.), 75, 81.
François-Poncet (A.), 22.
Freud (S.), 52, 77, 91, 92.
Friedmann (G.), 73.
Fritsch (P.), 205.
Fröbel (F.), 132.
Front populaire, 42-46.
Fuster (E.), 39, 45.
Fustier (P.), 148, 158, 159.

G

Gemahling (G.).
Ginger (S.), 147.
Giros (P.), 163.

GOFFMAN (E.), 241.
GOURLET (A. de), 20, 115.
Goût, apprentissage du bon —, 19, 20, 48, 115 ; « — de jouir » (des classes populaires), 29, 32, 33, 46, 140, 234.
GRAMSCI (A.), 30.
GROETHUYSEN (B.), 189.
GUILBERT (M.), 122.

H

Habitus, 10, 16, 34, 38, 57, 100, 105, 120.
Handicapés, et familles socialement — es, 55, 139, 176, 192, 228-40, *passim*.
HARRINGTON (M.), 249.
HAZEMANN (Dr R.-H.), 40.
HENRY (M.), 150, 151.
Hiérarchie des professions, 108, 133, 142, 165, 166, 171.
Humanisme, 43, 45, 46, 52, 55, 75-6, 114 ; — chrétien, 58, 158, 214 ; — freudo-libéral, 52.
HURTADO (Y. de), 24, 37.
Hygiénistes (médecins), 25, 38.

I

Idéologie, — à l'état pratique, 57, 100 ; — dominante, 30, 37, 50, 51, 55, 58, 68, 82, 99, 100, 184, 242-3, 247, 253, 255 ; — du désintéressement, (V. désintéressement) ; — professionnelle, 42, 61, 119, 145, 146, 157, 161, 171, 174, 208-9, 211-213, 220.
ILLICH (I.), 208, 250.
Illusion de la neutralité, (V. Neutralité).
Image des classes populaires, (V. Représentation).
Imposition, mode d'— autoritaire, 38, 78, 83, 86, 95, 111 ; mode d'— doux, 78, 102, 117.
Inadaptation, inadaptés, 99, 107, 118, 119, 125, 127, 131, 133, 142-4, 154, 167-8, 179, 181, 189, 191, 214, 217-8, 226, 228-53, *passim*.
Inculcation, 11, 70, 75, 90, 93, 211.
Indétermination des tâches, 9, 105, 109, 133, 159, 161, 162, 165, 205.
Individualisée, action — (ou action personnalisée), 15, 17, 39, 51, 52, 78, 98, 99, 104, 142, 177, 180, 214.
« Infra-assistables », 228, 229, 233.
Intégration, (V. Adaptation).
Intérêts, — des dominants, 240 ; — des professionnels, 58, 65, 83, 97, 101, 106, 108-9, 120, 123, 161, 220, 224 ; — universalisation des — particuliers, 82.
Intériorisation, 52, 257-8. (V. aussi Adhésion des sujets).
Invalidation (des dominés), 18, 29, 30, 55, 86, 87, 126, 257, 259. (V. aussi Stigmatisation).
ION (J.), 196.
« Irrelevables », 16, 22, 39, 40, 240.
I. U. T. (Institut universitaire de technologie), 204, 209.

J

Jardinière d'enfants, (V. Educateur de jeunes enfants).
Juge des enfants, 135-6, 149, 179, 190 ; (V. aussi Droit de l'enfance).
JOUBREL (H.), 146, 147.
JOUSSET (M. F.), 254.

L

LACROIX (J.), 75.
LAFON (Pr R.), 143, 144, 154, 180, 248.
LAPAUW (R.), 147, 148, 159, 160.
Légitimation professionnelle, 35, 38, 70, 161, 217.
Légitimité de l'intervention, 10, 16, 23, 42, 48, 70, 86, 87, 94, 107, 111, 187, 211, 252, 258.
LEGOUX (M. L.), 48.
LE GUILLANT (Dr L.), 147.
LE HÉNAFF (G.), 147.
LEHRMAN (L. J.), 88.
LEMAY (Dr M.), 152.
LEMOINE (C.), 118.
LENOIR (R.), 231, 245, 246, 248-252.
LE PLAY (F.), 21, 81.

Leprince-Ringuet (L.), 65, 74, 75.
Le Senne (R.), 77.
Lewandowski (O.), 72.
Lhotte (C.), 41.
Libéralisme, néo—, 17, 68, 83, 87, 141, 192, 197, 252. (V. aussi Humanisme freudo-libéral).
Lory (B.), 144.
Luccioni (M.), 223, 224, 226.
Lutz (P.), 151.

M

Mallet-Dufour (L.), 224, 228.
Mandat, 9, 10, 35, 68, 103, 104, 120, 181, 183, 187, 199, 200, 211, (V. aussi Délégation) ; — judiciaire, 103, 106, 107, 161, 162, 177, 191, 192, 220.
Mangenot (M.), 213.
Manipulation symbolique, 58, 87, 90, 91, 100, 103, 177, 217.
Marché des biens symboliques, 9, 10-11, 60, 67, 70.
Marché du travail, 9, 26, 35, 60, 105, 106, 214.
Marquart (F.), 114, 116, 117, 126.
Mas (J. L.), 143, 154.
Massé (P.), 244, 255.
Mesdaght (L.), 116.
Menaces, 30, 57, 101, 105, 106, 108, 217, 218, 240, 248, 250. (Voir aussi Péril social).
Michard (H.), 149, 173.
Michelin, 25, 35.
Moniteurs-éducateurs, (V. Educateurs).
Montmort (N. de), 27.
Moral, jugement —, 30, 33, 41, 48, 51, 62, 74, 80, 88, 97, 140, 235, 251 ; « leçon » —e, 18, 19, 40, 48, 111, 113, 129, 142, 169 ; niveau —, 26, 27, 40, 48 ; œuvre —e, 27, 113 ; « références —es », 29, 62, 137 ; surveillance —e, 29, 32, 48 ; valeurs —es, 19, 58, 60, 75, 82, 86, 89, 92, 122, 144, 176, 233.
Moret (A.), 39.
« Motivations », 57, 62, 94, 127, 156, 166.
Mury (G.), 97.

N

Nature, état de — de la classe dominée, 18.
Nicolle (A.), 133.
Neutralité, 42, 44, 46, 53, 70, 73, 76, 79, 100, 195, 212-3, 220.

O

Ohayon (A.), 148.
Oraison (Abbé M.), 88, 91.
Ordre de la domination, adhésion à l'—, 17, 18, 52, 55 ; justification de l'—, 11, 41, 52, 67-8, 177, 213, 218.
Origine sociale des professionnels, (V. Classe).
Ouvriers, « bons » —, 35 ; « Mauvais » —, 36 ; — qualifiés, 137, 218, 244, 253-9 ; — non-qualifiés, 137, 199, 217, 223-224, 228, 243, 244, 253-9.

P

« Paix sociale », 14, 22, 36, 47, 79 ; (V. aussi Classe, Collaboration entre les —s).
Parcheminey (Dr), 91.
Passeron (J.-C.), 35, 87, 184.
Passé scolaire, (V. Carrière scolaire).
Peltier (M.), 19.
« Péril social », (V. aussi Menaces), 14, 16, 198.
Perlès (J.), 224, 228.
Perlmann (H.), 99.
Perrot (M.), 254, 255.
Perroy (M.), 254, 255.
Perroy (M.), 22.
Personnalisme, 81, 114, 120, 135, 195.
Peugeot (R.), 25, 35.
« Peuple », 20, 21, 32, 34, 55, 71, 117, 119, 120.
Pindray d'Ambelle (Marquise), 31.
Pinot (R.), 22, 28.
Pohek (M.), 98.

POHL (R.), 254.
Populisme, 112, 117, 184.
PRADERIE (M.), 284.
Pratique (discours sur la), 159-160, 164-5.
Préjugés de classe (V. Ethnocentrisme de classe).
Prévention, 106, 123, 126, 127, 142, 214, 251 ; — spécialisée, 144, 154, 162-4, 176-188.
PRÉVOT (J.), 134.
Professionnalisation, 26, 49, 97, 199.
Protection maternelle et infantile, 24, 103, 121, 122, 192 ; (V. aussi Puériculture).
Protestantisme, 14, 79, 145.
Psychanalyse, 51, 52, 86, 87, 90-92, 101, 102, 107, 118, 126, 133, 151, 152, 159, 161, 190, 208, 214, 244, 253 ; (V. aussi Catholicisme).
Psychiatres, 107, 152, 161.
Psychologie, 51, 78, 88, 89, 90, 101, 102, 107, 118-20, 123-4, 126-7, 130-1, 133-5, 151, 157, 159, 161, 165, 233, 243, 244, 258 ; (V. aussi Techniques non directives) ; — des profondeurs, 83, 91 ; (V. aussi Case-work).
Psychologisation, 51, 55, 62, 119, 127, 222, 253.
Puériculture, 120-7 ; (V. aussi Protection maternelle et infantile).

Q

Qualification, (V. Ouvriers).
QUILLET (Abbé H.), 21.

R

RAMOFF (A.), 144, 153.
Rapport à la culture, (V. Culture).
Rapport de force entre les classes, (V. Classe).
Rationalisation des professionnels, 7, 49, 67, 78, 84, 97, 104, 108, 109, 121, 164, 175, 181, 185, 214, 241.
Réadaptation, (V. Adaptation).
« Redressement », « relèvement », 13, 14, 18, 21, 32, 40, 53, 113, 219.
Réformisme, 14, 18, 23, 54, 250.
Régime de Vichy, 46-8, 111, 113, 135.
Relation, qualité de la —, 133, 166, 170, 171, 175, 187 ; spécialistes, techniciens de la —, 104, 120, 133, 171, 175, 197 ; « relationnels » (troubles), 50, 53, 87, 99, 219, 220, 221.
« Relation duelle », 99, 104, 166, 222.
RÉMOND (R.), 135.
Représentation des classes populaires, 13, 17, 18, 21, 23, 26, 29, 32, 33, 37, 42, 55, 140, 198, 233-6.
Résidences sociales, 18, 19, 20, 21, 23, 115 ; (V. aussi Centre social).
Résistances, 55, 176, 241, 242 ; (V. aussi Attitudes à l'égard du travail social).
Revenu ouvrier, 21, 23, 50, 84, 118, 141, 226, 232, 253, 254, 255.
Rhétorique de l'effusion, 79, 81.
ROBIEN (Mlle de), 113.
ROLLET (H.), 132.
ROSTAND (J.), 65, 75.
ROUTIER (M.), 27.
ROZÈS (S.), 175.
RUAULT (J.-P.), 254.
RUPP (M. A.), 85.

S

SACKS (P.), 88.
SAILER (Dr E.), 84.
SAINT-EXUPÉRY (A. de), 80.
SAINT-MARTIN (M. de), 58.
SAINT-PIERRE (M. de), 198.
Salaire, (V. Revenu ouvrier).
SALAIS (R.), 225.
SAMOFF (M.), 156.
SAURAT (P.), 163, 164.
SAUVY (A.), 75.
SAVARD (A.), 135.
Savoir, dépréciation du —, (V. anti-intellectualisme ; V. aussi culture).

Sauvegarde de l'enfance et de l'adolescence, (associations de), 106, 107, 145, 146, 176-7.
Scoutisme, 145-6.
SEIBEL (C.), 254.
Sélection (modalités de la), 10, 28, 57, 62-4, 96, 104, 108, 127, 133, 155-6, 166, 173, 207.
Sens commun, 30, 38.
Sexe, division du travail entre les —s, 60, 78, 105 ; variation de la pratique religieuse selon le —, 209, 210.
Sexualité, représentation de la —, 30, 32, 41, 88, 93 ; répression de la —, 30, 31, 33, 41.
SHAPER (B. W.), 23.
SIMONOT (M.), 203-210.
SIVADON (J.), 34.
SOLAGES (Mgr B. de), 74, 81.
Solidarité de classe, (V. Classe).
STAMM (I.), 88.
Stigmatisation, 139, 142, 177, 189, 217, 257-8 ; (V. aussi Invalidation).
STOETZEL (J.), 173, 175.
Stratégies, — de reconversion, 58, 109, 132, 142 ; — professionnelles, 9, 10, 11, 106.
Style de vie (des classes populaires), 58, 71, 82, 218, 242, 244.
Superviseur, 94, 118-9, 162 ; (V. aussi Case-work).
Surintendante d'usine, 24, 26-37, 43-5, 63.
Symbolique, (V. Manipulation — ; Marché des biens —, ; Violence —).
Syndicalisation, 71.

T

TAISNE (C.), 129.
Technique, technicité, 78, 101, 118, 158, 169 ; (V. aussi Relation) ; —s non directives, 63, 114, 115, 120, 207.
Tests, (V. Sélection).
TÉZENAS de MONTCEL (C.), 31.
THÉLOT (C.), 254.
THÉRY (H.), 81, 195.
THÉVENET (A.), 136.
THÉVENOT (L.), 205.
THOMAS (A.), 22, 23, 27, 28.
THOMASSEN (Mlle), 85, 93, 178.
TOSQUELLES (Dr F.), 159.
TOURNIER (G.), 75.
« Traitement », 17, 38, 40, 85, 89, 97, 121, 152, 214, 229, 248.
Travailleuse familiale, 127-131, 142, 143, 169.
Tutelle aux prestations sociales, 103, 109, 118, 135-142, 181, 189, 191, 192, 223, 225, 237, 240, 257.
« Tutelle morale », 35, 42, 48.

V

VAN EFFENTERRE (H.), 146.
VATTIER (G.), 108, 158, 162.
VERCORS (J.), 75, 76.
VERNEJOUL (R. de), 75.
VIALATTE (Mme), 44.
VILLERMÉ, 21.
Violence, exercice légitime de la —, 8 ; — symbolique, 10, 11, 30, 40, 87, 141, 241, 257.
VIOLLET (Abbé J.), 21, 29, 40, 129.
VIOLLET (Mme), 27, 129.
Visiteuses, 37-41.
« Vocation », 10, 47, 48, 61, 64, 101, 103, 108, 158, 166, 200, 201, 207, 209.
Vulgarité, 21, 32, 33, 34, 41 ; (V. aussi Barbares).

W

WALLON (H.), 39.
WEBER (M.), 8.

sommaire

INTRODUCTION 7

En s'opposant à une problématique actuelle, qui ne voit dans le travail social que l'affrontement de grandes entités personnalisées (l'Etat, la famille), on appréhende ce phénomène majeur comme la mise en œuvre concrète d'une politique de contrôle social, effectuée par un corps d'agents possédant sa stratégie propre. On recherche la raison d'être des pratiques du travail social dans les façons d'opérer des agents, dans l'habitus spécifique dont ils sont dotés. L'examen de la trace laissée par le travail social sur les fractions dominées qui en constituent la cible, fait apparaître le contenu de violence symbolique associé à cette intervention.

CHAPITRE 1 — POUVOIR ET ASSISTANCE.
GENÈSE ET FONCTIONS OBJECTIVES DU SERVICE SOCIAL.

A partir des transformations de la représentation des classes dominées que produit le service social, on retrace le développement de ce mouvement qui, à sa naissance, désigne et précise sa cible : la classe ouvrière urbaine, qu'il faut « arracher » au socialisme.

Avant 1914 13

L'état du rapport de force entre les classes, c'est-à-dire la capacité offensive de la classe ouvrière, et les formes inventées à l'origine par l'assistance sociale — qui organise dans de bonnes conditions pour elle, sa rencontre avec les dominés —, aboutissent à une image nuancée de l'ouvrier.

De 1914 au Front populaire 22

La modification du rapport de force, c'est-à-dire l'affaiblissement de la classe ouvrière, permet l'extension et la diversification des modes d'intervention. A la rencontre policée d'avant 1914, succède l'affrontement sans ménagements sur le terrain des dominés : l'usine ou la cité ouvrière. L'image de la classe ouvrière devient totalement négative.

Le Front populaire 42

En inversant pour un temps court le rapport entre les classes, et en modifiant plus durablement les représentations collectives, le Front populaire produit un renouvellement de ce qui se dit sur les classes populaires. L'assistance sociale forge alors un des éléments essentiels de son idéologie : la notion de neutralité. On voit apparaître le mythe d'une fin du prolétariat, ou plutôt de son « humanisation », c'est-à-dire son assimilation, enfin réalisée, à la bourgeoisie.

Le régime de Vichy 46

Le renversement du rapport de force permet un retour à la brutalité des jugements et à la transparence des alliances. La classe ouvrière est désignée comme la responsable des malheurs du pays en raison de son « affaissement moral » et de sa perte du sens de l'effort.

Après la Libération 49

L'extension et la professionnalisation du service social s'accompagnent d'un élargissement de l'origine sociale des agents qui est l'occasion d'une diversification des positions politiques. La profession reconstitue la représentation qu'elle se forme d'elle-même, c'est-à-dire restructure des éléments d'autojustification qui lui permettent d'entretenir l'indispensable méconnaissance des conditions de son exercice. La pratique et le discours trouvent de nouveaux modes : refus de reconnaître l'existence de la classe ouvrière, réduction des difficultés socio-économiques du « client » à des troubles relationnels, disqualification massive et inconsciente de la « clientèle ».

CHAPITRE 2 — L'EQUIPEMENT IDEOLOGIQUE DES ASSISTANTES SOCIALES. HABITUS ET TECHNIQUE PROFESSIONNELLE COMME IDÉOLOGIE OBJECTIVÉE

Caractéristiques des professionnelles et adaptation fonctionnelle 58

Les caractéristiques objectives du groupe professionnel correspondent globalement à la fonction idéologique à remplir mais elles doivent également être rapportées aux stratégies propres aux fractions de classes dans lesquelles ces professionnelles se recrutent majoritairement. En explicitant les significations de ces caractéristiques, on fait apparaître comment et pourquoi ces groupes délégués remplissent effectivement leur mandat : c'est en se servant qu'ils servent.

Assistance idéologique et célébration de la profession 68

On analyse un des moyens que le service social a trouvé pour adapter son discours et ses méthodes au mouvement d'idées qui agite la classe dominante et à l'évolution des « problèmes sociaux » : à travers les congès annuels de l'association professionnelle, qui mobilisent de nombreux universitaires et des personnalités notables, on suit l'action d'inculcation opérée en permanence pour que les assistantes sociales ne mettent pas en question la légitimité de leur intervention. On voit comment la référence latente au catholicisme est une forme particulièrement efficace d'imposition de l'idéologie de la classe dominante qui présente « son intérêt comme l'intérêt commun de la société ».

Technique et spiritualité dans l'affrontement de classes : le case-work comme philosophie pratique 82

A partir des années 1950, prise entre le contrôle, nouveau, de sa compétence, et l'évolution des rapports de domination, la profession a cherché à se doter de moyens d'intervention spécialisés : ce qui a été fait grâce à l'introduction d'une méthode d'entretien, basée sur la « psychologie des profondeurs », le *case-work.* En même temps qu'il rendait possibles les adaptations nécessaires, celui-ci a permis à la profession d'améliorer son image et son statut.

CHAPITRE 3 — ESSOR ET DIVERSIFICATION DES FORMES D'ENCADREMENT. LA SPÉCIALISATION COMME RÉPONSE A L'ÉVOLUTION DES « MENACES ».

Les professions sociales possèdent en propre un ensemble de caractéristiques les situant à distance de la pratique libérale et de la pratique réglementaire de certains fonctionnaires 101

Le champ du travail social présente des traits distinctifs, mais surtout possède une structure — c'est-à-dire, un principe organisateur défini par les forces sociales que ses éléments sont capables de mobiliser à leur profit —, qui permet de comprendre la dynamique de la reproduction de ce champ 105

A. L'ASSISTANCE 109

Le plus ancien secteur s'est constitué au tout début du XXe siècle dans des fractions bien précises de la classe dominante, soucieuses de mettre en place de nouvelles formes d'encadrement.

On étudie successivement les professions de ce secteur en s'attachant aux conditions de leur émergence, au recrutement, à la formation, à l'idéologie et aux conflits de compétence que ces différentes professions ont entre elles.

La conseillère en économie familiale et sociale 111
La puéricultrice 120
La travailleuse familiale 127
L'éducateur de jeunes enfants 131
Le délégué à la tutelle 135

B. L'ÉDUCATION 143

On rappelle quelques étapes de la constitution du marché de l'enfance et les moments décisifs de la formation d'une spécialisation vouée à l'éducation de l'enfance « inadaptée », en insistant sur les caractéristiques des premiers agents, qui ont défini, de manière durable, les pratiques et l'idéologie professionnelles 145

On retrace sommairement les cadres juridiques de l'action éducative 148

On analyse les différentes professions en s'attachant aux mêmes caractéristiques que pour le secteur précédent 150

L'éducateur spécialisé 152
Le moniteur-éducateur 167
L'éducateur technique spécialisé 168
L'aide médico-psychologique 171
L'éducateur de l'éducation surveillée 172

La prévention : un mode réaliste de contrôle de masse 176

Ayant constaté que les « classes inférieures » ne se sont pas alignées sur les modèles qu'on s'efforçait de leur inculquer, l'action sociale se limite de plus en plus à vouloir les connaître au mieux pour les contrôler. La prévention spécialisée est le moyen d'étendre le contrôle que le mode d'action antérieur, « personnalisé » limitait. S'adressant à un milieu dont l'appréciation comme « chaud » ou « névralgique » échappe à toute définition légale, la prévention est porteuse d'une extension sans limites.

Le dépassement du droit libéral : « épanouissement » de la personne et défense sociale 188

Cette nouvelle forme d'intervention doit être rattachée à toute une évolution du droit : un ensemble de mesures judiciaires, que les travailleurs sociaux contribuent à mettre en œuvre, montre que l'Etat libéral, abandonnant sans le dire, les bases sur lesquelles il prétendait fonder son rapport aux individus, se donne un droit de regard critique et d'intervention toujours plus grand sur la sphère privée.

C. L'ANIMATION 193

Dernier né, le secteur de l'animation est aussi le plus flou, et celui dont l'analyse est la plus malaisée en raison de la réorientation actuellement mise en œuvre.

On distingue les objectifs de l'animation, socio-culturelle des objectifs de la politique culturelle, tels qu'ils avaient été définis par le Vᵉ Plan 196

On analyse la formation des animateurs : pensée dans le moindre détail, elle visait à former des agents juste « supérieurs » aux populations qu'ils devaient encadrer, et surtout très conscients des limites de leur savoir et de leur rôle 200

On analyse ensuite les caractéristiques sociales et scolaires des candidats-animateurs : on voit comment le projet de la politique socio-éducative rencontre de manière harmonieuse le système de valeurs d'individus qui trouvent dans cette voie marginale le moyen de tirer le meilleur parti possible d'un faible capital scolaire. Pour les individus d'origine moyenne et supérieure qui n'ont pas pu atteindre le niveau que leur origine leur permettait d'espérer, il s'agit d'éviter un trop grand déclin et pour ceux, moins nombreux qui sont d'origine populaire, de prolonger d'une manière rapide et peu coûteuse, une ascension commencée par leurs pères 203

CHAPITRE 4 — LA CIBLE DU SERVICE SOCIAL ET SON IMAGE DANS LE DISCOURS OFFICIEL. CONDITIONS MATÉRIELLES D'EXISTENCE ET « INADAPTATION ».

Le repérage des assistables 218

Alors que circulent différentes images de la « clientèle », on peut préciser ses caractéristiques : il s'agit d'une population massivement ouvrière, dans laquelle les fractions non qualifiées sont surreprésentées ; recevant des revenus très bas, ce ne sont pas cependant celles qui reçoivent les plus bas à l'intérieur de cette population non qualifiée. Le service social fonctionne comme un cran d'arrêt au bas de cette fraction de classe, semi-intégrée à la production-consommation, mais risquant à tout moment, en raison de la faiblesse de ses ressources, de tomber dans la marge des « exclus ».

Les infra-assistables 228

On a cherché comment s'effectue le découpage entre la population prise en charge et la fraction laissée à l'écart. Contrairement à ce qu'énonce le discours des professionnels qui cherchent dans cette dernière les raisons de sa mise à l'écart, on observe que cette population est banale, très voisine de celle qui est assistée. En fait, elle est écartée en raison du bas niveau de ses ressources. Les comportements désignés comme inadaptés doivent être réinterprétés en fonction des conditions matérielles d'existence de cette population stigmatisée, de sa position dans la structure sociale, et non selon les catégories idéales des travailleurs sociaux.

Le rendement de la thématique de l'exclusion 242

L'image de la « clientèle » en termes d'inadaptation et l'exclusion contribue activement au processus d'invalidation des populations ouvrières. Le langage de l'action sociale, par son indétermination même, par la manipulation apparemment désordonnée des notions, dissimule en même temps qu'il la permet, la manipulation des individus étiquetés : ainsi ce ne sont plus des O. S. ou des manœuvres qui sont relégués dans des cités de transit, mais des « inadaptés », des familles « à risques élevés »... L'étude de la « clientèle » du service social permet d'appréhender les conditions matérielles d'existence de fractions de la classe ouvrière ; elle amène à voir que ce qui a été célébré comme sa fin, son « embourgeoisement », est en fait sa cassure. Si l'action d'entretien et de renforcement de la division de la classe ouvrière qu'opère en permanence l'assistance, a pu s'exercer avec une particulière efficacité pendant la phase d'expansion, c'est parce que celle-ci agissait déjà au niveau des conditions économiques, en accroissant les écarts entre les fractions extrêmes de la classe ouvrière.

INDEX DES NOMS ET DES THÈMES 261

CET OUVRAGE A ÉTÉ ACHEVÉ D'IMPRIMER
LE PREMIER AVRIL MIL NEUF CENT QUATRE-
VINGT-DIX-NEUF DANS LES ATELIERS DE
NORMANDIE ROTO IMPRESSION S.A.
À LONRAI (61250)
N° D'ÉDITEUR : 3347
N° D'IMPRIMEUR : 990729

Dépôt légal : avril 1999